高等职业教育房地产经营与估价专业系列教材

房地产估价

（修订版）

赵　凤　主　编

田明刚　巫德富　林　澜　副主编

科学出版社

北　京

内 容 简 介

本书的编写体现了基础性、实践性与先进性的紧密结合。基础性在于它首先强调让学生掌握房地产估价的基本概念、基本程序和基础背景，再从基本理论到基本方法，从传统到现代、从评估实践到决策管理进行介绍；实践性在于本书十分关注房地产估价的应用，并对目前估价中的案例进行了剖析，通过实践教学的安排，学生可了解该岗位的需求，更能够适应估价相关企业的要求；先进性在于将最新的估价规范、估价术语引入教学，使得教学与实践无缝对接。

本书可作为房地产经营与估价专业及相关专业的教材，也可供房地产从业人员参考使用。

图书在版编目（CIP）数据

房地产估价/赵风主编．—北京：科学出版社，2013
（高等职业教育房地产经营与估价专业系列教材）
ISBN 978-7-03-039407-1

Ⅰ.①房…　Ⅱ.①赵…　Ⅲ.①房地产价格-估价-高等职业教育-教材
Ⅳ.①F293.35

中国版本图书馆 CIP 数据核字（2013）第 310970 号

责任编辑：李　欣/ 责任校对：王万红
责任印制：吕春珉 / 封面设计：曹　来

科学出版社出版
北京东黄城根北街 16 号
邮政编码：100717
http://www.sciencep.com
北京中科印刷有限公司印刷
科学出版社发行　　各地新华书店经销
*
2014 年 3 月第　一　版　　开本：787×1092 1/16
2023 年 7 月修　订　版　　印张：14 3/4
2025 年 8 月第九次印刷　　字数：340 000

定价：48.00 元

（如有印装质量问题，我社负责调换）
销售部电话 010-62140850　编辑部电话 010-62148322（VA03）

前　言

教育是国之大计、党之大计。教育、科技、人才是全面建设社会主义现代化国家的基础性、战略性支撑。全面建设社会主义现代化国家，必须坚持科技是第一生产力、人才是第一资源、创新是第一动力，深入实施科教兴国战略、人才强国战略、创新驱动发展战略。高等教育人才培养要树立质量意识、抓好质量建设、全面提高人才自主培养质量。

本书的编写体现了目前高职教学要求，融合基础性、实践性与先进性。基础性在于它首先强调让学生掌握房地产估价的基本概念、基本程序和基础背景，再从基本理论到基本方法、从传统到现代、从评估实践到决策管理进行介绍；实践性在于本书十分关注房地产估价的应用，并对房地产估价公司提供的案例进行了剖析，通过对估价公司案例的详细评析，学生可了解估价工作的具体内容，在学习中能够了解估价相关企业的要求；先进性在于将最新的估价规范、估价术语引入教学，使得教学与实践要求无缝对接，学生可直接了解到最新的估价要求。

本书编写分工：浙江建设职业技术学院赵凤担任主编，杭州科技职业技术学院田明刚、广西水利水电职业技术学院巫德富、昆明冶金高等专科学校林澜担任副主编，浙江建设职业技术学院王飞飞、杭州科技职业技术学院吕正辉、浙江同济科技职业技术学院尹今朝、重庆能源职业学院汪金能参与本书的编写。特别感谢杭州永正房地产土地评估有限公司周子同、盛华晔提供的教学案例，浙江嘉华房地产土地资产评估咨询有限公司陈焕估价师对本书提出的宝贵意见及编写的案例章节，施云平土地估价师给予的大力帮助。

希望本书的出版会给房地产经营与估价及相关专业的学生一定的帮助和启发。

由于编写时间仓促，书中难免存在疏漏之处，还望广大读者和同行不吝赐教，联系邮箱为 113108156@qq. com。我们衷心地希望将建议和意见反馈给我们，以便在今后的修订中不断努力，更好地为广大读者服务。

目　　录

项目1

房地产估价概论

项目概述 本项目主要介绍房地产估价的含义、本质和必要性、房地产估价的原则，作为一名估价人员的职业道德与修养，以及我国估价行业发展现状。

导入案例 某市某开发公司开发的一宗房地产项目，由于冬季施工造成的居室内氨污染使业主的身体健康受到损害，为此，业主到法院就污染问题进行起诉，法院受理了此案。经有关部门检测，在住宅楼内数十户业主的房间里，空气中氨的浓度高出有关标准十几倍甚至几十倍，其原因是冬季施工时在混凝土中加入了含尿素的防冻剂。事件发生后，开发商曾采取添置空气净化装置、公开道歉等措施，并可无条件按原价退房并双倍利息向业主进行赔偿，但业主并不同意，因为业主以较低的期房价格购买，而现在房屋升值近20%。双方对不动产的价值量存在争议，那么这宗不动产的价值量到底是多少，需要得到估价机构公正、合理的评估。

案例思考 估价机构的评估值能解决开发商和业主之间的争议吗？为什么？

任务 1.1 房地产概述

【任务目标】 能够明确房地产的含义及房地产状况的描述。

【能力目标】 1. 能够明确房地产的含义；

2. 能够区分房地产的种类；

3. 能够熟悉土地建筑物及地上定着物的含义；

4. 能够理解房地产估价和定价的区别；

5. 能够明确现实房地产估价的必要性。

房地产估价的对象是房地产，如果不“识货”，就谈不上评估其价值。因此，全面、深入、准确认识房地产是我们学习、从事房地产估价工作的重要基础。下面从房地产估价的角度来认识生活中的房地产。

1.1.1 房地产的整体概念

1. 房地产

房地产（real estate，real property）是指土地、建筑物及其他地上定着物，包括物质实体和依托于物质实体上的权益。

土地是指地球的表面及其上下的一定空间。

建筑物包括房屋和构筑物。房屋是指能够遮风避雨，并供人居住、工作、娱乐、储藏物品、纪念或进行其他活动的空间场所，一般由基础、墙、门、窗、柱、梁和屋顶等主要构件组成。构筑物是指建筑物中除了房屋以外的建筑，人们一般不直接在内进行生产和生活活动，如烟囱、水塔、水井、道路、桥梁、隧道、水坝等。

其他地上定着物是指与土地、建筑物不能分离，或虽然能够分离，但分离后会破坏土地、建筑物的功能或完整性的物体，如为了提高土地或建筑物的使用价值或功能，种植在地上的树木、花草，埋设在地下的管线、设施，在地上建造的庭院、花园、假山、围墙等。

房地产可视为实物、权益和区位三者的结合。实物是房地产中看得见、摸得着的部分，如建筑物的结构、设备、装修、外观，土地的形状、基础设施完备程度、平整程度等。依托于物质实体上的权益主要有所有权、使用权、抵押权、租赁权等。其中，所有权是指在法律规定的范围内自由支配房地产并排除他人干涉的权利。使用权主要是土地的使用权，是指国家或农民集体所有的土地占有、使用、收益的权利。租赁权是指支付租金从房屋所有人或土地使用权人那里获得的占有、使用房地产的权利。抵押权是指债权人对债务人或者第三人不转移占有而供作债权担保的房地产，在债务人不履行债务时，就该房地产的变价款优先受偿的权利。物质实体是权益的载体，而最终体现房地产价值的是其权益。同一物质实体的估价对象房地产，如果附着于其上的权益不同，评估出的客观合理价格或价值会有所不同。

区位是指地球上某一事物与其他事物在空间方位和距离上的关系，除了地理坐标位置，还包括可及性，与其他地方往来的便捷性，与重要场所的距离（距离有空间直线距离、交通路线距离和交通时间距离，人们越来越重视交通时间距离而不是空间直线距离），周围环境、景观，在城市区域中的地位等。区位是一个综合的概念，除解释为地球上某一个事物的空间几何位置外，还强调自然界的各种地理要素和人类社会经济活动之间的相互联系和相互作用在空间位置上的反映。也就是说，区们是自然地理区位、经济地理区位和交通地理区位在空间地域上有机结合的具体表现。区位差异性反映城镇不同土地类型的使用价值和收益水平。两宗实物和权益状况相同的房地产，如果区位不同，价值可能有很大的不同。

2. 房地产的3种存在形态

房地产虽然包括土地和建筑物两大部分，但并不意味着只有土地与建筑物合成一体时才被称为房地产，单纯的土地或单纯的建筑物都属于房地产，是房地产的一种存在形态。

1）土地。如一块无建筑物的空地。在现实房地产估价中，即使当实物形态上土地与建筑物合成一体时，根据需要，也可能只评估其中的土地价格，如为征收土地税费或者确定划拨土地使用权进入市场需要补交的土地使用权出让金等的数额。对于有建筑物的土地，具体评估时，或者无视建筑物的存在，将房地产设想为无建筑物的空地；或者考虑建筑物存在对土地价值的影响。

2）建筑物。建筑物虽然必须建筑在土地之上，但在某些特定的情况下需把它单独看待，只评估其中的建筑物的价格，如在房地产投保火灾险时评估其保险价值，灾害发生后评估其损失，为计算建筑物折旧服务的估价等。具体评估时，或者无视土地的存在，将房地产设想为空中楼阁；或者考虑土地存在对建筑物价值的影响。

3）房地。当实物形态上土地和建筑物合成一体，且在估价时也把它们作为一个整体来看待。

在实际估价中，估价对象的物质实体可能既有土地也有建筑物，也可能只是它们中的某一部分。例如是土地、房屋、构筑物、附属设施、设备（如室内配备的家具、电视机、电话机等）、在建工程（包括停缓建工程）等各种房地产物质实体的某一部分，如某个楼层、某套住房或其中的装修、装饰部分。但估价对象必须包括依托于该物质实体上的具体权益。

3. 房地产的其他名称

不动产（real property，immovable property）：土地及土地的定着物。

土地（land）：地球上可被作为财产拥有的任何部分。

房地产（real estate 或 real property）：real estate 是指土地加上永久定着在其中、其上、其下的人工改良物，如构筑物和房屋；real property 是指 real estate 加上与其有关的各种权益，包括权利、利益和收益。土地是指地球的表面及下达地心、上达无限天空的空间，包括永久定着在地球表面之中、之上、之下的自然物，如树和水。

地产（estate）：指可用作或已用作房地产的土地资产部分及其权益。

房产（buildings）：房地产中定着于土地上的建筑物及其附着设施及相应的权益。

物业（real estate property）：港澳地区对房地产的专门用语。如李宗锷先生对物业的解释是："物业是单元性地产。一住宅单位是一物业，一工厂楼宇是一物业，一农庄也是一物业。故一物业可大可小，大物业可分割为小物业。"

动产（movable property）：除不动产以外的为所有者拥有的各种财产，诸如货币、证券、流通的票据及任何价值的个人财产。动产分为有形动产和无形动产。有形动产是指有一定实物形态的动产，如家具、各种电器、设备、工具、货币、证券等。无形动产是指无实物形态的动产，如出版权、创造发明的专利、商标等。

1.1.2 土地的概念

1. 对土地的各种定义

人们对土地有着各种不同的认识和定义，一般可区分为以下 3 种：

1）狭义的土地。指地球表面的陆地，包括土地表面、地表下和其垂直空间。

2）广义的土地。指地球表面的陆地和被水覆盖的部分，水覆盖的部分指海洋、江河、湖泊、池塘等。

3）最广义的土地。指自然物、自然力或自然资源，除包括地球表面的陆地和被水覆盖的部分外，还包括阳光、空气、水、热能、风力等各种自然力或自然资源。

2. 房地产估价中的土地定义

人们对于什么是土地，有许多不同的认识和定义。从房地产估价的角度看，土地是一个空间，但该空间不是平面的，而是三维立体的，具体是指地球的陆地表面及其上下一定范围内的空间。一宗土地的空间范围，可分为以下 3 层：①地球表面，简称地表；②地球表面以上一定范围内的空间，简称地上空间；③地球表面以下一定范围内的空间，简称地下空间。

3. 土地利用所受的限制

拥有一宗土地要受到多方面的限制，如拥有者自身能力的限制和自身能力以外的限制。一宗土地所受限制的种类和程度，对其价值有着重大影响。房地产估价应充分调查、了解土地所受的各种限制及其内容和程度，以评估出合理的价值。对土地利用的限制主要有 3 个方面。

1）土地使用管制所受的限制。主要是城市规划对土地用途、建筑高度、建筑容积率和建筑覆盖率等指标的规定。其中建筑容积率是一块土地上建筑物的总建筑面积与该块土地总面积的比值，即

建筑容积率＝总建筑面积/土地总面积

例如，某物业用地面积 10 000m^2，建筑物 10 层，1～3 层每层建筑面积 6000m^2，4～10 层每层建筑面积 4000m^2，则建筑容积率为 4.6。建筑覆盖率又称建筑密度，是指一块土地上所有建筑物的基底总面积占该块土地总面积的比值，即

建筑覆盖率＝建筑基底面积/土地总面积

例如，某物业用地面积 10 000m^2，建筑物地上 10 层，地下 2 层。地上 1～3 层每层建

筑面积 $6000m^2$，4～10层每层建筑面积 $4000m^2$，则建筑覆盖率为60%。

2）土地权利设置及行使的限制。我国在土地上设置的权利主要有所有权、使用权、租赁权、抵押权、典权、地役权（easement）。其中所有权属于自物权，其余属于他物权。他物权是对他人之物所拥有的权利，是对所有权的限制。抵押权是债务人或第三者作为担保的房地产，在债务不能履行时，有将其售卖得到清偿的权利。债务人对抵押房地产有占有权和使用权，能够以其收益作为债务的清偿资金；债权人无须自己直接管理抵押物，而只需以其价值作为担保，促使债务人履行义务。抵押权是抵押标的物所有担保价值的权利，对于不妨碍标的物的处置及使用，并无干涉的必要。因而抵押权设定后，可以依序再设定抵押权或将标的物使用在新用途上，甚至将其出卖。房地产所有人因担保多项债权，就同一房地产设定多项抵押权，这些抵押权行驶的相互次序，在很多国家一般是按登记的先后来定。地役权是指土地所有人或土地使用权人为使用其土地的方便与利益而利用他人土地的权利，如在他人土地通行的权利，这种地役权有时称为通行权。地役权在给他人方便时，土地所有人或土地使用权人有可能受到某种损失，因此，地役权的存在会降低土地的价值。此外，地下矿藏、埋藏物等是否自动地归属于土地拥有者，各个国家和地区的规定不一。《中华人民共和国民法通则》第七十九条规定："所有人不明的埋藏物、隐藏物，归国家所有。"《中华人民共和国城镇国有土地使用权出让和转让暂行条例》第二条规定："国家按照所有权与使用权分离的原则，实行城镇国有土地使用权出让、转让制度，但地下资源、埋藏物和市政公用设施除外。"

3）房地产相邻关系的限制。指房地产所有人或使用人在行使房地产的权利时，负有注意防免损害相邻房地产的义务，而相邻房地产所有人或使用人则享有请求房地产所有人、使用人注意防免损害发生的权利。在实际操作中，主要存在以下两类相邻关系：①通风、采光、排水、排污的相邻关系；②险情危害的相邻关系。《中华人民共和国民法通则》第八十三条规定："不动产的相邻各方，应当按照有利生产、方便生活、团结互助、公平合理的精神，正确处理截水、排水、通行、通风、采光等方面的相邻关系。给相邻方造成妨碍或者损失的，应当停止侵害，排除妨碍，赔偿损失。"

4. 对一宗土地的基本认识

从房地产估价的角度来考虑，对一宗土地的基本认识主要包括下列方面：

1）名称。

2）坐落。包括所处的区域和具体地点。

3）面积。指某宗土地的"边界"所围绕的面积。例如，政府出让土地使用权的地块，其范围通常是根据标有坐标点的用地红线图，由城市规划管理部门或土地管理部门，在地块各转点钉桩、埋设混凝土界桩或界石来确认，面积大小依水平投影面积计算。

4）形状。通常用图（如宗地图）来说明。一般认为宗地形状以矩形为佳。

5）四至。对其描述的顺序一般为东、南、西、北。

6）周围环境、景观。周围环境主要包括自然和人文环境条件及环境质量。环境质量是指区域大气、水、噪声的污染程度。景观，包括人文景观和自然景观。周围环境、景观通常用图片来说明。

7）基础设施完备程度和土地平整程度。指道路、给水、排水、电力、通信、燃气、热力等设施的完备程度和土地的平整程度，即通常所说的“三通一平”（路通、水通、电通及场地平整）、“五通一平”（道路通、给水通、排水通、电力通、通信通及场地平整）、“七通一平”（道路通、给水通、排水通、电力通、通信通、燃气通、热力通及场地平整）。

8）地势。包括地势高低、自然排水状况、被洪水淹没的可能性等。

9）地质、水文状况。包括地基的承载力、地下水位的深度等。

10）规划限制条件。包括土地用途、建筑高度（由室外明沟面或散水坡面量至建筑物主体最高点的垂直距离）、容积率、建筑覆盖率、建筑后退红线距离（是规定建筑物应距离城市道路或用地红线的要求，通常以下限控制）、建筑间距、绿地率（指用地红线内绿化用地总面积占土地总面积的比例）、交通出入口方位（规划地块内允许设置出入口的方向和位置，具体可分为机动车出入口方位、禁止机动性车开口地段、主要人流出入口方位等指标）、停车泊位、建筑体量、体型、色彩、地面标高、其他要求等。

11）利用现状。如现状用途；土地上有无建筑物、其他附着物；如果有建筑物、其他附着物，还需要进一步了解该建筑物、其他附着物的情况。

12）权属状况。主要了解是国家所有的土地，还是农民集体所有的土地；是出让土地使用权，还是划拨土地使用权。属于出让土地使用权的，其剩余土地使用年限有多长及可否续期；土地取得手续是否完备；是否抵押、典当或为他人提供担保；是否涉案；产权是否有争议；是否为临时用地；是否属于违法占地等。

1.1.3 建筑物的概念

1. 对建筑物的定义

建筑物是指人工建造而成的东西，由建筑材料、建筑构配件和设备等组成的整体物，包括房屋和构筑物两大类。其中房屋是指能够遮风避雨，并供人居住、工作、娱乐、储藏物品、纪念或进行其他活动的空间场所，一般由基础、墙、门、窗、柱、梁和屋顶等主要构件组成。构筑物则是指房屋以外的工程建筑，人们一般不直接在内进行生产和生活活动。

2. 对建筑物的基本认识

从房地产估价的角度来考虑，对建筑物的基本认识主要包括下列方面：

1）名称。

2）坐落。包括所处的区域和具体地点。

3）面积。包括建筑面积、套内建筑面积、使用面积和其他面积。

4）层数和高度。通常按照层数和高度，将建筑物分为低层建筑（1～3 层）、多层建筑（4～7 层）、高层建筑（目前国际上通行的做法是将高层建筑划分为四类，各类的主要特征为：第一类，层数 8～16 层，房屋的高度在 25～50m；第二类，层数在 17～25 层，最高达 75m；第三类，层数 26～40 层，最高达 100m；第四类，层数在 40 层以上，高度超过 100m，称为超高层建筑。目前世界上建成的超高层建筑的高度已超过了 500m。）

5）建筑结构。指建筑物中由承重构件（基础、墙、柱、梁、屋架、支撑、屋面板等）

组成的体系。这里主要指大类结构，一般分为：①钢结构；②钢筋混凝土结构；③砖混结构；④砖木结构；⑤简易结构。如果能在大类建筑结构下再细分出小类建筑结构则更好，如砖木结构，进一步分为砖木一等、二等，等等。

6）装修。分为内装修和外装修。需要了解装修的标准和程度，所用材料的品质及装修质量等。

7）建筑设备。主要包括给排水、采暖、通风、空调、电气及智能化楼宇设备。需要了解它们的配置和性能。

8）平面布置。包括平面图、户型图等。

9）工程质量。

10）建成年月。包括开工日期和竣工日期。

11）维护、保养、使用情况。包括地基的稳定性、沉降情况（沉降是否均匀及其程度）等。

12）公共配套设施完备程度。包括城市基础设施和社会公共服务设施两部分。反映其完备程度的指标主要有设施水平、设施的保证率和齐备程度。

13）利用现状。包括不同用途的面积分配和楼层分布。

14）权属状况。在我国大陆地区，建筑物与土地的所有制不同，土地全部是公有的，建筑物可以私人所有。根据房屋所有权主体的不同，可以把房屋所有权分为以下几种：①国有房屋所有权，即全民所有制房屋的所有权。②集体房屋所有权。指集体企、事业单位对归其自有的房屋享有的所有权。③私人房产所有权，指公民个人、家庭、数人共有或私营企业拥有的房产所有权。④外商投资企业的外产房屋所有权。外商投资企业主要指“三资企业”，其在我国境内投资兴建或购买的房产的所有权受中国法律保护，其中中外合资企业和中外合作企业的房产又称为中外共有产。外产房屋是指外国政府、社会团体、国际机构和外国侨民在我国境内建造或购买的房屋。⑤其他房产所有权，如宗教团体房产所有权等。按房屋所有权主体的构成不同可以把房屋所有权分为以下几种：①单独所有房屋所有权，即由单个独立承担民事责任的民事主体独有的房屋所有权。②共同所有房屋所有权，即数人对一项房产共同享有所有权，包括共同共有和按份共有。前者要求共有人在共有期间不能按确定份额分割和单独处分共有的房产，共有人平等地享有权利和承担义务。后者的特点是共同所有权人对共有一项房产的权利义务可分割为若干份额，共有人按其所占的份额享有权利和承担义务。

建筑物区分所有权是指多个区分所有权人共同拥有一座区分所有建筑物时，各区分所有权人对建筑物专有部分所享有的专有部分所有权、对建筑物共同部分所享有的部分持分权，以及因区分所有人之间的共同关系所产生的成员权的总称。建筑物区分所有权包括专有部分所有权、共用部分持分权及因共同关系而产生的成员权三位一体的复合性物权，其中专有部分所有权处于主导地位。建筑物的专有部分是指建筑物中具有构造上和使用上的独立性的部分，由一定平面的长度与一定立体的厚度构成，与其他专有部分或共有部分以墙壁、天花板、地板相间隔。区分所有权人对其专有部分予以自由使用、收益及处分的权利，其性质就是单独所有权。建筑物的共有部分指供区分所有人共用、属于区分所有人共有的部分。由法律直接规定属于共有的部分为法定共有；由区分所有人约定使某专有部分成为共有部分称为约定共有。

建筑物的共有部分一般包括共有、共用的门厅、阳台、屋面、楼面、厨房、厕所及院落、上下水设施等。共有所有权指建筑物区分所有权人依照法律或管理约定，对区分所有建筑物的共有部分所享有的占有、使用及收益的权利。按照我国法律规定，建筑物的共有部分，在使用上坚持共同共有的原则，不分份额，在面积分担上则采用按份共有的形式，并规定所有人和使用人对建筑物共有部分应共同合理使用并承担相应的义务。建筑物区分所有权之成员权，是指建筑物区分所有权人基于在一栋建筑物之构造、权利归属及使用上的不可分离的共同关系而产生的，作为建筑物的一个团体组织的成员而享有的权利与承担的义务。成员权的内容是对全体区分所有权人的共同事务所享有的权利和承担的义务，它是财产关系和管理关系的结合。成员权从权利的角度主要包括参与管理权、选举权、选聘权、监督权及对公共管理事项及公共利益的应得份额所享有的请求权等。

另外，要了解是完全产权还是部分产权；是否也出租（已出租的房屋再转让时要受原租约的限制)；是否抵押、典当或为他人提供担保；是否涉案；产权是否有争议；是否为临时建筑；是否属于违法建筑。还要了解所坐落的土地的权利状况，因为房屋所有权还受土地使用权的约束，如在有限期土地使用权的土地上建造的房屋所有权，实际上也是有限期的。《中华人民共和国城镇国有土地使用权出让和转让暂行条例》第四十条规定："土地使用权期满，土地使用权及其地上建筑物、其他附着物所有权由国家无偿取得。"

15）其他。如采光、通风、隔音、隔热、层高、物业管理等；新建房屋要注意其施工期质量；期房还需要了解其建设单位、勘察单位、设计单位、施工单位、工程监理单位及预计交付使用的日期等。

1.1.4 房地产的特性

1. 不可移动性

房地产一个最重要的特点是位置的固定性或不可移动性。由于不可移动性，每宗房地产的温度、湿度、日照、交通、周围环境、景观、与市中心的距离等均有一定的状态，从而形成了每宗房地产独有的自然地理位置和社会经济位置，使房地产有位置优劣之分。值得注意的是，房地产的自然地理位置虽然固定不变，但其社会经济位置却是可以发生变化的。因为周围环境、交通条件、市场位置等均可能发生变化，这些均可以影响房地产的社会经济位置。

房地产的不可移动性，决定了任何一宗房地产只能就地开发、利用或消费，而且要受制于其所在的空间环境，不像其他商品，不能把它从不景气的城市市场移动到另一个景气的城市市场。所以，房地产市场不存在全国性市场，更不存在全球性市场，而是一个地区性市场，其供求状况、价格水平和价格走势等都是当地的，在不同地区之间各不相同。

2. 独一无二性

房地产不像其他产品一样整齐划一，可以说没有两宗房地产是完全相同的。即使两处的建筑物一模一样，但由于坐落的位置不同，周围环境不同，这两宗房地产实质上是不相同的。房地产的独一无二性，使得房地产之间不能实现完全替代，从而房地产市场不能实现完全竞争。

3. 永久性

土地可以被洪水淹没、沙漠化，但它在地球表面所标明的场所作为空间位置是永存的。

4. 数量有限性

土地是大自然的产物，不能被人工生产出来。土地总量不仅有限，而且不能增加。房地产这种数量的有限性，使得房地产具有独占性。一定位置，特别是好位置的房地产被人占用之后，则占用者可以获得生活或工作场所，并享受特定的光、热、空气、雨水和风景，还可以支配相关的自然资源和生产力。

5. 用途多样性

土地就其本身来看，可以有多种不同的用途，如用于商业、办公、居住、工业、道路、农业、林业、放牧等。在不同用途中还可以选择不同的利用方式，如居住用途有别墅、公寓和普通住宅等。房地产由于具有用途多样性，使得同一宗房地产的利用在不同用途及利用方式之间出现了竞争和优选的问题。在市场经济条件下，房地产拥有者都趋向于将房地产用于预期可以获得最高收益的用途。从经济的角度来看，土地利用的一般顺序是：商业、办公、居住、工业、耕地、牧场、放牧地、森林、不毛荒地。

6. 相互影响性

房地产的价值不仅与其本身的状况有直接关系，还取决于周围其他房地产的状况，受邻近房地产用途和开发利用的影响。

7. 易受限制性

政府对房地产的限制一般通过下列4种特权来实现：①管制权。政府为增进公众安全、健康、道德和一般福利，可以直接限制某些房地产的使用，如通过城市规划对土地用途、建筑高度、容积率、建筑密度和绿地率等作出规定。②征用权。政府为了社会公共利益的需要，如修公路、建学校等，可以强行取得单位和个人的房地产，即使违反这些被征用人的意图，但要给予补偿。③征税权。政府为了提高财政收入，可以对房地产征税或提高房地产税收，只要这些税收是公平课征的。④充公权。政府可以在房地产业主死亡或消灭而无继承人或亲属的情况下，无偿收回房地产。此外，房地产由于不可搬走，也不可隐藏，因此逃避不了未来制度、政策变化的影响。这一点既说明了房地产投资的风险性，也说明了政府制定长远房地产政策的重要性。

8. 难以变现性

房地产由于价值高大，加上不可移动性和独一无二性，使得同一宗房地产的买卖不频繁，一旦需要买卖，要花费相当长的时间来寻找合适的买者和进行讨价还价。所以，当急需资金或有其他急需时，不易将房地产变成现款；如果快速变现，只有相当幅度的降价。

9. 保值增值性

影响房地产价格上升的原因主要有 4 个方面：①对房地产本身进行的投资改良，如装修改造，更新或添置设备，改进物业管理；②通货膨胀；③需求增加导致稀缺性增加，如人口或收入增加；④外部经济或相互影响，如交通条件或周围环境改善。

从我国住宅市场价格的变化情况来分析，在过去几年中价格的年平均增长幅度超过了同期通货膨胀率 15%的平均水平。美国、英国和我国香港地区的研究资料表明，房地产价格的年平均上涨率大约是同期年通货膨胀率的 2 倍。

1.1.5 房地产的类型

1. 按开发程度来划分

房地产按开发程度来划分，主要分成以下几类：

1）生地：指不具有城市基础设施的土地，如荒地、农地。

2）毛地：指具有一定城市基础设施，但地上有待拆迁房屋的土地。

3）熟地：指具有完善的城市基础设施、土地平整，能直接在其上进行房屋建设的土地。

4）在建工程：指地上建筑物已开始建设但尚未建成，不具备使用条件的房地产。该房地产不一定正在建设，也可能停工了多年。

5）现房（含土地）：指地上建筑物已建成，可直接使用的房地产。它可能是新的，也可能是旧的。

2. 按用途来划分

房地产按用途来划分，主要分为下列 10 类：

1）居住房地产：包括普通住宅、高档公寓、别墅等。

2）商业房地产：包括百货商场、购物中心、商业店铺、超级市场、批发市场等。

3）办公房地产：包括商务办公楼（写字楼）、政府办公楼等。

4）旅馆房地产：包括饭店、酒店、宾馆、旅店、招待所、度假村等。

5）餐饮房地产：包括酒楼、美食城、餐馆、快餐店等。

6）娱乐房地产：包括游乐场、娱乐城、康乐中心、俱乐部、夜总会、影剧院、高尔夫球场等。

7）工业和仓储房地产：包括工业厂房、仓库等。

8）农业房地产：包括农地、农场、林场、牧地、果园等。

9）特殊用途房地产：包括车站、机场、医院、学校、教堂、寺院、墓地等。

10）综合房地产：指具有两种或两种以上用途的房地产。

3. 按是否产生收益来划分

房地产按其是否产生收益来划分，主要分为下列 2 类：

1）收益性房地产：指能直接产生租赁或者其他经济收益的房地产，包括商店、商务办公楼、公寓、旅馆、餐馆、影剧院、游乐场、加油站、厂房、农地等。

2）非收益性房地产：指不能直接产生经济收益的房地产，如私人宅邸、未开发的土地、政府办公楼、教堂、寺院等。

收益性房地产与非收益性房地产的划分，不是看它们目前是否在直接产生经济收益，而是看这种类型的房地产在本质上是否具有直接产生经济收益的能力。

4. 按经营使用方式来划分的类型

房地产按其经营使用方式来划分，主要分为下列4类：

1）出售型房地产。

2）出租型房地产。

3）营业型房地产。

4）自用型房地产。

任务1.2　房地产估价概述

【任务目标】 能够明确房地产估价的含义及本质。

【能力目标】 1. 能够明确房地产的含义；

2. 能够理解房地产估价和定价的区别；

3. 能够明确现实房地产估价的基本要素。

1.2.1　房地产估价的概念

房地产估价（real estate appraisal，property valuation）：专业估价人员根据估价目的，遵循估价原则，按照估价程序，选用适宜的估价方法，并在综合分析影响房地产价格因素的基础上，对房地产在估价时点的客观合理价格或价值进行估算和判定的活动。

1. 专业估价人员

专业估价人员指经房地产估价人员资格考试合格，由有关主管部门审定注册，专门从事房地产估价的人员。专业估价人员应遵循的职业道德包括：房地产估价人员和估价机构不得为了自身利益，迎合委托人的不合理要求，有意高估或低估房地产价格，或者歪曲甚至捏造事实，损害其他当事人的利益；如果遇到由于自己专业能力有限，难以评估出某房地产的客观合理价格或价值时，原则上不应接受该项估价委托。但如确有必要接受委托的，应至少聘请两人以上的专家参加，并在估价报告中予以说明；除要妥善保管委托人的文件资料外，还应尽保密之责。具体可根据委托人的文件资料的重要程度，确定其保管和保密的时效。其中涉及国家机密的，应按国家有关保密规定执行。

2. 估价目的

估价目的指一个具体估价项目的估价结果的期望用途，或者说，完成后的估价报告拿去做什么用，是为了满足何种涉及房地产的经济活动或者政府、民事行为的需要。不同的估价目的来源于对估价的不同需要。不同的估价目的将影响估价结果。同一估价对象，估价目的不同，估价依据及采用的价值标准会有所不同，评估出的客观合理价格或价值也会有所不同。例如，在买卖的情况下，虽然实际的成交价格有高有低，但有其正常的买卖价格；在抵押的情况下，也有其正常的抵押价值；在拆迁补偿的情况下，有其合理的补偿额。而正常的买卖价格、正常的抵押价值、合理的补偿额，又不完全是相同的。

在估价中，许多情况下需要采用公开市场价值标准。采用公开市场价值标准，指所评估出的客观合理价格或价值应是在公开市场上最可能形成或成立的价格。而公开市场，指一个竞争性的市场，在该市场上交易各方进行交易的目的在于最大限度地追求经济利益，他们并且都掌握了必要的市场信息，有比较充裕的时间进行交易，对交易对象具有必要的专业知识。此外，市场交易条件公开并不具有排他性，即所有市场主体都可以平等自由地参与交易。

3. 估价原则

估价原则是指人们在房地产估价的反复实践和理论探索中，在对房地产价格形成和运动的客观规律认识的基础上，总结出的一些简明扼要的、在估价活动中应当遵循的法则或标准。房地产估价原则主要有合法原则、最高最佳使用原则、替代原则、估价时点原则、公平原则等。

4. 估价程序

估价程序是指房地产估价全过程中的各项具体工作，按照其内在联系所排列出的先后进行次序。房地产估价的一般程序是：①获取估价业务；②受理估价委托及明确估价基本事项；③拟定估价作业方案；④搜集估价所需资料；⑤实地查勘估价对象；⑥选定估价方法计算；⑦确定估价结果；⑧撰写估价报告；⑨交付估价报告；⑩估价资料归档。

5. 估价方法

由于每种估价方法本身的局限性（每种估价方法的适应对象和适用条件不同），同时也由于估价中所采用的各种数据资料具有一定的不确定性，在运用各种估价方法进行估价时，都不可避免地需要进行估算和判定，采用任何一种估价方法都难以确保真正准确地反映估价对象的客观合理价格或价值。由于每种估价方法的估算判定的角度不同，所依据的估价数据和资料不同，数据资料的不确定性使得对各种估价对象应同时选用两种以上的估价方法进行估价，这样有助于各种估价方法之间互相补充，消除数据资料的不确定性对估价结果准确性的影响。比较法是最能体现房地产估价的基本原理，最直观、适应性最广、也最容易准确把握的一种估价方法，因此在有条件选用市场比较法估价时，应当首选市场比较法。

6. 影响房地产价格的因素

影响房地产价格的因素繁多而复杂，从大的方面来说，有环境、人口、经济、社会、行政、心理、国际等因素。在不同地区、不同时期，各种影响房地产价格变动的方向和幅度是不尽相同的。

7. 估价时点

估价时点（appraisal date，date of value）是指估价结果对应的日期，即在该日期上估价对象才有该价值，通常用年、月、日表示。由于同一宗房地产在不同时点价值会有所不同，所以，估价通常仅是对估价对象在某一时点的价值作出估计。估价时点不是随意给定的，也不完全与估价作业日期相同，它需要估价人员根据估价目的来确定。在估价之前，它说明了估价中需要估算和判定的是哪个具体日期的客观合理价格或价值；当估价结果作出之后，它说明了该估价结果是在哪一个时间上的客观合理价格或价值，以便于应用。估价时点应采用公历表示，并应精确到日。

8. 客观合理价格或价值的估算和判定

房地产估价中所确定的客观合理价格或价值（value），其实质是房地产的经济价值，它体现在房地产的使用过程中。规定房地产估价时必须以估价对象用于最高最佳使用（highest and best use）为前提，可使估价人员在确定估价结论时有共同的口径，从而使不同的估价人员易于达成一致。

1.2.2　房地产估价

随着经济体制改革的深化和对外开放政策的实行，我国房地产估价行业从小到大，已经发展成为社会主义市场经济中不可缺少的组成部分，在土地使用权出让、房地产转让(包括买卖、交换、赠与、抵债)、租赁、抵押、典当、保险、课税、农民集体土地征用补偿、城市房屋拆迁补偿、损害补偿、分割、合并、纠纷、涉案，以及资产拍卖、企业合资、合作、合并、兼并、分立、买卖、股份经营、承包经营、改制、上市、企业清算、政府财产管理等方面，房地产估价成为保护资产所有者、使用者和经营者及有关利益各方权益的一个重要手段。此外，房地产估价也是房地产开发经营全过程中一项必不可少的基础性工作。房地产评估经过近十年的发展，已经成为我国经济体系中的一个重要的中介服务行业。随着社会的发展，房地产估价的作用还会越来越大，服务的领域也将越来越广。

现代房地产估价起源于英国。20世纪70年代初期英国发生的房地产危机促使评估标准产生。很多英国金融界的银行家、会计师、收购伙伴等对房地产的贬值感到非常失望，在评估中房地产价值的确定也缺乏规范。经过较长时期的讨论，英国皇家特许测量师学会制定了关于评估标准的红皮书，以后又经过多次修订。1997年，欧洲不动产评估组织（TEGOVOFA）成立，之后出版了适合全欧洲的评估标准《蓝色纲领》。1997年4月，欧洲不动产评估组织的第一套修订标准在《不动产公告》上发表。随着经济的发展，不动产评估界需要相互加深理解，1982年，国际资产评估标准委员会成立。随着全球经济一体化进程的加快，各国之间经济的相互渗透，建立统一的评估标准的需要也就越来越强烈。1994年，形成了第一次修订完成的国际评估标准白皮书。

我国的房地产估价，是在1978年以后的改革开放大潮中，随着实行房屋商品化，改革城镇住房制度和城市土地使用制度，使房地产成为商品进入市场流通而出现的。虽然其起步较晚，但发展很快，并得到了政府和社会的高度重视，突出表现在下列几个方面：

1）房地产估价成为国家法定制度。1994 年 7 月 5 日颁布的《中华人民共和国城市房地产管理法》第三十三条规定："国家实行房地产价格评估制度"；第五十八条规定："国家实行房地产价格评估人员资格认证制度"。

2）房地产估价实行了国家统一考试和统一注册管理。1993 年和 1994 年，原建设部和原人事部先后认定了两批共 346 名"房地产估价师"。1995 年 3 月 22 日，原建设部和原人事部联合发布 147 号文件，公布《房地产估价师执业资格制度暂行规定》和《房地产估价师执业资格考试实施办法》。从 1995 年起，取得房地产估价师资格的唯一途径是通过全国房地产估价师执业资格考试。1998 年 8 月颁布了《房地产估价师注册管理办法》，自 1998 年 9 月 1 日起施行，该办法第三十四条规定："房地产估价人员须经全国房地产估价师执业资格统一考试合格，按规定注册，取得房地产估价师注册证，才能从事房地产估价活动。"

3）房地产估价执业制定了国家统一标准。1999 年 2 月 12 日原建设部会同国家质量技术监督局联合发布了《房地产估价规范》（Code for Real Estate Appraisal GB/T 50291—1999），自 1999 年 6 月 1 日起施行。其内容包括：总则、术语、估价原则、估价程序、估价方法、不同估价目的下的估价、估价结果、估价报告、职业道德等。

4）房地产估价行业成立了全国自律性组织。1994 年 8 月成立了中国房地产估价师学会，2004 年 7 月更名为中国房地产估价师与房地产经纪人学会（China Institute of Real Estate Appraisers and Agents，CIREA），它是隶属于住房和城乡建设部的全国性社会团体。其主要职责是：开展房地产估价理论和方法研究，制定、修订房地产估价标准、规范和进行解释，协助政府有关主管部门进行房地产估价师执业资格考试、注册和房地产估价机构资质等级评审、管理工作，组织房地产估价专业培训和注册房地产估价师继续教育，调处房地产估价纠纷，开展国际学术交流等。目前中国房地产估价师学会现有团体会员近 100 个。学会下设 6 个专业委员会，分别为考试注册委员会、教育培训委员会、学术委员会、国际交流委员会、估价标准委员会、纪检仲裁委员会，创办了《中国房地产估价师》杂志，开设了中国房地产估价师学会网站（www. cirea. org. cn）。中国房地产估价师与房地产经纪人学会现主要通过以下几项工作开展行业自律管理：①开展行业自律情况的调研工作，为政府制定有关政策提供意见和建议；②建立行业内部的自律规则，制止低价竞争和价格垄断行为，维护行业内部公平竞争；③制定行业规范和从业人员道德规范，实施房地产估价继续教育工作；④参与房地产价格评估机构资质管理规定和标准的制定工作，实施跟踪管理。

任务 1.3　房地产估价的必要性与基本原则

【任务目标】 能够明确房地产估价的现实需要及原则。

【能力目标】 1. 能够明确房地产估价的原则；

2. 能够理解房地产估价的必要性。

1.3.1 房地产估价的必要性

1. 理论上房地产估价的必要性

一种资产只有具备了下列 2 个条件才真正需要专业估价：①独一无二性；②价值量较大。

具体就房地产来讲，由于房地产具有不可移动性、独一无二性和价值高大性，房地产市场是典型的“不完全市场”。房地产估价的重要性在于：它是为了建立合理的房地产交易秩序，也是促进房地产公平交易的基本保障，有助于将房地产价格导向正常化。

2. 现实中对房地产估价的需要

1）房地产交易的需要。

2）房地产抵押的需要。

3）房地产典当的需要。典当是出典人将自己的房地产让与他人使用、收益，以获得相当于卖价的资金（典价），但保留该房地产的所有权，待日后有能力时可以返还典价回赎该房地产；而典权人则以支付低于买价的资金（典价），取得房地产的占有、使用和收益的权利，且日后还有取得房地产所有权的可能（当典权期限届满后的一定期限内出典人未返还典价回赎的，典权人即取得房地产的所有权）。

4）房地产保险和损害赔偿的需要。房地产保险对房地产估价的需要，一是在投保时需要评估保险价值，为确定保险金额提供参考依据；二是在保险事故发生后需要评估所遭受的损失或重置价格、重建价格，为确定赔偿金额提供参考依据。其他方面的房地产损害赔偿，如施工挖基础不慎造成邻近房屋倾斜，对房地产权利行使的不当限制（如错误查封）造成权利人损害的，也需要房地产估价。

5）房地产税收的需要。有关房地产的税收种类很多，如房产税、地价税、土地增值税，土地与房屋合征的房地产税，房地产与其他财产合征的财产税、遗产税、赠与税等。这些税收一般是以房地产的价值为课税依据。

6）房地产征用拆迁补偿的需要。国家为公共利益的需要，可以依法对集体所有的土地实行征用。国家在征用、拆迁这些房地产时，要给予原房地产所有者或使用者合理的补偿。确定这些补偿额，就需要房地产估价。

7）处理房地产纠纷和有关法律案件的需要。

8）企业合资、合作、合并、兼并、分立、买卖、租赁经营、承包经营、改制、上市、破产清算等的需要。

9）房地产管理的需要。例如，确定定期公布的基准地价、标定地价和各类房屋的重置价格，需要估价；如何调整土地使用权出让金，需要估价等。

10）其他方面的需要。例如，把房地产的购买价格在土地和建筑物之间进行分配，就需要进行房地产估价。

1.3.2 房地产估价的原则

前已述及，房地产市场是不完全竞争市场，房地产价格通常随交易的需要而个别形成，受许多个别因素影响。因此，估价师在评估时，还要根据个人经验对市场作出判断，是科学方法与经验判断的结合。估价师在进行评估活动时，必须受到行业的行为准则约束，在一定的评估原则下开展评估活动。人们在对房地产估价的反复实践和理论探索中，逐步认识了房地产价格形成运动的客观规律，并总结出了一些简明扼要的在房地产估价活动中应遵守的法则、标准，这即为房地产估价的原则。

房地产估价原则是房地产估价理论的重要组成部分，它使不同的估价人员对估价的基本前提具有认识上的一致性，使对同一估价对象在同一估价目的、同一估价时点下的估价结果具有近似性。估价人员都应正确地理解房地产估价原则，并以此作为行动的指南。

作为引进产物的房地产估价理论，对房地产估价原则的认识，有一个借鉴、吸收、消化、总结和提高的过程。目前，对房地产估价原则的论述可谓仁者见仁，智者见智。从理论上说，估价原则与估价要求确有区别，估价原则反映的是房地产价格运动内在的规律，而独立、科学、客观、公正的总要求及依法估价等，是社会对房地产估价者提出的要求，是估价的前提条件；但从现实的角度看，像依法估价这样的估价要求在实际估价工作中又确实十分重要，有包括在估价原则中的必要性。因此，我们认为我国现阶段房地产估价应遵循的原则有合法原则、房地结合原则、最高最佳使用原则、替代原则、估价时点原则。

1. 合法原则

房地产的合法原则是指房地产估价应以估价对象的合法权益即合法产权、合法使用、合法处分为前提来进行。

1）在合法产权方面，应以房地产权属证书和有关证件为依据。

现行的房地产权属证书有：《国有土地使用证》、《集体土地所有证》、《集体土地使用证》、《土地他项权利证明书》、《房屋所有权证》、《房屋共有权证》、《房屋他项权证》、《房地产权证》、《房地产共有权证》、《房地产他项权证》。

根据上述权属证书和其他有关证件，如政府关于房地产方面的文件、法院关于房地产方面的裁决书等，就可以判明待估房地产的产权情况，按其合法产权评估。具体需明确：农民集体所有的土地不能当作国家所有的土地来估价，行政划拨的土地不能当作有偿出让的土地来估价，临时用地不能当作长久用地来估价，违法占地不能当作合法占地来估价，临时建筑不能当作永久建筑来估价，违法建筑不能当作合法建筑来估价，产权有争议的房地产不能当作产权无争议的房地产来估价，手续不完备的房地产不能当作手续完备的房地产来估价，部分产权的房地产不能当作完全产权的房地产来估价，共有的房地产不能当作独有的房地产来估价。

2）在合法使用方面，应以城市规划、土地用途管制等为依据。

城市规划、土地用途管制是房地产使用中必须执行的强制性标准。因此，在估价中也必须以其使用符合这些规定为前提。在用途方面，如果城市规划规定了某宗土地为居住用途，即使从其坐落位置、周围环境等来看，适合用作商业用途，除非申请变更为商业用途且得到批准，否则也必须以居住用途为前提来估价。在容积率方面，如果城市规划规定了某宗土地的容积率，则必须以不超过此容积率为前提来估价，如果超过此容积率来估价，由于超出的容积率违法没有法律保障，由此评估出的较高的价格得不到社会承认，从而不能实现。

3）在合法处分方面，应以法律、法规或合同（如土地使用权出让合同）等允许的处分方式为依据。处分方式包括买卖、租赁、抵押、典当、抵债、赠与等。

2. 房地结合原则

房地结合原则是指无论是对房屋建筑的估价，还是对地产的估价都必须把房与地结合起来。这是因为：房屋不能离开土地而单独存在，土地包含其上的一切附着物。评估房屋的价格，必须考虑地段环境、土地位置及土地价格，因为房屋不可以脱离其赖以立足的土地而流通。同理，评估土地价格，无论该土地是用于土地再开发，还是直接用于经营，附着其上的房屋建筑都应包括其中。否则，要么土地使用权变动毫无实际内容，要么行使土地使用权，附着其上的一切物品就无法独立地实现其使用价值。

房地结合原则说明，房产估价要考虑地价因素，地产估价也应考虑房产价格。这种结合并不否定房地权属关系的相对分离及房地分割的单独交易，但这种分离与分割只是房地不同所有者、使用者的利益分配问题。例如，某一地块附有房屋建筑，土地使用权属于甲所有，房屋则属于乙所有。假设房屋所有者乙要出卖其房屋，另一买主要购买其房屋。对此，房屋的估价必须考虑地价，只不过乙得到的只是房地价格中的分割屋价，土地所有权者得到另一部分（在不转让土地使用权的情况下），即地租。房屋买主同时支付房价与地租。土地使用权与房屋所有权分离这种情况，在现实生活中往往演化为近似股份经济的合伙联营经济形式。

3. 最高最佳使用原则

最高最佳使用原则也称最有效使用原则，指在合法使用的前提下，以委估房地产最高最佳或最有效使用的方式为估价基础进行估价。

房地产估价之所以要遵循最高最佳使用原则，是因为在现实房地产经济活动中，每个房地产拥有者都试图充分发挥其房地产的潜力，采用最有效的使用方式，以取得最大的经济效益。这主要是以投资者的理性投资行为为基础而形成的基本原则。

最高最佳使用具体包括3个方面：

1）法律许可范围内最佳的用途：土地可以用作商业、工业、住宅等多种用途，但同一地块在不同用途状态下其收益并不相同，我们要在规划许可前提下，选择能最大限度发挥房地产效用的用途。例如，城市中心商服繁华地段有一房地产，规划用途为商服业用途，由于历史原因，目前为工业用途或生活服务设施（如菜场），效益明显偏低，其用途显然不是最优。估价时，不应以现状用途为估价依据，而应以可能的最优用途（商服业）进行估价。又如，城市中的某一块空地，尽管目前的收益为零甚至为负（如支付必要的管理费用），但并不意味着该宗土地没有价格，只是它目前尚未处于最高最佳使用状态。估价时，也应根据规划要求，确定最佳用途，而后估价。

2）最佳的规模：对一个企业而言，其土地、资本、劳动和管理等要素中，只有各要素合理配置与组合，才能发挥最佳效果。同样，对一宗房地产来说，其房屋建筑和土地也必须合理配置。相对于土地，建筑物的面积太大或太小，均不能发挥房地产的最佳效益：太大，则场地空间不够，人流、物流拥挤，影响其整体效益的发挥；太小，则造成资源浪费，资产效益降低。

3）最佳的集约利用度：这里的最佳集约利用度并不是最大集约利用度，不是单纯地追求容积率或其他一些指标，而是包括生态环境、社会经济要素在内的综合的集约利用度。它要求土地、建筑物与周围环境，如绿地比例、配套设施、相关与竞争性房地产的数量、分布等相协调，实现广义下的最佳集约利用。

一些房地产估价著作中所提到的均衡原则和适合原则，实际上是最有效使用原则的引申。均衡原则：以房地产内部构成要素的组合是否保持平衡，来判断其最有效使用。适合原则：以房地产整体对外部环境是否保持均衡，来判断其最有效使用。均衡原则加上适合原则，即内部构成要素为适当的组合，外部环境为最协调的状态时，为最高最佳的使用状态。

当估价对象已做了某种使用，估价时应根据最高最佳使用原则对估价前提作出下列之一的判断和选择，并应在估价报告中予以说明：

1）保持现状前提：认为保持现状继续使用最为有利时，应以保持现状继续使用为前提估价。

2）转换用途前提：认为转换用途予以使用最为有利时，应以转换用途后再予以使用为前提估价。

3）装修改造前提：认为装修改造但不转换用途予以使用最为有利时，应以装修改造但不转换用途再予以使用为前提估价。

4）重新利用前提：认为拆除现有建筑物予以利用最为有利时，应以拆除现有建筑物后再予以利用为前提估价。

5）上述情形的某种组合。

4. 替代原则

替代原则要求房地产估价结果不得明显偏离类似房地产在同等条件下的正常价格。

所谓类似房地产，是指与估价对象处在同一供求范围内，并在用途、规模、档次、建筑结构等方面与估价对象相同或相似的房地产。同一供求范围是指与估价对象具有替代关系，价格会相互影响的房地产所处的区域范围。

按照经济理性主义假定，消费者的消费行为总是使其消费效果的满足程度达到最大化。在此假定下，同一市场上，当两种或两种以上商品具有相同效用时，消费者总是愿意以较低价格购买具有一定效用的商品；反之，当消费者以一定价格去购买商品时，总是期望购买对他而言是最大效用的商品。这种可替代性使商品在市场这一“看不见的手”的作用下，价格最终趋向一致，这就是经济学的替代原理。房地产商品也遵循这一原理，同一供求范围内的某宗房地产的价格，必然会受到具有替代关系的类似房地产价格的影响，并相互竞争，使价格在某种程度上趋于一致。因此，评估房地产价格时，在房地产同一供求范围内，可以通过调查近期发生交易的、与待估房地产具有替代可能的房地产价格及条件，从而确定待估房地产的价格。当然，由于房地产的个别性，完全相同的房地产是没有的，但具有相近效用和使用条件的房地产还是大量存在的（即替代关系是存在的），由此可以得到“类似”的价格水平，我们再对待估房地产与已交易的房地产进行仔细的比较，并对其中的差别作适当的修正，就能得到待估房地产较准确的价格。可见，替代原则是市场比较法的理论基础。

替代原则也是重置成本法可以成立的依据之一。在评估旧有房地产价格时，如果重置新的不动产的原价（如果旧有不动产的建筑物是旧的，重置的新的建筑物要考虑折旧）高于旧有不动产的价格，是不会考虑重建的。因此，由于替代原则的存在，对可能重置的房地产，重置原价就成为其价格上限。

替代原则与收益法也有密切关系。某一房地产价格，如有替代可能，则可以决定能与该房地产产生同等纯收益的其他房地产的价格。

5. 估价时点原则

估价时点原则指必须把委估房地产置于估价时点进行估价。或者说，估价时点原则要求房地产估价结果应是估价对象在估价时点时的客观合理价格或价值。估价时点，又称评估基准日、估价期日、评估时日，是一个特定的具体时间（日期），不是估价人员可以随意假定的，必须根据估价目的来确定。它通常用年、月、日表示。

房地产估价中必须遵循估价时点原则的主要原因在于：

1）任何一个房地产市场总是处在不断的发展变化之中，决定和影响房地产价格的因素也在不断变化之中。这样，房地产价格也就处于不断变化之中，在不同的时间，同一宗房地产往往有不同的价格。因而，房地产的价格始终只是特定时间的价格，这就决定了估价时必须有一个特定的时间——估价时点。假定市场情况“静止”在此时间点上，同时估价对象房地产的状况通常也是以其在该时点时的情况为准（期货估价例外），估价额是相对于估价时点的价格。

2）房地产交易是涉及众多法律、法规的权益性交易。房地产交易，无论是买卖、租赁，还是出让、转让、抵押和继承，都不像一般商品那样靠物质实体在当事人之间交付（流通）完成，即买主带走他所购商品，而主要靠法律、法规和契约来完成。但法律、法规、政策的颁布、修改、实施和权益的确认、登记和过户，都是有明确的时间界限的。这样就能确定市场的条件和交易双方的责任界限。

3）市场比较法、重置成本法和收益法等房地产估价的基本方法也都是与估价时点紧密联系的。例如，在运用重置成本法估价时，必须采用重置成本减折旧的方法，而不能直接用建筑物原值减折旧来确定建筑物的价格，这里，重置成本和折旧都包含了时间变化的因素。

估价时点并非总是与估价作业日期（估价作业日期是正式接受估价委托的年月日至完成估价报告的年月日）相一致的。实际估价中，一般将估价人员执行现场勘察的日期定为估价时点，或因特殊需要将其他日期定为估价时点。确立估价时点原则的意义在于：估价时点是责任交代的界限和评估房地产时值的界限。

房地产估价术语

房地产估价

术语 1：房地产估价 real estate appraisal

解释：房地产估价机构接受他人委托，委派房地产估价师，为了特定目的，遵循公认的原则，按照严谨的程序，依据有关法规、政策和标准，在合理的假设下，采用科学的方法，对特定房地产在特定时间的特定价值或价格进行分析、测算和判断并提供相关专业意见的活动。

术语 2：估价委托人 client

解释：为了某种需要，委托房地产估价机构对自己或他人所有的房地产进行估价的法人或自然人。

术语 3：房地产估价机构 real estate appraisal company

解释：依法设立并取得房地产估价资质，从事房地产估价活动的专业机构。

术语 4：地产估价师 real estate appraiser

解释：依法取得房地产估价执业资格的专业人员。

术语 5：注册房地产估价师 licensed real estate appraiser

解释：经过注册，从事房地产估价活动的房地产估价师。

术语 6：估价利害关系人 interested parties

解释：估价结果的合理与否会直接影响其利益的法人或自然人。

术语 7：估价目的 appraisal purpose

解释：某个估价项目中估价委托人对估价报告或估价结果的预期用途。

术语 8：估价对象 subject property

解释：某个估价项目中需要评估其价值的房地产等财产或相关权益。

术语 9：价值日期 date of value

解释：某个估价项目中所评估的价值对应的日期。

术语 10：价值类型 type of value

解释：某个估价项目中所评估的某种具体价值，包括价值的名称、定义或内涵。

术语 11：估价原则 appraisal principle

解释：进行估价所依据的法则或标准。

术语 12：估价程序 appraisal process

解释：保质、按时完成某个估价项目所需要做的各项工作及其进行的先后次序。

术语 13：估价依据 appraisal documentation

解释：某个估价项目中估价所依据的法规、政策和标准，以及估价委托书、估价委托合同、估价委托人提供的有关资料和房地产估价机构、注册房地产估价师掌握和搜集的有关资料。

术语 14：估价假设 appraisal assumption

解释：某个估价项目中对估价所必要、但尚不能肯定、而又必须予以明确的前提条件所做的合理假定，以及对由估价目的决定的估价设定的估价对象状况与估价对象实际状况不同之处等所做的说明。

术语15：估价技术路线 scope of work

解释：评估估价对象价值所遵循的基本途径和指导整个估价过程的技术思路。

术语16：估价方法 appraisal approach

解释：测算估价对象价值所采用的方法，包括市场法、收益法、成本法、假设开发法等。

术语17：估价参数 appraisal rates and ratios

解释：估价方法中其取值大小对估价对象价值测算结果有影响的系数、比率、比值，包括市场法中的各种修正系数、调整系数，收益法中的报酬率、资本化率、收益乘数、空置率、净收益变化率，成本法、假设开发法中的利息率、利润率等。

术语18：估价结果 final opinion of value

解释：评估出的估价对象价值或价格及提供的相关专业意见。

术语19：估价报告 appraisal report

解释：房地产估价机构向估价委托人所做的关于估价对象价值或价格及相关专业意见的正式陈述。

术语20：批量估价 mass appraisal

解释：基于同一估价目的，利用共同的数据，采用相同的方法，并经过统计检验，对大量同类房地产在给定日期的价值进行评估。

术语21：个案估价 single-property appraisal

解释：逐一分别对每宗房地产的价值进行评估。

任务1.4 估价师职业道德及行业发展

【任务目标】能够明确房地产估价师的职业道德、房地产估价行业的发展现状。

【能力目标】1. 能够掌握房地产估价师的职业道德；

2. 能够了解房地产估价行业的发展。

1.4.1 我国资产评估师职业道德建设的现状

经过十几年的努力，我国初步形成了与社会主义市场经济基本相适应的资产评估师职业道德规范体系。财政部于1999年发布的《中国注册资产评估师职业道德规范》是我国第一部有关资产评估师职业道德方面的文件。2004年财政部发布了《资产评估职业道德准则——基本准则》，对我国注册资产评估师应遵守的职业道德以准则的形式做出了基本规范。基本准则分别从基本要求、专业胜任能力、与委托方和相关当事方的关系、与其他注册资产评估师的关系等方面进行了规范。2007年11月，财政部发布资产评估准则体系，注重品德要求，强调职业道德成为新资产评估准则体系的一个突出特点。在评估准则体系中，将业务准则与职业道德准则并列，作为准则体系的两个组成部分，其中职业道德准则分为基本准则和具体准则两个层次，与其他各国评估准则相比，凸显了职业道德准则对资产评估行业的重要性。

虽然资产评估师职业道德建设取得了一定的成就，但是在资产评估行业发展的过程中，职业道德方面仍然存在一些问题，阻碍了行业发展和运行，这也是一个急需解决的问题。

1.4.2 我国房地产估价业发展的现状

我国在1992年建立了房地产估价师执业资格制度，1995年实施了全国统一的房地产估价师职业资格考试制度，1998年开始实行房地产估价从业人员持证上岗制度。目前我国从事房地产的中介机构有6000多家，约3.5万人取得执业资格，3万多人注册执业，房地产估价行业从业人员超过25万人。房地产估价机构活跃在房地产转让、抵押贷款、房屋拆迁补偿，以及税收、公司上市、企业改制、资产重组等各种业务之中，房地产估价现已成为我国社会主义市场经济体系中的一个重要的中介服务行业。我国房地产估价市场发展正处于整合的过程中，整个产业表现为低水平竞争，许多问题值得研究解决。

1. 房地产估价行业存在的主要问题

1）行业立法滞后，业务缺乏法律保证。我国房地产估价行业起步时间不长，一直处在摸索和借鉴的过程之中，所以就难免存在行业法规、制度不健全，没有做到真正意义上的“有法可循，有法可依”。这种状况，使得房地产估价师在执业过程中无章可循，不能充分发挥其能动作用，估价结果很难得到公众的充分认可；另外也无法对房地产中介活动进行有效的监督。

2）房地产估价行业从业人员的素质参差不齐，服务质量不高。由于房地产估价专业性较强，让人很难识别服务质量的优劣。一些客户用估价费作为筹码使估价机构按其意愿进行评估。个别估价机构甚至为了获得高额估价费而不顾职业道德，不到估价对象的现场进行查勘，甚至聘用一些非估价师从事房地产估价作业，根据估价对象的需求拼凑报告。这些估价报告根本不符合规范要求，不但影响了估价行业的社会信誉，而且直接威胁着房地产估价行业的生存和发展。

3）行政部门的管理越位，限制了市场的有效竞争。目前在房地产估价师学会注册的评估机构大都是原来隶属于行政部门，后脱钩改制进入市场的。在这一蜕变过程中，有一些评估机构凭借与原管理部门的关系，同时兼营事业性评估和中介性评估，背离了脱钩改制的目标。而一些行政部门则为了巩固保护原隶属于该管理部门下评估机构的收益，以口头或默许的方式对执业活动进行行政干预。这些行为，已经超出了行政机构本身的行政职权，是一种严重违反市场规则的不正当竞争行为，也妨碍了房地产估价师公正、独立地开展评估活动。

2. 促进房地产估价行业科学、健康发展的建议

1）建立健全房地产估价行业的法律规范。有法可依是房地产估价行业存在和发展的根本和保证。只有明确的法律支持，才能保证房地产估价师独立、客观、公正地开展业务，

真正实现其中介服务的职能。当前我国的房地产估价行业的相关法律法规都不太健全，应该制定《房地产估价法》，明确房地产估价师学会的地位，并授权房地产估价师学会制定行规，管理行业；规范组织机构的设立、审批；整合估价部门，保证估价机构的平等竞争；明确各种不规范行为，完善处罚措施；建立接受社会监督的反馈机制；提高估价机构的级别标准，增强市场竞争力，提高估价师的素质；用法制的手段规范房地产估价市场。

2）加强理论研究和队伍建设，不断提高从业人员的业务素质。房地产估价行业的规范化程度，决定着整个房地产市场环境的公平、公正程度，所以房地产估价行业建设的首要问题就是行业的规范化建设问题，在评估过程中，估价师充当了公信者的角色。所以房地产估价师必须在执业过程中诚信经营、规范执业，严格遵守本行业的职业道德标准，严格控制评估报告的质量，不断改进和提高技术水平和服务质量。可以在条件允许时建立房地产估价师诚信档案，实施信用公布和开放制度，提供网络查询服务。

3）加快拓展业务领域，积极创新业务种类。目前我国大多数估价机构的业务较为单一，从国外成功的估价机构的经营管理上可以看出，它们的业务范围涉足多个方面，业务范围多元化发展趋势越来越明显。我国的众多估价机构应该走上多元化发展的道路，拓宽业务领域，创新业务品种。比如，积极介入各类房地产评估、咨询、策划、可行性研究等相关服务市场，为发展商、投资机构提供全面、便捷的一条龙服务；同时，充分发挥估价人员的专业技术优势，全面介入城市房屋拆迁、城市更新与重建、城市资产运营、企业资产运作与并购等领域。

总之，随着社会经济的发展，各行业、各领域对房地产估价需求日益广泛，房地产估价行业承担的社会责任也会越来越大，将面临更大、更新的挑战，因此，只有不断促进行业健康有序的发展，才能做好房地产估价工作，造福于社会。

知识链接

职业道德

1）房地产估价师和房地产估价机构应诚实正直、勤勉尽责，严禁作任何虚假的估价，不得按估价委托人或其他单位、个人预先设定的价值或价格，以及高估或低估要求进行估价。

2）房地产估价师和房地产估价机构必须回避与自己、近亲属、关联方及其他利害关系人有利害关系的房地产估价业务。

3）房地产估价师和房地产估价机构不得承接超出自己专业胜任能力的估价业务，对于部分超出自己专业胜任能力的工作，应聘请具有相应专业胜任能力的专业人员或专业机构提供帮助，并在估价报告中披露或说明。

4）房地产估价师和房地产估价机构应尽职做好每项估价工作，包括对估价委托人提供的估价所依据的资料进行审慎检查，努力搜集估价所需资料，对估价对象进行认真的实地查勘。

5）房地产估价师和房地产估价机构应在估价假设等重大估价事项上，向估价委托人详细说明，务求估价委托人清楚估价的限制条件和估价结果的使用限制。

6）房地产估价师和房地产估价机构应保守在执业活动中知悉的国家秘密、当事人的商业秘密和技术秘密，不得泄露个人隐私；应妥善保管估价委托人提供的资料，未经估价委托人同意，不得擅自将其公开或泄漏给他人。

7）房地产估价师和房地产估价机构应维护房地产估价行业声誉，不得采取迎合估价委托人或估价利害关系人不当要求、恶性低收费、支付回扣、贬低同行、对自身能力虚假宣传等不正当手段承揽估价业务，不得索贿、受贿或谋取合同约定费用外的其他利益。

8）房地产估价师和房地产估价机构不得允许其他个人或单位以自己的名义从事估价业务，不得以估价者身份在非自己估价的估价报告上签名、盖章，不得超越本机构资质等级许可的业务范围或以其他房地产估价师、房地产估价机构的名义从事估价业务。

9）房地产估价师和房地产估价机构应经常开展内部研讨，积极参加继续教育，努力学习专业知识，持续积累估价经验，不断提高专业胜任能力，勇于承担社会责任。

习题与参考答案

习题

一、单选题

1. 房地产是指土地、建筑物及其他地上定着物，包括物质实体和依托于物质实体上的权益，是实物、权益、（　　）三者的综合体。

A. 土地　　B. 区位　　C. 地上定着物　　D. 建筑物

2. 下列（　　）属于建筑。

A. 道路　　B. 桥梁　　C. 教室　　D. 烟囱

3. 建造在土地上的假山属于（　　）。

A. 建筑物　　B. 构筑物　　C. 地上定着物　　D. 土地

4. 一般来说，凡是自行能够移动或者用外力能够推动，且又不改变其性质和价值的财产属于动产；不可移动的财产属于（　　）。

A. 房屋　　B. 建筑物　　C. 土地　　D. 不动产

5. 具体一宗土地的空间范围可以分为三层，即（　　）。

A. 地球表面　　B. 地上空间　　C. 地下空间　　D. 以上三者的综合

6. （　　）是指一定地块内建筑物的总建筑面积与该块土地面积的比值。

A. 容积率　　B. 建筑密度　　C. 建筑高度　　D. 建筑层数

7. （　　）又称建筑覆盖率，通常是指一定地块内所有建筑物的基底面积与该块土地面积的比率（%）。

A. 容积率　　B. 建筑密度　　C. 建筑高度　　D. 建筑层数

8. 如果某一地块上每幢建筑物上下各层的建筑面积均相同，则必然会有：（　　）＝建筑容积率×建筑密度×建筑层数。

A. 土地总面积　　B. 建筑总面积　　C. 建筑总层数　　D. 建筑基底总面积

9. 通常所说的“三通一平”、“五通一平”或“七通一平”是指（　　）。

A. 基础设施　　B. 土地承载力　　C. 地质条件　　D. 公共配套设施

10. 房地产由于具备（　　），才需要估价。

A. 保值增值性　　B. 独一无二性　　C. 流动性差　　D. 数量有限性

二、多选题

1. 房地产有如下几种形态：(　　)。

A. 土地　B. 权益　C. 区位　D. 房地合成体　E. 建筑物

2. 下列(　　)属于构筑物。

A. 烟囱　B. 桥梁　C. 道路　D. 办公室　E. 卧室

3. 房地产按其开发程度来划分，可以分为以下几类：(　　)。

A. 生地　B. 现房　C 熟地　D. 在建工程　E. 毛地

4. 对土地利用的限制，主要归纳为以下几方面：(　　)。

A. 土地所有权　B. 梯度使用权　C. 土地征用的限制

D. 房地产相邻关系的限制　E. 土地权利设置及其行使的限制

5. 引起房地产价格上升的原因主要有以下几个方面：(　　)。

A. 对房地产本身进行投资改良　B. 过度投机　C. 通货膨胀

D. 外部经济　E. 需求增加导致稀缺性增加

6. 下面属于收益性房产的是(　　)。

A. 酒店　B. 未开发的土地　C. 旅馆　D. 教堂　E. 写字楼

7. 房地产具备(　　)。

A. 不可移动性　B. 独一无二性　C. 永久性

D. 数量有限性　E. 用途多样性

三、判断题

1. 独一无二性又称为独特性、异质性、个别性。房地产的独一无二性派生出了不可移动性，可以说没有两宗完全相同的房地产。(　　)

2. 其他地上定着物是指固定在土地或建筑物上，与土地、建筑物不可分离的物体；或者可以分离，但是分离后会破坏土地、建筑物的完整性、使用价值或功能，或者会使土地、建筑物的价值明显受到损害的物体。(　　)

3. 已经停工的房地产开发项目不属于在建工程。(　　)

4. 房地产的特性主要取决于土地的特性，是以土地的特性为基础的。(　　)

5. 在现实的房地产估价中，除了土地与建筑的价值外，也可能含有房地产以外的部分财产的价值。(　　)

6. 房地产的物质实体好，价格就一定高。(　　)

7. 房地产的自然地理位置是固定不变的，但其社会经济位置却有可能改变。(　　)

8. 房地产按经营使用方式来划分，可以分为出售型房地产、出租型房地产、自用型房地产、营业性房地产、收益性房地产、非收益性房地产等。(　　)

9. 土地使用权人在建造建筑物时，不需要照顾到周围相邻人的实际需要，与相邻建筑物不必保持适当距离并且不必限制其高度，相邻建筑物的通风、采光和日照与他无关。(　　)

10. 抵押权属于他物权。(　　)

参考答案

一、单选题

1.B　2.C　3.C　4.D　5.D　6.A　7.B　8.C　9.A　10.B

二、多选题

1.ADE　2.ABC　3.ABCDE　4.BDE　5.ACDE　6.ACE　7.ABCDE

三、判断题

1.×　2.√　3.×　4.√　5.√　6.×　7.√　8.×　9.×　10.√

项目 2

房地产价格

项目概述 本项目主要介绍房地产价格，房地产价格的影响因素，包括地产自身、人口、经济、社会、国际等方面的因素。

案例导入 现有甲、乙、丙 3 块地供某房地产开发商选择，土地单价甲为 10 000 元/m^2，乙为 8000 元/m^2，丙为 5000 元/m^2，其容积率分别为 6、4、2。如果 3 块地其他条件完全相同，你认为该房地产开发商应购买哪一块地？

案例思考 房地产开发商在估价时都评估什么条件？

任务 2.1　认识房地产价格

【任务目标】能够运用所学知识区分房地产价格类型。

【能力目标】1. 了解房地产价格的形成规律；

2. 熟悉房地产价格影响因素的总认识；

3. 能够对影响房地产价格的因素进行分类。

房地产估价是对房地产价格的评定与估算，无论何种房地产的估价，最终都是以该房地产的价格作为结果。因此，除了估价对象房地产以外，房地产价格是房地产估价工作中所涉及的最基本概念之一。

2.1.1　房地产价格的概念

价格是人们和平地获得某种商品或劳务所必须付出的代价，是商品的经济价值（交换价值）的货币表现。在市场经济条件下，房地产也是商品，房地产价格自然可定义为：房地产价格是人们和平地获得他人房地产所必须付出的代价，是房地产的经济价值（交换价值）的货币表示。

房地产价格的形成原因来源于两个方面：①来源于从规划设计、土地开发到房屋施工安装等过程中凝结的物化劳动和活劳动所形成的地产价值和房产价值。这部分价值表现出的房地产价格与一般商品价格的形成机理一样，是由社会必要劳动时间决定的，即在社会正常生产条件下，在社会平均的劳动熟练程度和强度下，开发某一土地或建造某一房产所花费的必要劳动时间决定的。价值由（$C+V+M$）共 3 部分组成。C 是开发土地或建造房屋过程中消耗的生产资料的价值，包括所用固定资产折旧和建筑材料、构配件等流动资产价值的转移；V 是劳动者为自己劳动所创造的价值，包括劳动者的工资及工资性的各种津贴；M 是劳动者为社会创造的价值，包括利润和税金。②来源于资本化的地租，即土地使用权价格（或所有权价格）。对于没有经过开发，处于自然物质状态的土地来说，是天然形成的，不是劳动的产物，因而本身没有价值。但没有价值不等于没有价格，土地是有价格的，否则，现实中普遍存在的土地价格就不能被理解。所以说，土地是一种特殊商品（这是导致房地产也为特殊商品的根本原因），土地价格不是对土地实体的购买价格，而是对土地预期收益的购买价格。在土地所有权的情况下，其土地价格为

$$\text{土地价格}=\text{地租}/\text{资本化率}$$

2.1.2　房地产价格的形成条件

任何商品之所以有价格，需要满足 3 个条件：①效用性；②相对稀缺性；③有效需求。房地产价格的形成条件也是如此。

效用是一项产品满足人类意愿、需求或欲望的能力。房地产的效用性是指房地产消费者对消费房地产所产生的主观和心理上的满足程度。由于房地产在诸多方面的不可替代性，

人们生活、学习、居住、工作等均离不开房地产这一最基本的要素，因此房地产的效用性是毋庸置疑的。房地产如果没有效用，人们就不会产生占有房地产的要求或欲望，更谈不上花钱去消费，从而也就不会有价格。同时，各宗房地产的效用性一般来说是不相同的，因而会有不同的价格。

房地产仅具有效用性还不能使其有价格。例如，像空气这样的物品，尽管对人类至关重要，没有它人类一天也生存不下去，但由于数量丰富，供给充足，人们随时随地都能自由取用，不具有可界定的经济价值，因而它无法形成价格。因此，房地产要形成价格，还必须要具有稀缺性。房地产的相对稀缺性是指房地产的数量相对于人们的欲望而言处于相对不足的状态，也即不能满足人人敞开的需要。随着经济、社会的发展和人们生活水平的提高，加上人的欲望永无止境的本质，以及自然资源尤其是不可再生资源的有限性特点，自然资源的稀缺性是绝对的。但在一定社会经济发展时期，这种绝对性表现为一定程度的不足，即相对稀缺性。房地产中，土地是有限的不可再生的资源，建筑物是人工建造之物，相对于人的欲望而言，都是不足的。

有了效用性和相对稀缺性，房地产是否就有了价格呢？答案是否定的。房地产的效用性和相对稀缺性是房地产价格形成的必要条件，要使房地产真正具有价格，还必须再加上房地产有效需求这一条件。

有效需求是个人或团体参与市场，用现金或其他等值物以取得物品或劳务的能力。房地产的有效需求是指消费者经济上能够承受、有现实支付能力的房地产需求。广义来讲，人类的需要欲望是无限的，就住房消费而言，人人都希望拥有比目前面积更大、质量更好、功能更全、区位更优的住房，客观上都存在购买欲望和需要，但如果没有足够的钱，即现实购买力，只会有价无市，不能实现消费行为。分清需要欲望与有效需求是非常重要的，只考虑人们的需要欲望而不考虑有效需求，盲目投资开发房地产，必将产生房地产的积压和浪费，导致投资失败。我国 20 世纪 90 年代初的房地产投资热潮，尤其是某些沿海地区的房地产盲目投资，形成泡沫经济，造成大量的房地产积压就是这样的实例，应引以为戒。

综上所述，任何一个房地产价格的形成都要同时具备房地产的效用性、相对稀缺性和有效需求这 3 个条件，它们构成了房地产价格的要素，任何影响房地产价格的具体因素都是通过这三者起作用的。不同房地产的价格之所以有高有低，同一房地产的价格之所以有变化，归总起来是由这三者的程度不同及其变化引起的。

2.1.3 房地产价格的特征

房地产价格与其他一般商品价格相比，既有共同之处，也有不同之处。其共同之处是都为价格，用货币表示，受价值规律的影响。不同之处则构成了房地产价格的特征，这些特征主要是由土地价格的特征决定的。房地产价格的特征主要有以下 8 个：

1）房地产价格具有区位性，即房地产价格受区位的影响很大。

由于土地区位不同，土地价格变化很大，因此房地产价格受区位的影响非常明显。区位对房地产价格的影响可分为两个方面：①地区性，主要反映在不同城市区域之间的房地产差价。一般来讲，相应土地和同质房屋，其价格大城市大于中小城市，沿海城市高于内地城市，市场经济发达的城市高于发展中城市。②地段性，主要表现在同一城市市区范围内，有好地段与差地段之别，不同地段之间存在较大的房地产差价。一般来说，土地和同质房屋的价格，城市中心区地段高于一般市区地段和郊区地段，街角地和临街地（商业房地产用地）高于附近非街角地和非临街的土地等。

2）房地产价格实体具有双重性，即房地产价格在其内涵上具有双重的实体性基础。

房地产是以土地和固着在土地之上的房屋设施为主要物质形态的财产及其权属关系，这就规定了房地产价格在其内涵上具有双重的实体性基础，其中一部分来源于土地开发和房屋建筑安装劳动所形成的价值，另一部分则来源于土地使用权（或所有权）价格。这一特征指出了房地产商品的物质构成，明确房地产是房屋设施与土地的有机统一体。

3）房地产价格具有权益性，即房地产价格实质上是房地产权益的价格。

由于房地产自然地理位置的不可移动性，在交易中其可以转移的，不是房地产的实物，而是房地产的所有权、使用权及其他物权。例如，人们在商场购买电视机，一般说其权益和实物两种转移同时进行，在电视机的所有权从商家转移到消费者的同时，电视机实物从商场所在地转移到消费者家中。而房地产交易只有一种转移，即单一权益转移，并且通常房地产价值量大，使得人们对房地产权益的转移更加慎重，因而房地产权益转移的过程和程序变得较一般商品复杂得多。

实物状态相同的房地产，权益状态可能有很大差异，甚至实物状态尚好的房地产，由于权益过小，如土地使用年限很短、产权不完全或有争议，价值较低；相反，实物状态差的房地产，由于权益较大，如产权清晰、完全，价值可能较高。即使同一宗房地产，转移的权益不同，价格也不相同。从这个意义上说，房地产价格是房地产权益的价格。对房地产估价时，一定要充分了解与把握房地产的权益状况。

4）房地产价格形式具有双重性，即房地产价格既有交换代价的价格，也有使用和收益代价的租金。

由于房地产寿命长、价值大，同一宗房地产可以有买卖和租赁两种经营方式，甚至某些房地产，如商务办公楼、公寓、宾馆等租赁经营是主要形式。因而，房地产同时有价格和租金两种价格形式相对应。房地产价格与租金之间存在一定的转换关系，就如同资本的本金与利息的关系一样。若要求取房地产价格，需要将租金资本化；相反，若需求取租金，只要把握价格和资本化率，也可求得。

5）房地产价格形成具有长期性，即房地产价格是在长时期内各种因素综合作用下形成的。

一宗房地产通常与周围其他房地产构成某一特定地区，但该地区并非固定不变，其社会经济位置等经常处在变化过程之中；同时，房地产本身也在随时间发生着变化。所以房地产价格是在考虑该房地产过去如何使用，预计将来能作何种使用，总结这些考虑结果后才能形成房地产现在的价格（或某特定时刻的价格）。

6）房地产价格具有个别性，即房地产价格通常是一宗房地产一个价格。

一方面，没有完全相同的房地产，除了地理位置绝对不可能相同外，在建造条件、建造标准、设施配套等方面也往往千差万别，价格自然会有不同；另一方面，房地产不同于其他一般商品，不易具备交易市场上的行情，不能够进行样品交易、品名交易。房地产价格如何，易受交易主体之间个别因素（如偏好、讨价还价能力、感情冲动等）的影响。不同的交易主体，就会产生不同的房地产价格。

7）房地产价格具有敏感性，即房地产价格关系到国计民生，是一个十分敏感的价格。

房地产是人类最基本的生活和消费资料，人类通过对居住性房地产的消费，才能实现生命的各种机能，才能促进社会文明的进步和发展。同时，房地产也是最重要的生产资料之一，人类需要通过使用它来生产生产资料和消费资料，需要通过使用它来进行商贸、政治、社会活动等。因此，房地产价格的变化，不仅影响到经济的发展，而且还涉及广大人民的生活，涉及社会生活和政治局势等方面。

8）房地产价格具有增值性，即房地产价格呈现较明显的增值趋势。

随着人口的增加、经济与社会的发展和人民生活水平的提高，房地产价格在总体上呈现不断上升的趋势。当然，这种上升是呈“波浪形”的，即房地产价格的上升总体上不是直线性的，而是有“波动”的。造成房地产价格具有增值性的最主要原因是：土地资源的有限性及土地投资的积累性；房地产开发建造周期长，投资风险大。

房地产价格的增值程度在不同社会经济状态和不同区位是不同的。一般而言，社会稳定、经济发展的时候，房地产增值性较明显；城市市区和郊区土地的增值性较大。

房地产价格的增值性不是绝对的，在有些情况下可能出现相反的趋势，如土地使用年限接近到期、国民经济处于衰退阶段、废弃的矿区等。

2.1.4 房地产价格的类型

从事房地产估价，必须弄清房地产价格的类型和每一种房地产价格的确切含义，以正确理解和把握待估房地产价值或价格的内涵。房地产价格类型可从下列角度考虑划分。

1. 按房地产价格形成基础的不同划分

按房地产价格形成基础的不同可划分为市场价格、理论价格、评估价格。这是一组分别从现实、理论和评估角度考虑的房地产价格类型。

（1）市场价格

市场价格是指某区域某类房地产在市场上的一般、平均水平价格，是该类房地产大量成交价格的抽象结果。它是已经发生的价格，具有统计的意义。

（2）理论价格

理论价格是经济学理论中认为的房地产“公开市场价值”，即如果将该房地产放到合理的市场上交易，它应该实现的价格，或者说是真实需求与真实供给相等的条件下形成的价格。它与市场价格相比，市场价格是短期均衡价格，而理论价格是长期均衡价格。在正常市场情况下，市场价格基本上与理论价格相吻合，围绕着理论价格上下波动。

（3）评估价格

评估价格简称评估价，是估价人员对房地产客观合理价格作出的估计、判断结果。评估价格不是已发生的价格，它是市场交易价格的参考依据。同一宗房地产利用不同的评估方法，可能得出不同的评估价格；同时由于评估人员的知识、经验、职业道德情况的不同，评估结果也有可能不同，但正常情况下不应该有大的差距。从理论上说，一个良好的评估价格＝市场价格＝理论价格。

2. 按房地产实体存在形态划分

房地产实体有 3 种存在形态，因而按房地产实体存在形态可划分为土地价格、建筑物价格、房地价格。

(1) 土地价格

土地价格简称地价，单纯的土地及附有建筑物的土地的价格都是土地价格。土地位置不同，其价格会不同；同一块土地，其开发条件不同，也会有不同的价格。根据土地的生熟程度不同，土地可以粗略地分为生地、毛地和熟地，相应地有生地价、毛地价和熟地价。生地价是指未开发的农地、荒地的价格；毛地价一般指城市中需拆迁而未拆迁的土地的价格；熟地价是指经过开发和拆迁后可供直接建设使用的土地。

(2) 建筑物价格

建筑物价格是指纯建筑物部分的价格，不包含其占用的土地的价格。对建筑物价格是否包含建筑物内的动产和营业设备的价格（价值）需要作仔细分析与说明。

动产包括两个方面，一是不长久附着于房地产（不动产）的可移动财产，如写字楼、宾馆中的办公设备和家具等，不包括嵌入结构体内的装修；另一方面是包括建筑物内的营业设备，也称动产设备，如为使人们舒适而装置的固定建筑设备，包括管线、照明、暖气和空调等，尽管可能是建筑物的定着物，但它不是不动产，为承租人拥有，安置在承租空间或建筑物内，被商业性经营使用。动产不拥有不动产财产所有权的各项权利，因此，建筑物价格一般不包括建筑物内动产的价格（价值），若建筑物价格包含建筑物内的动产的价格，一定要在估价报告中详细说明。

(3) 房地价格

房地价格又称房地混合价，即人们平常所说的房价，是指建筑物连同其占用的土地的价格，是一宗房地产的总价格。房地产市场上的商品房价格，通常包含建筑物所占用的土地的价格，与建筑物价格的内涵不同。

“一宗”的含义，就住宅来说，可以是一套住宅，可以是一栋住宅，也可以是整个住宅小区。对于同一宗房地产来说，房地价格＝土地价格＋建筑物价格。

需要说明的是，上述土地价格、建筑物价格和房地价格之间的关系是指对于同一宗房地产来说的，只存在土地、建筑物、房地 3 种形态，因此，同一宗房地产的价值只能归属于这 3 种状态。当房地产在分割、合并的前后，在土地、建筑物各自独立考虑时，上述关系可能不成立。

3. 按房地产权属划分

按房地产权属可划分为所有权价格、使用权价格、转让价格、租赁价格和抵押价格。这一组价格类型是依据我国城市房地产管理法所规定的几个主要权利划分的，其中前 2 个价格类型是一级市场价格，后 3 个是二级市场价格。

(1) 所有权价格

所有权价格指房地产所有权的价格。所有权是物权的最高形式，是所有权形式中最完整最重要的权利，其他权利只是对其不同程度的分割或削弱，如使用权、地上权、地役权等。当所有权设定其他权利时，其价格将会有所降低。

（2）使用权价格

使用权价格指房地产使用权的价格。在我国，城市土地的所有权属于国家，不能进入市场流转，土地使用单位（或使用者）可拥有土地使用权，因此地价一般是土地使用权价格。土地使用权价格可因使用年限的不同区分为各种使用年期的价格。尽管在法律含义上说，使用权与所有权具有本质的区别，土地所有权价格高于土地使用权价格，但鉴于我国房地产产权制度中，土地使用权具有较特殊的含义，就价格评估而言，两者差异不大。

（3）转让价格

转让价格指房地产权利人将其合法的房地产转移给其他人时所形成的价格。转让可以有多种形式，如买卖、继承、赠与等。转让房地产时，应符合国家房地产管理的有关法律法规的规定。

（4）租赁价格

租赁价格常称为租金，在土地场合称为地租，在房地混合场合称为房租。它是指房地产权利人将其合法的房地产出租给承租人，由承租人定期向房地产权利人所交纳的款项。按租金的内涵划分，主要有毛租金和净租金，其中毛租金中包含由业主出面来支付的绝大部分经营费用和房地产税费，而净租金一般则只含业主的净收益；按租金支付的时间划分，主要有年租金、月租金等；按租金金额是否变化划分，主要有等额租金、增租租金或降租租金、指数租金等。等额租金指在整个租赁期中保持某一特定金额的租金。与此相反，增租租金或降租租金则是要求在某些特定时间改变租金，一般在开始一段时间租金维持不变，在后续时间段里租金随着上升或下降。指数租金指根据经济指标变化而做阶段性调整的租金。消费者物价指数通常用作长期性租约租金金额的调整指标。

（5）抵押价格

抵押价格指以抵押方式将房地产作为债权担保时的价格，或者说是为获抵押贷款而评估的房地产价格。由于要考虑抵押贷款清偿的安全性，抵押价格一般比市价要低。

4. 按房地产公共价格管理划分

按房地产公共价格管理可划分为基准地价、标定地价和建筑物重置价格。基准地价、标定地价和建筑物重置价格是城市房地产管理法提到的 3 种价格，都属于评估价格。这一组价格类型不是面对具体的估价对象，尽管与政府主管部门和政府行为有密切关系，但本质上属于日常专业业务管理的范畴。

（1）基准地价

基准地价是政府对城镇各级土地或均质地域及其商业、住宅、工业等土地利用类型分别评估的土地使用权单位面积平均价格，或者说是以一个城市为对象，在该城市一定区域范围内，根据用途相似、地块相连、地价相近的原则划分地价区段，调查评估出的各地价区段在某一时点的平均水平价格。

基准地价的根本特点是基准性：在某一区域内有统一的土地开发程度，土地使用年期为各用途土地的法定最高出让年期。这使其具有宏观控制地价等作用。

（2）标定地价

标定地价是指一定时期和一定条件下，能代表不同区位、不同用途地价水平的标志性宗地的价格。目前，标定地价的实际应用还很少。

（3）建筑物重置价格

建筑物重置价格是某一基准日期，不同建筑结构、用途或等级下的特定状况的房屋，建造它所需的一切合理、必要的费用、税金加上应得的利润。也可定义为，采用估价时点的建筑材料和建筑技术，按估价时点的价格水平，重新建造与估价对象具有同等功能效用的新建筑物的正常价格。建筑物重置价格对于成本法估价方法具有重要意义，关于它的详细内容，参见项目 5 成本法中的有关内容。

5. 按政府行为划分

按政府行为可划分为土地使用权出让价格、征收价格、课税价格、补地价。这一组价格类型面对具体的估价对象，具有较强的政策性和一定的强制性，评估时需要根据具体的政策规定进行估价，属于政府行为性质。

（1）土地使用权出让价格

土地使用权出让价格指政府将国有土地使用权在一定年期内出让给土地使用者，并由土地使用者向国家支付土地使用权出让金的价款。政府根据城市规划和土地利用要求等情况，确定出让土地的位置、面积及有关使用条件，其出让价格因出让方式的不同而不同（见后面拍卖价格、招标价格、协议价格）。

（2）征收价格

征收价格是为确定政府强制征收的房地产的补偿额而评定的价格。在旧城改造、基础设施建设、农用地征收中都涉及征收价格。征收价格是一种补偿性价格，一般比正常市场价格低。

（3）课税价格

课税价格指政府为课征赋税而对房地产评定的价格，是作为对房地产计税依据的价格。课税价格一般要按照政府公布的房地产价格标准并适当参考房地产所在区位等因素，或按市场交易价格的一定比例评定。

（4）补地价

补地价指更改政府原出让土地时规定的用途，或增加容积率，或转让、出租、抵押划拨土地使用权，或出让的土地使用权续期等时需要补交给政府的一笔地价。

对于改变用途来说，补地价的数额通常等于改变用途后与改变用途前的地价的差额，即

$$补地价=改变用途后的地价-改变用途前的地价 \tag{2.1}$$

【例 2.1】 某宗面积为 30 000m^2 的工业用地，容积率为 0.8，土地单价为 560 元/m^2，现按城市规划用途拟变更为商业用地，容积率为 5.0，土地单价为 4800 元/m^2。试计算补地价的数额。

解： 应补交地价的数额为

$$\begin{aligned}补地价（总价）&=4800\times30\,000-560\times30\,000\\&=4240\times30\,000\\&=12\,720（万元）\end{aligned}$$

对于增加容积率来说，补地价的数额可用下列公式计算：

$$补地价=[(增加后容积率-原容积率)/原容积率]\times 原容积率下的地价 \quad (2.2)$$

【例 2.2】 某宗土地总面积 $1000m^2$，容积率为 3，对应的土地单价为 4500 元/m^2，现允许将容积率增加到 5，试计算理论上应补交地价的数额。

解： 理论上应补交的地价的数额为

$$\begin{aligned}补地价&=[(增加后容积率-原容积率)/原容积率]\times 原容积率下的地价\\&=[(5-3)\div 3]\times 4500\times 1000\\&=3\ 000\ 000(元)\end{aligned}$$

补地价的实质是把由于政策性原因造成的土地的增值部分补交给土地的所有者——政府。

6. 按房地产出让方式划分

在房地产的产权让渡过程中，一般有拍卖、招标和协议 3 种方式，因而形成 3 种相应价格类型。采用拍卖方式交易（出让）房地产而形成的价格称为拍卖价格；采用招标方式交易（出让）房地产而形成的价格称为招标价格；采用协议方式交易（出让）房地产而形成的价格称为协议价格。

从我国目前城镇国有土地使用权出让来看，采用拍卖方式出让国有土地使用权，指在指定的时间、公开场合，在拍卖主持人的主持下，用公开叫价的方法，最终将土地使用权拍卖给最高应价者。这种方式适用于竞争性强的、盈利性的房地产，如金融业、商业用地等。采用招标方式出让国有土地使用权，指在指定的期限内，由符合规定条件的单位或个人，以书面的形式竞买某块土地，最终择优选择土地受让者。这种出让方式，土地使用权的获得者不一定是出价最高者，不仅要考虑报价，还要考虑开发建设方案、企业资信等其他条件。采用协议方式出让国有土地使用权，一般是政府与特定的用地者协商确定出让价格。这种方式受行政干预较多，所形成价格是一种优惠性价格。因此一般适用于市政工程、公益事业、福利设施、基础设施及政府需要扶持的高科技项目的用地出让。通常协议价格最低，拍卖价格最高，招标价格居中。

需要指出，房地产拍卖中，存在一类消极性拍卖，即资产处置性拍卖。它是资产变现的手段，以清偿债务为目的，故其拍卖价格往往很低，与竞争性房地产的拍卖具有本质的区别。

7. 按商品房销售中出现的价格形式划分

按商品房销售中出现的价格形式可划分为起价、标价、成交价格、均价。这是一组与商品房销售相关联的房地产价格类型。

（1）起价

起价指所销售的商品房的最低价格。这个价格通常是最差的楼层、朝向、户型的商品房价格，甚至有时这个价格并不存在，仅是为了起到广告作用，为吸引人们对所销售商品房的关注而虚设的价格。

（2）标价

标价又称报价、表格价，是商品房出售者在其价格表上标注的不同楼层、朝向、户型的商品房出售价格。一般情况下，这个价格高于成交价格。但购买者可在此价格基础上与出售者讨价还价，可能使实际交易的价格低于标价。

(3) 成交价格

成交价格简称成交价，是房地产交易双方实际达成交易的价格。通常所说的成交价格是指狭义的成交价格，也就是买卖价格。成交价格是一个既成的事实。成交价格可分为正常成交价格和非正常成交价格。正常成交价格指交易双方在正常情况下交易形成的价格，不受一些不良因素的影响。反之则为非正常成交价格。成交价格界于卖者出售所愿意接受的最低卖价（最低界限）与买者购买所愿意接受的最高买价（最高界限）之间，至于具体价位的高低，取决于商品房出售者与商品房购买者双方的谈判能力，以及该种房地产市场是处于卖方市场还是买方市场。在卖方市场下，成交价格往往是偏高的；在买方市场下，成交价格往往是偏低的。

正常成交价格形成的条件如下：

1) 公开市场。在市场上交易双方进行交易的目的在于最大限度地追求经济利益，双方都掌握必要的市场信息，有充裕的时间进行交易，对交易对象具有必要的专业知识，交易条件公开并不具有排他性。

2) 交易对象具备市场性。

3) 交易双方都具有完全信息。

4) 交易双方的交易不受任何压力，完全出于自愿。

5) 理性的经济行为。

(4) 均价

均价是所销售商品房的平均价格，具体有标价的平均价格和成交价的平均价格。这个价格反映了所销售商品房的价格水平。均价也具有统计的意义，但它与市场价格相比，其范围要小得多。

8. 按房地产价格表示单位划分

按房地产价格表示单位可划分为总价格、单位价格、楼面地价。这是一组主要与价格的内涵、面积范围和面积内涵相联系的房地产价格类型。

(1) 总价格

总价格指一宗房地产的总体价格，可以是一宗土地的土地总价格，也可以是一宗建筑物的建筑物总价格，或是房与地合一的房地产整体价格。

(2) 单位价格

单位价格指分摊到单位面积的价格，通常，对土地而言，是单位地价，指单位土地面积的土地价格；对建筑物而言，是单位建筑物价格，指单位建筑面积上的建筑物价格；对房地产整体而言，是单位房地产价格，指单位建筑面积上的房地产价格。现在商品房销售上出现一种新的计价方式，即按使用面积计价，其单位房地产价格，指单位使用面积上的房地产价格。房地产的单位价格能反映房地产价格水平的高低，而房地产的总价格一般不能说明房地产价格水平的高低。

弄清单位价格应从两方面考虑，否则只是一个单纯的数字，无经济意义：①正确理解和把握房地产的价格和面积的内涵，参见表 2.1 房地产单位价格类型；②认清衡量单位，即货币单位和面积单位。

表 2.1 房地产单位价格类型

实体价格类型 \ 面积类型	土地面积	建筑面积	建筑物使用面积
土地总价格	单位地价	楼面地价	单位使用面积地价
建筑物总价格	无	单位建筑物价 （单位建筑面积建筑物价）	单位使用面积建筑物价
房地产总价格	无	单位房地产价格 （单位建筑面积房地产价）	单位使用面积房地产价

（3）楼面地价

楼面地价，又称为单位建筑面积地价，是平均到每单位建筑面积上的土地价格，是一种房地产的单位价格，即

楼面地价＝土地总价格/建筑总面积

容积率＝建筑总面积/土地总面积

楼面地价＝土地单价/容积率

【例 2.3】 某宗土地总面积 20 000m²，容积率为 3，该土地使用权出让总价为2.4 亿元，请计算该宗地的楼面地价为多少。

解： 楼面地价为

楼面地价＝土地单价/容积率

＝(240 000 000÷20 000)÷3

＝ 4000(元/m²)

楼面地价在实际工作中有重要意义，其往往比土地单价更能反映土地价格水平的高低，因为土地的单价是针对土地而言的，而楼面地价实质上就是单位建筑面积上的土地成本。

例如，有甲、乙两块土地，甲土地的单价是 600 元/m²，乙土地的单价是 700 元/m²，如果两块土地的其他条件完全相同，显然，甲土地比乙土地便宜，明智的买者会购买甲土地而不会购买乙土地；但如果甲、乙两块土地的容积率不同，甲土地的容积率为 5，乙土地的容积率为 7，除此之外的其他条件都相同，这时仅靠土地单价难以判断两块土地的价格高低，应根据楼面地价来比较。由于甲、乙两块土地的楼面地价分别是 120 元/m² 和 100 元/m²，甲土地反而比乙土地贵（每平方米建筑面积贵 20 元），那么，理智的买者会购买乙土地而不会购买甲土地。

9. 按估价方法划分

按估价方法可划分为收益价格、比准价格、积算价格。这是一组与房地产估价 3 种基本估价方法相对应的房地产价格类型，都属于评估价格。

房地产估价方法有多种，其中最主要最基本的估价方法是收益法、市场比较法、成本法 3 种。

收益价格指采用收益法评估出的房地产试算价格；比准价格指采用市场比较法评估出的房地产试算价格；积算价格指采用成本法评估出的房地产试算价格。

任务 2.2　房地产价格影响因素分析

【任务目标】能够运用所学知识分析房地产价格影响因素。

【能力目标】1. 掌握房地产的自身因素；
2. 熟悉人口因素；
3. 熟悉制度政策因素。

2.2.1　认识房地产价格的影响因素

房地产价格影响因素众多而复杂，按影响因素的范围可以分为 3 类，即一般因素、区域因素、个别因素。一般因素指影响一定区域范围内所有房地产价格的一般的、普遍的、共同的因素，这些因素通常会对较广泛地区范围内的各宗房地产的价格产生全局性的影响。显然，这类影响因素对于具体某一宗房地产价格而言，并不直接，但他们往往是决定具体房地产价格及其走势的基础和关键。一般因素中，主要有行政因素、经济因素、一般社会因素、人口因素、国际因素等；区域因素是指某一特定区域内的自然条件与社会、经济等因素结合所产生的区域性，对该区域内的各宗房地产价格水平产生影响的因素。相对与一般因素而言，区域因素的影响范围要小些。区域因素是房地产市场的直接影响因素，在房地产估价中，区域因素的分析和把握是房地产正确合理估价的关键。区域因素中，主要有区域社会因素、心理因素、商业服务繁华程度、交通条件、基本设施、区域环境条件等；个别因素指具体影响某宗房地产价格的因素。这类因素对房地产市场的影响范围和程度最小，但对具体房地产价格的影响却最直接、最具体。个别因素包括微观环境条件、物理因素。需要注意的是，一般因素、区域因素、个别因素的划分，尤其是一般因素与区域因素的区别不是绝对的。兼顾房地产供求关系对价格的影响，房地产价格影响因素体系可归纳为图 2.1。

1. 供求状况

供给和需求是价格水平形成的两个最终因素，其他一切因素，要么通过影响供给，要么通过影响需求来影响价格。房地产的价格也是由供给和需求共同决定的，其价格与需求成正相关，与供给成负相关。

房地产的供求状况有如下 4 种类型：①城市或全国房地产总的供求状况；②城市或全国本类型房地产的供求状况；③本地区房地产的供求状况；④本地区本类型房地产的供求状况。前两种类型应归属于一般因素，后两种类型则归属于区域因素。

由于房地产的不可移动性及变更使用功能的困难性，决定某一房地产价格水平高低的，主要是本地区本类型房地产的供求状况。至于其他类型房地产的供求状况对该房地产价格有无影响及影响程度怎样，要看这些供求状况的波及性如何而定。

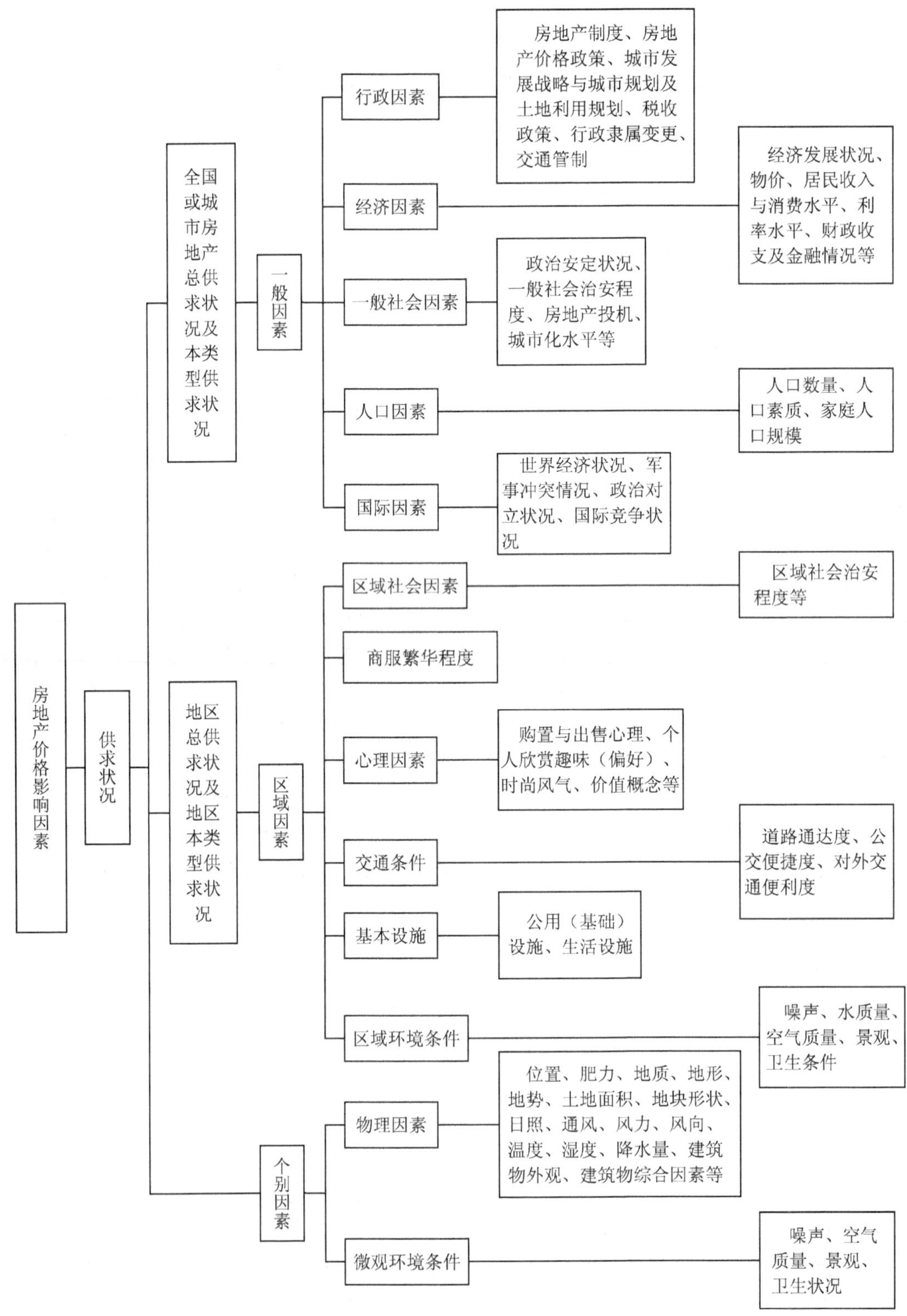

图 2.1　房地产价格影响因素体系

2. 行政因素

行政因素指影响房地产价格的制度、政策、法律法规、行政措施等方面的因素，主要有房地产制度、房地产价格政策、城市发展战略与城市规划及土地利用规划、税收政策、行政隶属变更、交通管制等。行政因素属于一般因素。

（1）房地产制度

房地产制度包括土地制度、住房制度。房地产制度及其变化对房地产市场和房地产价格会产生重大影响。如我国 1988 年《宪法》修正案中，明确规定“土地可以依照法律转让”，决定了我国土地价格从无到有的根本性转变；而 1994 年进行的税制改革、土地增值税的颁布及 1995 年城市房地产管理法的实施，有效地规范了我国房地产市场的发育和发展。

（2）房地产价格政策

房地产价格政策指政府对房地产价格高低的态度及采取的干预方式、措施等。简单地说，房地产价格政策可分为两类：一类是高价格政策，指政府对房地产价格在一定程度上放任不管，或者有意通过某些措施来抬高房地产价格，促使房地产价格上涨，维持高价位；一类是低价格政策，指政府采取种种措施来抑制房地产价格的上涨，造成房地产价格下落，处于低价位。影响房地产价格的措施是多种多样的，如制定最高限价或最低限价，规定房地产交易时不得突破此价格；通过调节土地供应，以增加（或减少）房地产的供给，从而平抑（或升高）房地产价格；推行安居工程，以低于市场价格提供经济适用房，在一定程度上抑制了房地产价格的上涨。

（3）城市发展战略、城市规划及土地利用规划

城市发展战略、城市规划及土地利用规划决定了一个城市的性质、发展方向和发展规模，还决定了城市用地结构、城市景观轮廓线、地块用途、利用程度等。特别是城市详细规划中确定的地块的用途、容积率、覆盖率等指标，对房地产价格有很大的影响。就土地用途和容积率来说，微观上，规定的土地用途限制了地块用途的可选择范围，设定了土地价格的上限，若用途不好还会降低地价；设定的容积率限定了土地的开发利用规模，往往不能满足用地者的需要，这也限制了地价。宏观上，对土地用途和容积率的合理规定有利于形成一个合理的空间地域结构，使城市能发挥最大的整体功能，有利于各种土地利用的相互协调，创造高效、健康、优美的环境，因此有提高地价的作用。

（4）税收政策

国家通过税收政策调控房地产业的发展。直接或间接的对房地产课税，实际上是减少了利用房地产的收益，因而降低了房地产的价格。不同的税种和税率，对房地产价格的影响是不同的。此外，考虑课税对房地产价格的影响时，必须注意课税可否转嫁的问题。如果可按一定的规定或一定途径转嫁出去，则该税种对房地产价格的影响就较小。

（5）行政隶属变更

行政隶属变更一般可分为两类：一类是级别升格，如非建制镇升格为建制镇，县级市升格为地级市，省辖市升格为直辖市，这无疑会促进该地区的房地产价格上涨；另一类是级别不变，其管辖权发生变化。如果将原属于某一较落后地区的地方划归另一较发达地区

管辖，也会促使其房地产价格上涨；相反，则会导致其房地产价格下落。

（6）交通管制

交通管制包括禁止某类车辆通行，实行单行道、步行街及限制通行时间等。交通管制对房地产价格的影响如何，要看这种管制的内容和房地产的使用性质。实行某种交通管制，对某些房地产来说可能是降价因素，但对另一些房地产，则成为提高价格的因素。如在住宅区内禁止货车通行，可以减少噪声，保持清洁和行人安全，会提高该住宅区住宅的价格。

3. 经济因素

影响房地产价格的经济因素有经济发展状况、物价（特别是建筑材料价格）、居民收入与消费水平、利率水平、财政收支及金融情况、房地产投资、建筑人工费等。这些因素对房地产价格的影响都较复杂。经济因素属于一般因素。

（1）经济发展状况

经济发展状况是个综合的概念，经济发展状况好，意味着国民经济增长速度较快，企业经营效益较好，就业岗位和居民收入增加，这必然使投资生产活动活跃，对厂房、办公楼、商场、住宅和各种文娱设施等的需求不断增加，由此引起房地产价格上涨，尤其是引起地价上涨。

（2）物价

房地产价格是总体物价的一部分，但与一般物价的特性不同。当物价普遍波动时，实质上是货币购买力在变动，即币值发生变动，房地产价格也随之变动，如果其他条件不变，房地产价格变动的百分比相当于物价变动的百分比，且两者变动方向相同；就房地产价格与一般物价的关系而言，一方面，无论一般物价总水平是否变动，其中某些物价的变动也会引起房地产价格的变动，如建筑材料价格、建筑人工费的上涨，会增加房地产的开发成本，从而可能推动房地产价格上涨。另一方面，房地产价格变动也引起其他商品价格的变动。如房地产价格上涨会导致抵押价值增大，引起信用膨胀，即广义货币供应量增加，同时也使企业成本上升，带动商品价格普遍上升，造成物价上涨；由于房地产的稀缺性，从较长时期看，房地产价格（尤其是地价）的上涨率要高于一般物价和国民收入的增长率。

（3）居民收入与消费水平

居民收入中的个人可支配收入及可任意支配收入越多，居民的实际购买力就越强。对房地产价格可能有影响的是收入中的这一部分。当居民实际收入（即扣除通货膨胀后的收入）增加后，其生活水平将随之提高，对其居住与活动的空间的要求也有所提高，从而对房地产的需求增加，导致房地产价格上涨。收入增加对房地产价格的影响程度要视收入水平与边际消费倾向的大小而定。如果居民收入的增加是由于中、低收入者收入增加的结果，则其边际消费倾向较大，在改善了衣食之后，收入的剩余部分将用于改善居住条件，住宅房地产的需求增加，自然促使住宅价格上涨。但如果居民收入的增加是由于高收入者收入增加的结果，由于他们的生活富足，边际消费倾向较小，其收入增加的大部分甚至是全部都用于储蓄或其他投资，对房地产影响不大。不过，如果高收入者将剩余收入从事房地产投机，则会引起房地产价格上涨。

(4) 利率水平

利率是资金使用成本的反映。利率高则资金使用成本高，资金使用者还息负担重，实际收入少，因而对经济活动具有压抑作用。房地产是资金占用量很大的商品，其价格高低与利率水平有密切关系。一方面，利率水平高低影响房地产消费代价的大小。由于房地产消费中借贷资金的比例大，若利率水平高，则使用者须支付高额的利息，导致房地产消费意欲低，需求不强，价格下降；反之，则导致需求增加，价格上升。另一方面，利率水平的高低影响到社会上投资收益水平的高低。当利率较低时，社会投资意欲较强，对收益率的要求也较低。投资者愿意支付更高的价格去购买产生同样收益的房地产，导致房地产的价格上升。

4. 社会因素

社会因素是指一个国家或地区的社会状况对房地产价格的影响，主要有政治安定状况、社会治安程度、房地产投机、城市化水平等。社会因素中社会治安程度不单纯属于一般因素，也与区域因素有关系。因此社会因素可分为一般社会因素和区域社会因素。

(1) 政治安定状况

政治安定状况指现有政权的稳固程度，不同政治观点的党派和团体的冲突情况等。一般来说，政治不安定，意味着社会动荡，财产权保障不足，影响人们投资、置业的信心，当然会造成房地产价格低落。

(2) 社会治安程度

社会治安程度指偷盗、抢劫、强奸、杀人等方面的刑事犯罪情况。由于社会治安的不平衡性，一般来说，一个国家（或省区或大城市）与一个城市（或城市的一个地区）的社会治安程度是不相同的，因此，按影响范围的大小，可进一步区分为一般社会治安程度和区域社会治安程度。对某一具体房地产价格影响大的是区域社会治安程度。房地产所处的地区，若治安混乱，经常发生刑事犯罪案件，则人身安全及财产缺乏保障，长此以往，必然造成房地产价格低落。

(3) 房地产投机

房地产投机指投机者期望并利用房地产价格的变动获得超常利润的行为。房地产投机对房地产价格的影响归为 3 种情况：当房地产供不应求时，由于投机者的抢购而哄抬房地产价格；当房地产供过于求时，由于投机者的抛售而使房地产价格更为下跌；但在某些情况下，房地产投机可能起着稳定房地产价格的作用：当房地产价格低落时，怀有日后房地产价格会上涨心理的投机者购置房地产，以待日后房地产价格上涨时抛出。这样就会出现，当房地产需求低迷时，投机者购置房地产，造成房地产需求增加，升高房地产价格；而在房地产需求旺盛时，投机者抛售房地产，增加房地产供应，从而平抑房地产价格。

(4) 城市化水平

改革开放以来，我国的城市化进程十分迅速，城市化水平不断提高。城市化一词一般有 4 个涵义：城市中心对农村腹地影响的传播过程；全社会人口逐步接受城市文化的进程；人口集中的过程，包括集中点的增加和每个集中点的扩大；城市人口占全社会人口比例提高的过程。从影响房地产价格的一般意义上说，城市化意味着人口向城市地区集中，造成对城市房地产的需求不断地、持续地增加，从而带动城市房地产价格上涨。

5. 人口因素

房地产的需求主体是人，人的数量、素质决定了房地产的总体需求及使用方式，从而也影响到房地产价格。人口因素对房地产价格的影响，具体可分为人口数量、人口素质、家庭规模 3 个方面。

（1）人口数量

总的来说，人口数量与房地产价格成正相关。具体分析要考虑：把人口数量分为日间人口和夜间人口，以及常住人口、暂住人口和流动人口的数量，分析他们对不同类型房地产价格的影响。人口数量的相对指标是人口密度，人口密度从两方面影响房地产价格，一方面，人口密度提高有可能刺激商业、服务业等产业的发展，提高房地产的价格；另一方面，人口密度过高将导致生活环境恶化，有可能降低房地产价格，特别是在大量低收入者涌入某一地区时会出现这种情况。

（2）人口素质

人口素质包括人们的教育水平、公民意识、守法程度、收入水平等，标志着社会的文明程度与经济发展水平，从而影响房地产价格的高低。一个地区的人口素质高，必然要求附近的公共设施充足、完善，居住环境也必然力求宽敞舒适，这些都形成对房地产较强劲的需求，使房地产价格趋高。反之，若某一地区居民素质低，收入微薄，社会秩序欠佳，对房地产需求的数量和质量均低，人们也多不愿意在此居住，房地产价格必然低落。

（3）家庭规模

家庭规模指一个国家或某一地区家庭平均人口数量。即使人口总数不变，家庭规模的变化也将影响居住单位数量，从而导致房地产需求的变化而影响房地产价格。目前国内家庭日趋小型化，核心家庭日渐普遍，单亲家庭也有增加，从而造成对住宅单位的需求不断增加，导致房地产特别是住宅价格的升高趋势。

6. 国际因素

现代社会，国际交往频繁。国际的政治、军事、经济环境常常影响他国的经济等包括房地产市场和房地产价格。随着全球经济一体化，这些影响将更直接、更明显。我国已加入 WTO，融入全球经济一体化的进程加快，国际的政治、军事、经济等环境如何，很容易对我国的房地产市场和房地产价格产生影响。影响房地产价格的国际因素主要有世界经济状况、军事冲突情况、政治对立状况和国际竞争状况。

（1）世界经济状况

世界经济状况，尤其是周边国家和地区的经济状况，对房地产价格有较大的影响。如果世界经济发展良好，一般有利于房地产价格上涨。

（2）军事冲突情况

一旦发生战争，则战争地区的房地产价格会陡然下跌，而那些受到战争威胁或影响的地区，其房地产价格也会有所下降。

（3）政治对立状况

若国与国之间发生政治对立，则很可能出现实行经济封锁、冻结贷款、终止往来等，导致房地产价格下跌。

（4）国际竞争状况

国与国之间为吸引外来投资会展开激烈的竞争。一般来说，采取低地价政策而吸引投资者时，会使房地产价格低落；但如果在其他方面采取优惠政策，吸引了大量外来投资者进入，则对房地产的需求会增加，反而会导致房地产价格上涨。

7. 心理因素

心理方面的因素对房地产价格的影响有时是一个不可忽视的问题，它主要有购买与出售心态；个人欣赏趣味（偏好）；时尚风气；接近名家住宅心理；讲究门牌号码、楼层数字或土地号数；讲究风水；价值观的变化。

8. 商业服务繁华程度

商业服务繁华程度也称商服繁华程度，指一个城市或一个地区的商业服务业的集中程度。商服繁华程度与一个城市的城市性质、规模、人口数量、经济发展水平等直接相关，并影响所在城市或地区的物质流、信息流和人流数量，从而影响到所在地区的房地产价格。商业服务业的规模等级越高，房地产的使用效益越高，价格相应越高。

9. 交通条件

交通条件指区域的道路通达度、公共交通的便捷程度及对外交通的便利程度。交通条件把通行距离和时间作为一个整体，既要求通行距离短，以节省运费，又要求交通顺畅，以减少出行时间。交通条件的优劣将直接影响一个区域人流、物流的通达性及其交通运输成本，明显影响人们的出行方便度，因而影响房地产的价格。

10. 基本设施

基本设施主要指区域的公用（基础）设施和生活设施。城市的公用（基础）设施包括交通、供电、供热、供气、给排水、通信、环保、抗灾等，是城市发展不可缺少的物质条件，其配套程度和质量直接影响到生产、生活。生活服务设施包括医疗、教育、娱乐、银行、邮政、商业服务网点等，与居民正常生活和工作有密切关系。基本设施的优劣将影响城市功能的发挥，影响人们工作、学习和生活的方便程度，并进而影响房地产价格。

11. 环境条件

环境条件指那些对房地产价格有影响的房地产周围的物理性状因素，主要有噪声、空气质量、水质量、景观、卫生状况。随着经济发展和生活水平的提高，人们对房地产尤其是住宅房地产的环境要求越来越高，环境条件成为人们选购房地产的重要因素，因而对房地产价格有明显的影响。由于环境条件不单纯地归属于区域或个别因素，而与两者都有关系，因此环境条件可分为区域环境条件和微观环境条件。

区域环境条件指房地产所在区域的环境质量，包括空气质量、水质量、景观、卫生状况等；微观环境条件指影响具体房地产或房地产小区的微观环境质量，包括噪声、空气质量、景观、卫生状况等。

（1）噪声

汽车、火车、飞机、工厂、农贸市场等，都可能形成噪声。对于住宅、宾馆、办公、学校、科研等类房地产来说，噪声的大小程度与房地产价格成负相关。

（2）空气质量

房地产所处的地区有无难闻的气味、有害物质和粉尘等，对房地产价格也有很大影响。尤其是化工厂、屠宰场、酱厂、厕所、煤场等都可能造成空气污染，因此，凡接近这些地方的房地产，肯定价格较低。

（3）水质量

海洋、江湖、河流、沟渠、地下水等的污染程度如何，对其附近的房地产价格也有很大影响。饮水水源的水质量或受到的污染程度，对附近的房地产价格有更大的影响。

（4）景观

爱美是人的天性，人们都喜欢优美、漂亮的景观。房地产周围安放的东西，如电线杆、广告牌、标示牌等的树立状态和设计是否美观，建筑物之间是否协调，空地是否宽敞，公园、绿地等形成的景观是否赏心悦目，都对房地产价格有影响。

（5）卫生状况

清洁卫生状况，包括垃圾堆放，对房地产价格也有影响。

12. 物理因素

物理因素指对房地产价格有影响的反映房地产自身的自然物理特性的因素，其状况的好坏，直接关系到房地产价格的高低。这些因素分别为：

（1）位置

各种经济活动和生活活动对房地产位置都有不同要求，位置的优劣直接影响房地产所有者或使用者的经济收益、社会影响或生活满足程度。因此，房地产坐落的位置不同，价格有较大的差异。特别是城市土地，位置因素对其价格有着决定性影响，所以，房地产界流传着一句名言：第一是区位，第二是区位，第三还是区位。尽管位置不能代替房地产的一切，但这句话说明了位置对房地产的重要性。

房地产位置的优劣标准因房地产类型的不同而有差异。一般来说，商业房地产的位置优劣，主要是看商服繁华程度、临街状态；居住房地产的位置优劣，主要是看周围微观环境状况尤其是噪声情况、交通是否方便，以及与商业服务中心的距离；工业房地产的位置优劣，通常需要视产业的性质而定。一般来说，如果位置有利于原料和产品的运输，便于废料处理及动力取得，其价格有增高的趋势。

（2）肥力

肥力又称土地肥沃程度，它只与农业用地的价格有关。土地肥沃，地价就高，反之，地价则低。

（3）地质

地质条件决定着土地的承载力。地质越坚实，承载力就越大，从而有利于建筑使用。在现代城市建设高层化楼宇越来越多的情况下，地质条件对地价的影响较大。地价与地质条件的关系的实质，是地质条件的好坏决定着建设费用的大小。地价与地质条件的关系成正比关系。

（4）地形、地势

地形指同一块土地内的地面起伏情况。地势指本块土地与相邻土地的高低关系，特别是与邻接道路的高低关系。一般来说，土地平坦，地价较高；反之，土地高低不平，地价较低；而地势高的房地产价格要高于地势低的房地产价格。

（5）土地面积、地块形状

同等位置的两块土地，由于面积大小不等，价格会有高低差别。一般来说，凡土地面积过于狭小而不利于经济使用的土地，其地价必低，相反，地价则高。但在相邻土地合并的情况下可能有例外，因为这块土地的存在，可能会减低相邻土地的使用价值，于是该块土地的拥有者可能以居奇的心态，待价而沽，而相邻土地的拥有者为使其土地得到最佳利用，则可能不惜以高价购之。土地面积大小的合适度因不同用途、不同地区、不同消费习惯而有所不同。土地形状是否规则，对地价也有一定影响。一般认为矩形地容易利用，而其他形状土地如三角形地、平行四边形地及其他形状土地则利用难度会比较大，因此，矩形地的价格较高，而其他形状的土地价格会偏低。

（6）日照、通风、风力、风向

日照有自然状态的日照和受到人为因素影响的日照两种。日照与房地产价格的关系有两个方面：日照对房地产价格有正面影响，建筑物若处于背阳面，或受到其他建筑物的遮挡而日照较少，就会降低房地产价格；日照对房地产价格有负面影响，如我国南方炎热地区朝向西边的房地产在夏季因日照时间过长而十分炎热，所以西边朝向的房地产价格较低。

风状况对房地产价格有一定影响。在一般情况下，风力越大，房地产的价格越低。但对于一些需要通风的活动来讲，风力与房地产价格的关系可能出现类似于上述日照与房地产价格的关系。风向与房地产价格的关系在城市中比较明显，在上风地区房地产价格一般较高，在下风地区房地产价格一般较低。

（7）温度、湿度、降水量

这三者若过高（过大）或过低（过小），都不利于生产或生活，因而造成房地产价格低下。湿度、降水量往往与地势因素结合形成对房地产价格的影响。城市中地势较低的地段，如果降水量大，则易受水浸，价格因此较低。

（8）天然周期性灾害

凡有天然周期性灾害的地带，土地利用价值必然极低，甚至不能利用。

（9）建筑物外观

建筑物外观包括建筑式样、风格和颜色，对房地产价格有很大影响。若建筑物外观新颖、优美、吸引人，则价格较高；反之，若风格保守，式样过时，颜色不协调，难以引起人们强烈的享受欲望，甚至令人生厌，则价格必低。

（10）建筑物的综合因素

建筑物的综合因素包括建筑物的朝向、建筑结构、内部平面布置、设备配置情况、施工质量等，这些对房地产的价格也有很大的影响。建筑物的朝向前已述及，这里不再叙述。建筑结构与建筑物的强度、刚度、稳定性、耐久性和耐火性能有关，它直接影响建筑物的使用价值。内部平面布置影响建筑物的使用功能。例如住宅，旧式的大房小厅设计与现在强调和流行的大厅小房（加大公共活动面积）设计相比，已明显不符合现代人们对使用功能的要求。设备配置情况的优劣除可影响房地产的使用功能外，还可影响房屋的使用、维修成本。施工质量好，可保证建筑物安全，降低建筑物维护费用并延长其耐用年限，与房地产价格成正比关系。

2.2.2 房地产价格影响因素分析要点

熟练地掌握各种影响房地产价格的因素是如何影响及在什么程度上影响房地产价格的，是搞好房地产估价的关键之一。影响房地产价格的因素需把握三点：

1）影响方向。各种影响房地产价格的因素对房地产价格的影响方向不尽相同。有的因素降低房地产价格；有的因素则提高房地产价格；有的同一因素对不同类型的房地产，影响方向可能是不同的。

2）影响程度。各种影响房地产价格的因素对房地产价格的影响程度不尽相同。有的因素对房地产价格的影响较大而成为主要因素，有的因素则对房地产价格的影响较小而作为次要因素。但随着时期、地区、房地产类型的不同，主次要因素的地位会发生变化。

3）影响关系。各种影响房地产价格的因素与房地产价格之间的影响关系不尽相同。有的因素对房地产价格的影响可看作是线性的；有的因素对房地产价格的影响是非线性的；有的因素对房地产价格的影响不是单向性的，在某种状况下会提高房地产的价格，而在另一状况下，却会降低房地产的价格；有的因素从某一角度看会提高房地产的价格，而从另一角度看却会降低房地产的价格，其对房地产价格的最终影响如何由这两方面的合力决定。

课堂实训

项目背景为导入案例。

房地产开发商在选择地块时会考虑土地成本，楼面地价能更好地反映土地成本的高低。

甲地块楼面地价＝10 000÷6＝1666.67（元/m^2）

乙地块楼面地价＝8000÷4＝2000（元/m^2）

丙地块楼面地价＝5000÷2＝2500（元/m^2）

所以，在其他条件完全相同的情况下，该房地产开发商应选择楼面地价最低的甲地块。

房地产估价术语

房地产价格

术语 1：成交价格 transaction price

解释：一笔房地产交易中交易双方达成交易的金额，可能用货币来支付，也可能用实物、无形资产或其他经济利益来支付。

术语 2：市场价格 average of market price

解释：某种房地产在市场上的平均水平价格。它是剔除了各种偶然和不正常因素以后的价格，是该种房地产大量成交价格的抽象结果（如该种房地产成交价格的平均数或中位数、众数）。

术语 3：评估价值 appraisal value

解释：评估出的估价对象价值。

术语 4：投资价值 investment value

解释：根据某个特定投资者的实际情况所评估的价值。

术语 5：快速变现价值 liquidation value

解释：在没有充足的时间进行适当营销情况下的价值。

术语 6：现状价值 value in use

解释：在现状利用情况下的价值。

术语 7：残余价值 residual value

解释：在持有期结束时的价值。

术语 8：抵押价值 mortgage value

解释：假定未设立法定优先受偿权利下的市场价值扣除注册房地产估价师知悉的法定优先受偿款后的余额。

习题与参考答案

职业资格考试真题解析

1. 下列关于价值类型的表述中，错误的是（　　）。

A. 现状价值为市场价值

B. 投资价值属于非市场价值

C. 市场价值的前提之一是继续使用

D. 同一估价对象可能有不同类型的价值

本题答案：A

2. 下列房地产价格中，相对能更好反映地价水平高低的是（　　）。

A. 土地总价　　B. 土地单价　　C. 楼面地价　　D. 商品房价格

本题答案：C

3. 判断对错：甲、乙两块其他条件相似的相邻土地，甲土地单价为 1500 元/m²，容积率为 4；乙土地单价为 1130 元/m²，容积率为 3，以楼面地价来判断，投资乙地块较甲地块更经济。（　　）

本题答案：√

习题

一、单选题

1. 房地产价格水平及其变动是由房地产的（　　）这两种力量共同作用的结果。

A. 供需与价格　　B. 需求与价格　　C. 供给与价格　　D. 供给与需求

2. 随着时间的推移而减少的是（　　）。

A. 原始价值　　B. 账面价值　　C. 市场价值　　D. 投资价值

3. 有支付能力支持的需要，称为（　　）。

A. 有效需要　　B. 有效需求　　C. 有效购买力　　D. 实际需求

4. 由于房地产的不可移动性及变更用途的困难性，决定某一房地产价格水平高低的供求状况，主要是（　　）。

A. 全国房地产总的供求状况　　B. 全国本类房地产供求状况

C. 本地区本类房地产的供求状况　　D. 本地区房地产的供求状况

5. 成交价格围绕着（　　）上下波动。

A. 评估价格　　B. 理论价格　　C. 市场价格　　D. 交换价格

6. 某宗土地总面积为 $5000m^2$，出让时容积率为 5，土地单价为 4000 元/m^2。现经批准将容积率提高到 6.5，应补交地价额为（　　）万元。

A. 400　　B. 600　　C. 750　　D. 800

二、多选题

1. 房地产之所以有价格，需要具备（　　）这几个条件。

A. 交换性　　B. 有用性　　C. 稀缺性　　D. 有效需求　　E. 商品性

2. 房地产估价所评估的是房地产的（　　）。

A. 投资价值　　B. 账面价值　　C. 市场价值　　D. 使用价值　　E. 交换价值

3. 正常成交价格指交易双方在公开市场、（　　）进行加以形成的价格。

A. 信息畅通　　B. 平等自愿　　C. 诚实无欺

D. 急于出售或急于购买　　E. 无利害关系

4. 只有当买者所愿意支付的最高价格（　　）卖者所愿意接受的最低价格时，交易才能成功。

A. 高于　　B. 低于　　C. 等于　　D. 高于或低于　　E. 低于或等于

5. 评估价值是估价人员对房地产的（　　）价格或价值进行估算和判定的结果。

A. 客观　　B. 公正　　C. 正常　　D. 合理　　E. 实际

6. 采用市场法测算出的结果通常称为（　　），采用成本法测算得出的结果通常称为（　　），采用收益法测算得出的结果通常称为（　　）。

A. 市场价格　　B. 比准价格　　C. 积算价格　　D. 收益价格　　E. 基准价格

7. 城市基准地价是以一个城市为对象，在该城市一定区域范围内，根据（　　）地价区段，调查评估出的各地价区段在某一时点的平均价格水平。

A. 用途相似　　B. 地块相连　　C. 地段相邻　　D. 地形相似　　E. 地价相近

三、判断题

1. 稀缺性指可用的数量不够满足每个人的欲望或需要，是相对缺乏，而不是绝对缺乏。（　　）

2. 当一种房地产自身的价格保持不变，而与它相关的其他房地产的价格发生变化时，该种房地产的需求不会发生变化。（　　）

3. 当消费者对某种房地产的偏好程度增强时，该种房地产的需求就会减少；相反，需求就会增加。（　　）

4. 当预期某种房地产的价格在下一时期下降时，就会增加对该种房地产的现期需求；相反，就会减

少对该种房地产的现期需求。（　）

5. 在某种房地产自身的价格保持不变的情况下，开发成本下降会减少开发利润，从而会使该种房地产的供给减少；相反，会使该种房地产的供给增加。（　）

6. 如果开发商预期某种房地产的价格会上涨，就会减少该种房地产的现期供给；如果开发商对未来的预期是悲观的，其结果会相反。（　）

7. 就使用价值与交换价值相对而言，房地产估价师所评估的是房地产的使用价值。（　）

8. 在卖方市场下，成交价格往往是偏低的。（　）

参考答案

一、单选题

1. D　2. B　3. B　4. C　5. C　6. B

二、多选题

1. BCD　2. CE　3. ABCE　4. AC　5. ABCD　6. BCD　7. ABE

三、判断题

1. √　2. ×　3. ×　4. ×　5. ×　6. ×　7. ×　8. ×

项目3

市场法运用

项目概述 通过对本项目的学习，读者可以对市场法，包括其含义、理论依据、适用的估价对象、估价需要具备的条件、估价的操作步骤，以及每个操作步骤所涉及的具体内容有充分的了解，并能掌握房地产估价方法之一的市场法。

案例导入 某估价事务所 2012 年 9 月接受一宗估价业务，具体情况如下。

估价对象概况：本次估价对象为杭州市六合·天寓，位于钱塘江大桥南岸以东约 800m，南距滨江主动脉江南大道约 150m，西接东信大道，北靠滨盛路。

估价对象小区内有杭二中、卫生院等公建配套设施，同时周边分布有联华超市、农贸市场、银行储蓄网点等生活配套设施，居民日常生活方便。

房地产权利状况：估价对象所有权人陆××——持有杭房权证下改字第 19830905001 号《房屋所有权证》，建筑面积 147.78m^2；持有杭下房改国用（2305）字第 23020025 号《国有土地使用证》，地号 2-3-(02)-0025，土地用途为住宅，土地取得方式出让，土地等级Ⅱ级。

估价目的：为业主以估价对象作为抵押物向银行进行抵押贷款提供价值依据。

案例思考 作为估价师，该选用何种方法作为估价方法？选择的依据是什么？

分析：一般来说，估价对象的状况越复杂，在对其估价过程中就可能使用越多的技术与方法。

任务 3.1 市场法概述

【任务目标】通过全面学习市场法，熟悉市场法的含义。

【能力目标】1. 熟悉市场法的含义；

2. 了解市场法的理论依据；

3. 熟悉市场法的适用估价对象和条件；

4. 熟悉市场法的操作步骤。

3.1.1 市场法的含义

市场法又称比较法、交易实例比较法，是选取一定数量、符合一定条件、发生过交易的类似房地产，然后将这些房地产与估价对象比较，对这些类似房地产的实际成交价格作适当的修正，以此来求取估价对象的客观合理价格或价值的方法。

市场法是一种最直接的估价方法，其估价结果最容易被接受，通过市场法测算出的价格称为“比准价格”。

这里的类似房地产通常称为可比实例，指与估价对象处在同一供求圈内，并在用途、规模、档次、建筑结构等方面与估价对象相同或相近的房地产，估价目的吻合，成交日期接近，同一供求圈则指与估价对象具有替代关系、价格会相互影响的适当范围。

课堂实训

结合本项目导入案例，请同学利用所学知识查找该项目的可比案例。

分析杭州市场的划分方式，该项目属于哪个区块。

3.1.2 市场法的理论依据

市场法的理论依据是替代原理。房地产估价遵循替代原则的理论原理是经济学原理，同一种商品在同一个市场上具有相同的市场价格。

替代原理是同一市场上出现两种或两种以上效用相同或效用可相互替代而价格不等的商品时，购买者将会选择价格较低的商品；而当价格相同，效用不等时，购买者又将选择效用较大的商品。其结果导致卖方为将产品售出，会展开价格竞争，从而使类似产品价格相互牵制，换言之，某种产品在市场上存在效用相同的类似产品，那么类似产品的价格与该产品价格相接近，甚至可能完全相同。

由于在房地产价格形成中有替代原理的作用，因而，估价对象的未知价格可通过类似房地产的已知成交价格来求取。当然，现实的房地产交易中，由于买者的偏好、对市场信息的了解程度等方面不同，甚至讨价还价的能力也会对价格产生影响，所以具体一宗房地产的成交价格可能会偏离其正常市场价格。但是，只要有足够多的交易实例，将估价对象与交易实例认真对比分析，仍可以求得待估对象房地产的市场价格。

3.1.3 市场法适用对象和条件

1. 市场法的适用对象

市场法适用的对象是具有交易性的房地产，如房地产开发用地、普通商品住宅、高档公寓、别墅、写字楼、商场、标准工业厂房等。而对于那些很少发生交易的房地产，如特殊工业厂房、古建筑、教堂、寺庙、纪念馆等，就难以采用比较法估价，后面本书介绍的其他估价方法可以使用。

2. 市场法的适用条件

市场法适用的条件是在同一供求范围内存在着较多的类似房地产的交易。有发育健全的房地产市场，便于掌握充足的交易实例资料。一般来说，合适的交易实例要选取 3 个以上，10 个以下才能满足要求。如果交易实例太少，可能引起较大偏差，如果交易实例超过 10 个，估价工作量又过于庞大。市场比较法的应用基础是发达的不动产市场及丰富的交易案例资料，所以比较法仅适用于市场比较稳定有大量交易案例的地区，并且交易案例与待估地块应有相关性和替代性，交易案例甚少或无交易案例的地区则不适用。

由于市场法需要对当地市场行情、交易习惯有较深入的了解，这要求从事估价的人员除了具备扎实的理论知识，还需要了解市场。

此外，搜集的房地产交易资料也要完整、真实，这是提高估价精确度的基本保证。

关键与要点

市场法适用的条件

1）要有足够数量的比较案例。国外不动产市场比较发达的国家，一般要求至少要选择 10 个可比较的交易案例，我国由于土地市场正处于发育和发展阶段，要求市场比较交易案例至少 3 个。

2）交易案例资料与待评估项目具有相关性和替代性。

3）交易资料的可靠性。要保证资料来源的可靠性，且要对交易案例资料的数据信息进行充分的查实和核对。

4）合法性。用市场法估价时，应注意选择与待估项目的法律规定相似的交易案例资料作为分析、比较的依据。

3.1.4 市场比较法估价的步骤

市场法估价一般分为下列 7 个步骤进行：

1）搜集交易实例。

2）选取可比实例。

3）建立价格可比基础。

4）交易情况修正。
5）交易日期修正。
6）房地产状况修正。
7）求出比准价格。

任务3.2 搜集交易实例

【任务目标】能够运用正确的方法搜集交易实例。
【能力目标】1. 了解大量搜集交易实例的意义；
2. 熟悉搜集交易实例的途径；
3. 掌握交易实例的要求；
4. 了解建立交易实例库；
5. 了解选取可比实例的必要性；
6. 掌握选取可比实例的要求。

市场法估价，需要有大量真实的交易实例，只有这样，才能正确把握正常市场行情，评估出客观合理的价格。交易实例的搜集工作是一项长期而持续性的工作，估价人员必须注重对资料的日积月累，才能保证估价时拥有足够多的市场交易资料。

房地产估价机构和估价人员应当建立房地产交易实例库，这样不仅有利于交易实例资料的归档保存、查找和调用，提高工作效率，也有助于解决日后可能发生的估价纠纷。

3.2.1 搜集交易实例的途径

搜集交易实例主要有下列几种途径：

1）查阅政府有关部门的房地产交易资料。例如，房地产产权转让时向政府有关部门申报的成交价格资料；政府出让土地使用权的价格资料；政府或其授予权部门确定公布的基准地价、标定地价及房地产市场价格资料等。

2）向房地产交易当事人、四邻、促使交易协议达成的经纪人、律师、财务人员、银行有关人员、金融机构等了解有关房地产交易的情况。

3）与房地产出售者，如从业主、房地产开发商、房地产经纪人处获得其房地产的价格资料。

4）查阅报刊、网络上的有关房地产出售、出租的广告、信息等资料。

5）参加房地产交易展示会，了解房地产价格行情，搜集有关信息，索取相关资料。

6）同行之间相互提供。

3.2.2 交易实例搜集的内容与房屋情况调研

1. 交易实例搜集的内容

搜集交易实例应包括以下 6 个方面的内容：

(1) 交易双方情况及交易目的

交易双方情况包括交易者的名称、性质、法人代表、住址等，以及双方有无利害关系，以便进一步判断交易是否属于正常交易。交易目的指交易双方为什么而交易，一般包括买卖、入股、抵押等交易目的。

(2) 交易实例房地产状况

交易实例房地产状况一般应包括：坐落位置、形状与面积；地质条件；土地利用现状与规划用途；购物、交通等环境条件；有关地上建筑物的基本情况等。

(3) 成交价格

成交价格包括房地产总价、房屋总价、土地总价及相应的单价和房屋租金等内容，同时应说明价格类型、价格水平及货币种类和货币单位等。

(4) 付款方式

付款方式包括：一次性付清、分期付款及比例、抵押贷款比例、租金支付方式等。

(5) 成交日期

要准确地搜集交易实例的成交日期，以确定交易实例的可比性。

(6) 交易情况

交易情况主要是为了表明交易实例在成交时的情况是否正常，如是否存在急于买卖、交易税费转嫁等情况。为使搜集内容条理分明、清晰易懂、避免遗漏重要内容，最好事先针对不同类型的房地产，将要搜集的内容制作成统一交易实例调查的表格，即“交易实例调查表”（表 3.1）。

表 3.1 交易实例调查表

比较项目 \ 交易实例				
坐落				
结构				
用途				
所处楼层				
装修状况				
交易情况				
交易时间				
价格/（元/m^2）				

2. 房屋情况调研

房屋情况调研要点如下：

（1）建筑结构、类型和等级

建筑结构可分为砖混结构、砖木结构、框架结构、钢混结构等，具体包括基础、墙体、屋面、楼地面等情况。

（2）装修

对于新建房地产而言，毛坯房与装修房的价格差别很大，粗装修、普通装修与高档装修的差别也很大。

（3）设施与设备

供水、排水、供电、供气、共用天线、通信等管线的完备程度，厨房、卫生间洁具情况等。

（4）质量

建筑质量，保温或隔热设施，防水防渗措施等是否符合标准及质量等级。

（5）朝向与楼层

朝向除了考虑采光、通风等因素外，还有一个重要的因素是景观。例如，一般来说，朝南的住宅优于其他朝向（如朝北）的住宅，但当北向面对的是美丽的海景或江景时，北向的住宅就比同楼层南向的住宅价值高，而且甚至会高很多。

多层无电梯住宅的最佳楼层是高低适中的楼层，如 7 层住宅的最佳楼层一般是 5 层。高层住宅则通常是楼层越高价值越高。

课堂实训

结合本项目导入案例，讨论建筑结构、装修、设备等情况（表 3.2）。

表 3.2　可比实例的选取

比较项目＼可比实例	可比实例 A	可比实例 B	可比实例 C	估价对象
坐落	天寓	彩虹城	天寓	天寓
结构	钢混	钢混	钢混	钢混
用途	住宅	住宅	住宅	住宅
楼层	23/34F	20/30F	16/34F	22/34F
装修	毛坯	精装修	精装修	精装修
面积/m^2	155.34	124.93	172.30	147.78
交易情况	正常	正常	正常	正常
交易时间	2010 年 5 月	2010 年 6 月	2010 年 6 月	估价时点
价格/（元/m^2）	17 184	19 055	17 967	待求

3.2.3 选取可比实例的要求

1. 可比实例与估价对象应为类似房地产

1）处于同一范围。可比实例与估价对象应处于同一地区，或者处于具有同一供求范围。如果为普通商品住宅，尽量选取同一小区的交易实例；如果该住宅在同一小区没有合适的交易实例，则选择与该住宅档次相当，用途相似，规模相当。选取的可比实例规模与估价对象规模之比一般应在0.5～2范围内，即符合

$$0.5 \leqslant \frac{\text{可比实例规模}}{\text{估价对象规模}} \leqslant 2$$

2）建筑结构相同，如一般分为钢结构、钢混结构、砖混结构、简易结构。

2. 可比实例的交易类型与估价目的相吻合

房地产交易分为买卖、租赁等，如果是以买卖为目的的估价，则应选取买卖实例为可比实例；如果是以租赁为目的的估价，则应选取租赁的可比实例。

3. 可比实例的成交日期与估价时点接近

所谓接近是相对的，如果市场比较平稳，则较早发生的案例仍然有价值；如果市场变化大，则期限应当缩短。一般认为，成交日期与估价时点相隔一年以上的不宜采用。所谓估价时点，指一个估价项目中由估价目的而决定的需要评估的价值所对应的时间。估价时点不是任意确定的，并且估价时点的确定在先，评估价值的确定在后。

课堂实训

1）结合本项目导入案例，请同学利用所学知识搜集该项目的可比案例并填写表3.1，并判断该实例是否为质量满足要求的可比实例。

2）分组讨论该调查表还需要补充哪些内容，完善表3.1。

任务3.3 建立比较基准

【任务目标】能够对可比实例进行价格换算，建立比较基准。

【能力目标】1. 熟悉建立比较基准；

2. 熟悉交易实例修正的含义；

3. 熟悉造成成交价格偏离市场价格的因素。

选取可比实例之后的工作就是建立比较基准，即对可比实例的价格基础进行换算，使得形式相同、价格可比，为后续修正调整建立基础。

建立价格可比基础包括：①统一房地产范围；②统一付款方式；③统一价格单位。

3.3.1 统一房地产范围

在实际估价中，房地产范围不同的情况主要有以下 3 种。

1. 带有债券债务的房地产

如果待估价项目带有债权债务，需要将它统一到不带债权债务的房地产范围，用如下公式进行换算，即

房地产价格＝带有债券债务的房地产价格－债权＋债务

2. 含有非房地产成分的房地产

如果待估价项目带有家具、家用电器，一般统一到“纯粹”的房地产范围，用如下公式进行换算，即

房地产价格＝含有非房地产成分的房地产价格－非房地产成分价格

3. 实物范围不同的房地产

例如，估价对象为房地产住宅项目，选取的交易实例就不能选取土地，或者商业，一般是统一到估价对象的房地产范围。

3.3.2 统一付款方式

由于房地产的成交总价高，因而付款方式多样，如一次性付款、分期付款等。由于付款期限长短不同、付款数额在付款期限内的分布不同，实际价格也会有所不同。为方便比较，通常以成交日期一次性付清的金额为基础，即要将分期付款的可比实例成交价格调整为在其成交日期一次性付清的金额，计算方法为折现计算。

【例 3.1】 某宗房地产交易总价为 300 万元，其中首期付款 30%，余款于半年后支付。假设月利率为 0.5%，试计算该宗房地产在成交日期一次性付清的价格。

解：该宗房地产在成交日期一次性付清的价格计算如下：

$$300\times30\%+[300\times(1-30\%)]/(1+0.5\%)^6\approx293.9(\text{万元})$$

补充：若已知的不是月利率，而是年利率 r，则式子中 $(1+0.5\%)^6$ 变为 $(1+r)^{0.5}$。

3.3.3 统一价格单位

不同币种间价格的换算，应采用该价格所对应日期当时的市场汇率。在通常情况下，是采用成交日期时的汇率。但如果先按原币种的价格进行交易日期调整，则对进行了交易日期调整后的价格，应采用估价时点时的汇率进行换算。在统一货币单位方面，人民币、美元、港元等，通常都将其换算成人民币“元”。

在统一币种方面，不同币种的价格之间的换算，应采用该价格所对应的日期时的汇率。在统一货币单位方面，按照使用习惯，人民币、美元、港币等，通常都采用“元”。例如，1.0 美元 ＝ 6.302 70 元人民币（来自 http://www.boc.cn/2012 年 2 月 8 日汇率）。

在面积单位方面，中国大陆通常采用平方米（土地的面积单位有时还采用公顷、亩），中国香港地区和美国、英国等习惯采用平方英尺（1平方英尺＝0.093平方米），中国台湾地区和日本、韩国一般采用坪。它们之间的换算关系如下

平方米下的价格＝亩下的价格÷666.67

平方米下的价格＝公顷下的价格÷10 000

平方米下的价格＝平方英尺下的价格×10.764

平方米下的价格＝坪下的价格×0.303

【例3.2】 某交易实例的使用面积为2500平方英尺，成交总价为15万美元，于成交时一次付清。乙交易实例成交日的美元与人民币市场汇价为1美元＝6.3元人民币，假设月利率为0.5%，请统一价格可比基础。

解： 乙的总价＝15×6.3＝94.5（万元）

总面积为＝2500×10.764＝26 910（m^2）

乙的单价＝150 000×6.3/2500×0.7×10.764≈2848（元/m^2）

在现实房地产交易中，有按建筑面积计价，有按套内建筑面积计价，也有按使用面积计价的。它们之间的换算关系如下

建筑面积下的价格＝套内建筑面积下的价格×套内建筑面积/建筑面积

建筑面积下的价格＝使用面积下的价格×使用面积/建筑面积

套内建筑面积下的价格＝使用面积下的价格×使用面积/套内使用面积

【例3.3】 搜集了甲、乙两个交易实例，甲交易实例房地产的建筑面积为200m^2，成交总价为80万元人民币，分三期付款，首期付16万元人民币，第二期于半年后付32万元人民币，余款32万元人民币于1年后付清。乙交易实例房地产的使用面积为2500平方英尺，成交总价15万美元，于成交时一次付清。如果选取该两个交易实例为可比实例，试在对其成交价格作有关修正、调整之前进行“建立价格可比基础”处理。

解： 对该两个交易实例进行“建立价格可比基础”处理，包括统一付款方式、统一采用单价、统一币种和货币单位、统一面积内涵和面积单位。具体处理如下：

1）统一付款方式。如果以在成交日期时一次付清为基准，假设当时人民币的年利率为8%，则

甲总价＝$16+32/(1+8\%)^{0.5}+32/(1+8\%)=76.422$（万元人民币）

乙总价＝15万美元

2）统一采用单价。则

甲单价＝764 220/200 ＝3821.1（元人民币/平方米建筑面积）

乙单价＝150 000/2500＝60（美元/平方英尺使用面积）

3）统一币种和货币单位。如果以人民币元为基准，则需要将乙交易实例的美元换算为人民币元。假设乙交易实例成交当时的人民币与美元的市场汇率为1美元等于6.3元人民币，则

甲单价＝3821.1（元人民币/平方米建筑面积）

乙单价＝60×6.3 ＝378（元人民币/平方英尺使用面积）

4）统一面积内涵。如果以建筑面积为基准，另通过调查得知该类房地产的建筑面积与

使用面积的关系为 1 平方米建筑面积等于 0.75 平方米使用面积，则

甲单价＝3821.1（元人民币/平方米建筑面积）

乙单价＝378×0.75＝283.5（元人民币/平方英尺建筑面积）

5）统一面积单位。如果以平方米为基准，由于 1 平方米＝10.764 平方英尺，则

甲单价＝3821.1（元人民币/平方米建筑面积）

乙单价＝283.5×10.764＝3051.594（元人民币/平方米建筑面积）

任务 3.4　比较因素的修正与调整

【任务目标】能够对可比实例进行调整。

【能力目标】1. 掌握市场状况调整的方法；
2. 熟悉房地产状况调整的含义；
3. 掌握房地产状况调整的内容；
4. 掌握房地产状况调整的思路；
5. 能够对可比实例进行市场状况修正；
6. 能够对可比实例进行房地产状况修正。

由于房地产具有独一无二性，所以即使我们选取了合适的可比实例，也要对影响房地产价格的主要因素的相似性和差异性进行比较分析。这些差异因素包括交易情况、交易日期和房地产状况等方面。

3.4.1　交易情况修正

1. 交易情况修正的含义

由于要求对房地产评估的价格是客观合理的价格，而现实生活中，可比实例的成交价格有可能是非正常价格，如果属非正常价格，则应将可比实例的价格修正为正常价格，这样才能成为估价对象的参照依据。通常把这种修正称为交易情况修正。

2. 造成成交价格偏差的因素

1）有利害关系人之间的交易。

2）急于出售或急于购买的交易。

3）交易双方或某一方对市场行情缺乏了解的交易。

4）交易双方或某一方有特别动机或偏好的交易。

5）特殊交易方式的交易。

6）交易税费非正常负担的交易。

7）相邻房地产的合并交易。

8）受债权债务关系影响的交易。

3. 修正方法

交易税费非正常负担的修正公式

正常成交价格－应由卖方负担的税费＝卖方实际得到的价格

正常成交价格＋应由买方负担的税费＝买方实际得到的价格

【例 3.4】 某宗房地产的正常成交价格为 4800 元/m^2，卖方应缴纳的税费为正常成交价格的 7%，买方应缴纳的税费为正常成交价格的 5%，则卖方实际得到的价格是多少，买方实际付出的价格是多少？

解： 卖方实际得到的价格＝4800－4800×7%＝4464（元/m^2）

买方实际付出的价格＝4800＋4800×5%＝5040（元/m^2）

【例 3.5】 某宗房地产交易，买卖双方在合同中写明，买方付给卖方 4650 元/m^2，买卖中涉及的税费均由买方负担。据悉，该地区房地产买卖中应由卖方缴纳的税费为正常价格的 7%，应由买方正常缴纳的税费为正常成交价格的 5%，则该宗房地产交易的正常交易价格为多少？

解： 根据

卖方实际得到的价格＝正常成交价格－应由卖方负担的税费

应由卖方负担的税费＝正常成交价格×应由卖方缴纳的税费比率

得

正常成交价格＝卖方实际得到的价格/(1－应由卖方缴纳的税费比率)

则

正常成交价格＝4650/(1－7%)＝5000(元/m^2)

如果是有交易价格偏差的实例则不宜选为可比实例，但当可供选择的交易实例较少而不得不选用时，则必须对其进行交易情况修正。

交易情况修正通常采用百分率法，公式如下

正常价格＝可比实例的成交价格×交易情况修正系数

式中，交易情况修正系数应以正常价格为基准来确定，交易情况修正系数为 1/（1±S%）或 100/（100±S%）；交易情况修正系数的大小测定，依赖估价人员的经验加以判断。由于缺乏客观统一的尺度，估价人员的丰富经验就非常重要；当可比实例的成交价格比其正常市场价格高时，为＋S%；低时为－S%。

此时正常价格计算公式为

正常价格＝可比实例的成交价格×1/(1±S%)

或

正常价格＝可比实例的成交价格×100/(100±S)

3.4.2 房地产状况修正

1. 房地产状况修正的含义

房地产本身的状况是影响房地产价格的一个重要因素。因为可比实例的房地产与估价对象的房地产之间必定存在一些差异，因此应进行房地产状况修正，即将可比实例在其房地产状况下的价格，调整为在估价对象房地产状况下的价格。

2. 房地产状况修正的内容

区位状况修正的内容：包括繁华程度、交通便捷程度、公共设施完备程度、临路状况、朝向、楼层等影响房地产价格的因素。

权益状况修正的内容：土地使用年限、城市规划限制条件等因素。

实物状况修正的内容：对于土地来说，包括面积大小、形状、基础设施完备程度、土地平整程度、地势、地质水文状况等；对于建筑物来说，包括新旧程度、建筑规模、建筑结构、设备、装修、平面布置、工程质量等。

3. 房地产状况修正的方法概述

房地产状况修正的方法主要有差额法、百分率法，通常采用百分率法。

百分率法是列出对估价对象这类房地产的价格有影响的房地产状况各方面的因素，包括区位方面的、权益方面的和实物方面的；其次判定估价对象房地产和可比实例房地产在这些因素方面的状况；然后将可比实例房地产与估价对象房地产在这些因素方面的状况进行逐项比较，找出它们之间的差异造成的价格差异程度；最后根据价格差异程度对可比实例的价格进行调整。房地产状况修正系数应以估价对象的房地产状况为基准来确定。假设可比实例在其房地产状况下的价格比在估价对象房地产状况下的价格高、低的百分率为 $\pm R\%$（当可比实例在其房地产状况下的价格比在估价对象房地产状况下的价格高时，为 $+R\%$；低时，为 $-R\%$），则

$$\text{可比实例在其房地产状况下的价格}\times\frac{1}{1\pm R\%}$$
$$=\text{可比实例在估价对象房地产状况下的价格}$$

或

$$\text{可比实例在其房地产状况下的价格}\times\frac{100}{100\pm R}$$
$$=\text{可比实例在估价对象房地产状况下的价格}$$

上面公式中，$\frac{1}{1\pm R\%}$ 或 $\frac{100}{100\pm R}$ 是房地产状况调整系数。

采用百分率修正房地产状况的具体方法有直接法和间接法。

（1）直接法

直接法：以估价对象房地产状况为基准（通常定为 100），将可比实例房地产的各项因素与估价对象房地产的各项因素逐项进行比较、打分，然后将所得的分数转化为调整价格的比率。

计算公式为

$$\text{可比实例在估价对象房地产状况下的价格}$$
$$=\text{可比实例在其房地产状况下的价格}\times\frac{100}{(\quad)}$$

式中，括号内应填写的数字为可比实例房地产状况下相对于估价对象房地产状况下的得分。

【例 3.6】 有一可比实例成交价格为 4480 元/m^2，该可比实例在房地产区位、权益、实物等方面的综合得分为 104（以估价对象房地产 100 分为基准），经过修正后，可比实例在估价对象房地产状况下的价格应为多少？

解： $4480 \times 100/104 \approx 4307.69$（元/$m^2$）

综合得分为 104，说明可比实例的情况优于估价对象的状况。

【例 3.7】 某一可比实例成交价格为 4480 元/m^2，该可比实例在房地产区位、权益、实物等因素方面的权重分别为 0.4、0.3、0.3，与估价对象房地产相比较，区位、权益、实物方面的得分分别为 96、102、100（以估价对象房地产 100 分为基准），经过修正后，可比实例在估价对象房地产状况下的价格应为多少？

解：

$$4480 \times 100/(0.4 \times 96 + 0.3 \times 102 + 0.3 \times 100)$$
$$= 4480 \times 100/99 \approx 4525.25 \text{(元/m}^2\text{)}$$

（2）间接法

间接法是设想一个标准的房地产状况，以此标准的房地产为基准（通常定为 100 分），将估价对象及可比实例的房地产状况与它逐项比较、打分，然后将所得的分数转化为调整价格的比率。

计算公式为

$$\text{可比实例在估价对象房地产状况下的价格} = \text{可比实例在其房地产状况下的价格} \times \frac{100}{(\quad)} \times \frac{(\quad)}{100}$$

式中，位于分母的括号内应填写的数字为可比实例房地产相对于标准房地产的得分；位于分子的括号内应填写的数字为估价对象房地产相对于标准房地产的得分；（　）/100 为房地产状况调整系数。

【例 3.8】 某估价公司在采用市场比较法估价时，要对可比实例房地产状况进行修正，选用了一标准房地产，可比实例房地产的综合因素优于标准房地产 2%，其成交价为 5180 元/m^2，而估价对象房地产的综合因素劣于标准房地产 2%，那么对可比实例房地产状况进行修正后的价格为多少？

解：

$$5180 \times 100/(100+2) \times (100-2)/100$$
$$= 5180 \times 100/102 \times 98/100 \approx 4976.86 \text{(元/m}^2\text{)}$$

3.4.3 交易日期调整

1. 交易日期修正的含义

将可比实例在其成交日期时的价格调整为在估价时点时的价格，以符合估价时的市场行情，这种调整称为交易日期修正。估价对象的价格是估价时点的价格，时间点不同，房地产市场状况不同，价格就发生了变化，因此，只有将可比实例在其成交日期的价格调整为估价时点的价格，才能作为估价对象的价格参考，故交易日期的修正又称为市场状况修正。

2. 交易日期修正的方法

在可比实例的成交日期至估价时点期间，随着时间的推移，房地产价格可能发生的变化有平稳、上涨、下跌 3 种情况。

当房地产价格平稳时，可不进行交易日期的修正。当房地产价格上涨或下跌时，则必须进行交易日期的修正。

交易日期修正采用百分率法，公式为

可比实例在成交日期时的价格×交易日期修正系数＝在估价时点时的价格

式中，交易日期修正系数应以成交日期时的价格为基础来确定。

假设从成交日期到估价时点时，可比实例价格涨跌的百分率为$\pm T\%$（从成交日期到估价时点时，可比实例的价格上涨，为$+T\%$；下跌，为$-T\%$），则

在估价时点时的价格＝可比实例在成交日期时的价格×（$1\pm T\%$）

或

在估价时点时的价格＝可比实例在成交日期时的价格×（$100\pm T/100$）

式中，$1\pm T\%$或（$100\pm T$）/100 是交易日期修正系数。

交易日期修正的具体方法有价格指数修正法或价格变动率修正法。

（1）价格指数修正法

价格指数有定基价格指数和环比价格指数。在价格指数编制中，需要选择某个时期作为基期。

定基价格指数：以某个固定时期作为基期的，称为定基价格指数。房地产相关的价格指数体系中，较多的采用定基价格指数。

环比价格指数：以上一时期作为基期的，称为环比价格指数。

采用定基价格指数进行交易日期修正的公式为

$$可比实例在其成交日期价格\times\frac{估价时点的价格指数}{成交日期的价格指数}$$

【例 3.9】某地区某类房地产 2012 年 4 月至 10 月的价格指数分别为 79.6、74.7、76.7、85.0、89.2、92.5、98.1（以 2012 年 1 月为 100 作为基期）。其中，某宗房地产在 2012 年 6 月的价格为 3800 元/m^2，对其交易日期进行修正，修正到 2012 年 10 月的价格为多少？

解：根据公式可得

$$3800\times98.1/76.7\approx4860.23\ (元/m^2)$$

采用环比价格指数进行交易日期修正的公式为

可比实例在估价时点的价格＝可比实例在其成交日期的价格
×成交日期的下一时期的价格指数×再下一时期的价格指数
×…×估价时点的价格指数

【例 3.10】某地区某类房地产 2006 年 4 月至 10 月的价格指数分别为 99.6、94.7、96.7、105.0、109.2、112.5、118.1（均以上个月为 100）。其中某宗房地产在 2006 年 6 月的价格为 3000 元/m^2。对其交易日期修正，修正到 2006 年 10 月的价格为多少？

解： $3000\times(105.0/100)\times(109.2/100)\times(112.5/100)\times(118.1/100)$

≈ 4570.20(元/m^2)

(2) 价格变动率修正法

房地产价格变动率，有逐期递增或递减的价格变动率和期内平均上升或下降的价格变动率两种。

采用逐期递增或递减的价格变动率进行交易日期修正的公式为

在估价时点时的价格＝可比实例在成交日期时的价格×（1±价格变动率）^{期数}

采用期内平均上升或下降的价格变动率进行交易日期修正的公式为

在估价时点时的价格＝可比实例在成交日期时的价格×（1±价格变动率×期数）

【例 3.11】 评估某宗房地产 2007 年 9 月末的价格，选取了下列可比实例：成交价格 4000 元/m^2，成交日期 2007 年 3 月末。另据调查获知该类房地产价格 2007 年 3 月末至 2007 年 9 月平均每月比上月上涨 1.5%。对该可比实例进行交易日期调整，调整到 2007 年 9 月末的价格为多少？

解： $4000\times(1+1.5\%)^6\approx 4373.77$(元/$m^2$)

【例 3.12】 评估某宗房地产 2006 年 9 月末的价格，选取了下列可比实例；成交价格 4000 元/m^2，成交日期 2006 年 4 月末。据调查得知该类房地产价格 2006 年 1 月以来平均每月上涨 1.5%。对该可比实例进行交易日期修正，调整到 2006 年 9 月末的价格为多少？

解： $4000\times(1+1.5\%\times 5)=4300$(元/$m^2$)

【例 3.13】 某个可比实例房地产 2007 年 2 月 1 日的价格为 1000 美元/m^2，自 2007 年 1 月 1 日以来，该类房地产以人民币为基准的价格变动，平均每月比上月上涨 0.2%。假设人民币与美元的市场汇价 2007 年 2 月 1 日为 1 美元＝7.76 元人民币，2007 年 10 月 1 日为 1 美元＝7.52 元人民币。对该可比实例进行交易日期调整，调整到 2007 年 10 月 1 日的价格为多少？

解： $1000\times 7.76\times(1+0.2\%)^8\approx 7885.03$(元/$m^2$)

任务 3.5 比准价格的确定

【任务目标】 能够求取单个可比实例比准价格，进行价格换算，建立比较基准。

【能力目标】 1. 熟悉求取单个可比实例比准价格的方法；

2. 了解求取最终比准价格的方法；

3. 能够熟练运用市场法。

3.5.1 综合修正计算公式

现已对可比实例房地产按照估价对象的房地产的要求进行了交易情况、交易日期、房地产状况 3 方面修正，变成了估价对象房地产在估价时点时的客观合理的价格。如果将这 3

个结果进行综合计算，就能得出估价对象的价格。

计算公式为

估价对象价格＝可比实例价格×交易情况修正系数
×交易日期修正系数×房地产状况修正系数

由于房地产状况修正方法不同，综合修正计算公式分为直接比较修正公式和间接比较修正公式两种。

1. 直接比较修正公式

$$比准价格=可比实例成交价格\times交易情况修正系数\times市场状况调整系数\times房地产状况调整系数$$

$$=可比实例成交价格\times\frac{100}{(\quad)}\times\frac{(\quad)}{100}\times\frac{100}{(\quad)}$$

$$=可比实例成交价格\times\frac{正常市场价格}{实际成交价格}\times\frac{估价时点价格}{成交日期价格}\times\frac{对象状况价格}{实例状况价格}$$

式中，交易情况修正的分子为 100，表示以正常价格为基准；交易日期修正的分母为 100，表示以成交日期时的价格为基准；房地产状况修正的分子为 100，表示以估价对象的房地产状况为基准。

2. 间接比较修正公式

$$比准价格=可比实例成交价格\times交易情况修正系数\times市场状况调整系数\times标准化调整系数\times房地产状况调整系数$$

$$=可比实例成交价格\times\frac{100}{(\quad)}\times\frac{(\quad)}{100}\times\frac{100}{(\quad)}\times\frac{100}{(\quad)}$$

$$=可比实例成交价格\times\frac{正常市场价格}{实际成交价格}\times\frac{估价时点价格}{成交日期价格}\times\frac{标准状况价格}{实例状况价格}\times\frac{对象状况价格}{实例状况价格}$$

式中，标准化修正的分子为 100，表示以标准房地产的状况为基准；分母是可比实例房地产相对于标准房地产所得的分数；房地产状况修正的分母为 100，表示以标准房地产的状况为基准，分子是估价对象房地产相对于标准房地产所得的分数。

3.5.2　求取综合结果的方法

由于在市场比较法中要求的可比实例至少为 3 个，通过上述各种修正之后，每个可比实例都可以得出一个比准价格（V_1，V_2，V_3），且不可能完全一样，最后需要综合求出一个估价额作为估价对象房地产的价格。

综合处理的方法主要有：简单算术平均法，加权算术平均法，中位数，众数；还有其他的方法，如去掉一个最高值和一个最低值，将余下的简单算术平均。

1. 简单算术平均法

简单算术平均法：把修正出来的各个价格直接相加，再除以这些价格的个数，所得的数值即为综合出的价格。

2. 加权算术平均法

加权算术平均法：按照与估价对象房地产类似程度不同，赋予每个价格不同的权重，然后综合出一个价格。通常对与估价对象房地产类似程度最高的赋予最大的权数；反之，则赋予最小的权数。

3. 中位数

中位数：把修正出的各个价格按从低到高的顺序排列。

当项数是奇数时，位于中间位置的那个价格为综合得出的价格。

当项数为偶数时，位于中间位置的那两个价格的简单算术平均数为综合得出的价格。

4. 众数

众数：2580、2550、2620、2580、2650、2580，那么它的众数是2580。因为这种方法需要较多的可比实例，所以在房地产估价中很少采用。

5. 其他方法

例如，去掉一个最高值和一个最低值，将余下的简单算术平均，求出的结果即为综合出的价格。

课堂实训

项目背景为导入案例。

前期调研：

估价对象位于钱塘江大桥南岸以东约800m，南距滨江主动脉江南大道约150m，西接东信大道，北靠滨盛路，交通便捷程度较好，居民日常出行便利。

根据现场查勘的实际情况，估价对象所在建筑物共34层（含地下一层），钢混结构，建成于2006年，约为九五成新。整幢建筑外墙面采用玻璃幕墙及涂料粉刷，内墙面为白色普通涂料粉刷，内、外墙均保养较好。估价对象所在单元楼层平面布局形式为一梯两户，配有电梯两部，楼道地面铺设大理石，配铸铁木扶手。

估价对象为该34层建筑物之第22层中间套住宅，建筑面积147.78m^2，局部可视钱塘江景，室内格局为四室二厅二卫一厨，其中二室朝南，二室朝北，客厅朝北，餐厅居中，卫生间及厨房居中。

估价对象现为正常居住使用。

1. 估价对象权属状况

根据委托估价方提供的资料，估价对象房屋权属状况如下：

房屋所有权证编号	杭房权证高新移字第×号
房屋所有权人	×
房屋坐落	杭州市滨江区浦沿街道天寓×幢×单元×室
丘（地）号	3-208-16-205-173
幢号	×
房号	×
结构	钢混
房屋总层数	34
所在层数	22
建筑面积/m^2	147.78
设计用途	住宅
附记	总层数包含地下层，购房入户，于2011年7月16日可上市交易

根据委托估价方提供的资料，估价对象的土地权利状况如下：

土地证编号	杭滨国用（×）第×号
坐落	杭州市滨江区浦沿街道天寓×幢×单元×室
土地使用权人	×
使用权面积/m^2	5.7
其中分摊面积/m^2	5.7
地号	07-003-027-00019
用途	住宅
使用权类型	出让
终止日期	2071年6月10日

2. 估价对象所在区块的环境及配套状况

估价对象所在的六合·天寓位于杭州市钱塘江大桥南岸以东，远眺五云山、六和塔，俯瞰钱塘江。天寓总建筑面积23万m^2多，包括4幢33层江景公寓和1幢32层塔式概念公寓，小区空间布局合理，绿化较好。

估价对象周边有彩虹城、国信嘉园、太阳国际公寓、银色港湾、临江花园等众多住宅小区，具有一定的居住氛围。随着滨江地区的开发，周边的配套建设也逐渐完善起来，世纪联华进驻彩虹城，同时附近有杭二中、联庄幼儿园、中国美术学院、杭州江南实验学校彩虹城分校、浙江工业大学国际学院等教育资源。区域内商务写字楼、银行、保险、电信、综合医院、大型商场、超市、餐饮、娱乐等配套设施齐全。

估价对象东起伟业路，南为江南大道，西邻东信大道，北靠滨盛路，所在区域交通便捷程度较好，附近有 K212 路、K113 路、K404 路、K501 路、527 路、315 路、194 路等多路公交通行，居民日常出行方便。

3. 建筑物状况

本次估价对象为杭州市滨江区浦沿街道天寓×幢×单元×室住宅房地产。

根据现场查勘的实际情况，估价对象所在建筑物共 34 层（含地下一层），钢混结构，建成于 2006 年，约为九五成新。整幢建筑外墙面采用玻璃幕墙及涂料粉刷，内墙面为白色普通涂料粉刷，内、外墙均保养较好。

估价对象所在单元楼层平面布局形式为一梯两户，配有电梯两部，楼道地面铺设大理石，配铸铁木扶手。

估价对象为该 34 层建筑物之第 22 层中间套住宅，建筑面积 147.78m²，局部可视钱塘江景，室内格局为四室二厅二卫一厨，其中二室朝南，二室朝北，客厅朝北，餐厅居中，卫生间及厨房居中。

估价对象室内精装修，厅地面均铺设优质地砖及地毯，房间内部铺设地板，墙面刷乳胶漆，卫生间地面铺设地砖，墙面贴瓷砖，厨房设施及卫浴洁具品质较好。估价对象为南北朝向，室内通风采光情况较好，水、电、网络、电话、有线电视等线路设施齐全，房屋总体保养状况较好，现正常居住使用。

4. 估价对象他项权利状况

根据委托方提供的资料和我们力所能及的了解核查，估价对象不存在抵押担保、拖欠工程款等其他法定优先受偿权利。

试用市场比较法对该房产进行估价。

一、可比实例的选取

比较项目 \ 可比实例	可比实例 A	可比实例 B	可比实例 C	估价对象
坐落	天寓	彩虹城	天寓	天寓
结构	钢混	钢混	钢混	钢混
用途	住宅	住宅	住宅	住宅
楼层	23/34F	20/30F	16/34F	22/34F
装修	毛坯	精装修	精装修	精装修
面积/m²	155.34	124.93	172.30	147.78
交易情况	正常	正常	正常	正常
交易时间	2010 年 5 月	2010 年 6 月	2010 年 6 月	估价时点
价格/（元/m²）	17 184	19 055	17 967	待求

二、比较因素条件指数					
可比实例		可比实例 A	可比实例 B	可比实例 C	估价对象
交易情况修正		100	100	100	100
交易日期修正		100	100	100	100
房地产状况修正	距商服中心距离	100	100	100	100
	交通便利程度	100	100	100	100
	公建配套	100	100	100	100
	基础设施	100	100	100	100
	小区环境	100	102	100	100
	面积	100	100	101	100
	朝向	100	100	100	100
	装修	96	100	100	100
	户型	101	100	102	100
	楼层	100	99	97	100
	景观	100	105	100	100
	成新状况	100	99	100	100

三、比较项目修正系数表					
可比实例		可比实例 A	可比实例 B	可比实例 C	估价对象
交易情况修正		100/100	100/100	100/100	—
交易日期修正		100/100	100/100	100/100	—
房地产状况修正	距商服中心距离	100/100	100/100	100/100	—
	交通便利程度	100/100	100/100	100/100	—
	公建配套	100/100	100/100	100/100	—
	基础设施	100/100	100/100	100/100	—
	小区环境	100/100	100/102	100/100	—
	面积	100/100	100/100	100/101	—
	朝向	100/100	100/100	100/100	—
	装修	100/96	100/100	100/100	—
	户型	100/101	100/100	100/102	—
	楼层	100/100	100/99	100/97	—
	景观	100/100	100/105	100/100	—
	成新状况	100/100	100/99	100/100	—
比准价格/（元/m²）		17 723	18 153	17 980	—
权重值		1/3	1/3	1/3	—
房地产单价/（元/m²）		17 952			
面积/m²		147.78			
房地产总价/万元		265			

【项目训练技能要求】

市场法	市场法原理及可比实例选取	能够填写房地产市场交易实例调查表；能够按要求选取可比实例	掌握市场法的含义，适用的估价对象和条件，掌握市场法操作步骤	辅导学生填写各调查表，按照教师要求，选取可比实例	每个同学填写房地产交易实例调查表；按照要求，选取可比实例
	可比实例价格换算，建立比较基准	能够根据所选取的可比实例进行价格的换算，建立比较基准	掌握房地产价格换算的要求，掌握统一的房地产范围、付款方式价格单位的方法	辅导学生选取可比实例，进行价格换算，建立比较基准	每个同学对各自选取的可比实例进行价格的换算，建立比较基准
	交易情况修正	能够对可比实例进行交易情况修正	掌握交易情况修正方法	教师根据案例引导学生总结造成价格偏离的原因，再由教师讲授具体的修正方法	每个同学对各自选取的可比实例进行交易情况修正
	市场状况修正	能够对可比实例进行市场状况修正	掌握市场状况修正方法	教师根据案例引导学生总结造成价格偏离的原因，再由教师讲授具体的修正方法	每个同学对各自选取的可比实例进行交易情况修正
	房地产状况修正	能够对可比实例进行房地产状况修正	掌握房地产状况调整的含义；掌握房地产状况修正方法	教师根据案例引导学生总结造成价格偏离的原因，再由教师讲授具体的修正方法	每个同学对各自选取的可比实例进行交易情况修正
	求取最终比准价格	能够对以上3种调整综合分析并运算求取比准价格	求取单个可比实例比准价格的方法：连乘法、累加法。求取最终可比实例比准价格的方法：平均数法、总位数法和众数法	教师根据案例引导学生总结造成价格偏离的原因，再由教师讲授具体的修正方法	每个同学对各自选取的可比实例进行综合调整。上交一份完整的市场法计算过程书

参考表格：

一、可比实例的选取				
可比实例 / 比较项目	可比实例 A	可比实例 B	可比实例 C	估价对象
坐落				
结构				
用途				
所处楼层				
装修状况				
交易情况				
交易时间				
价格/（元/m^2）				

二、可比实例修正系数					
可比实例		可比实例 A	可比实例 B	可比实例 C	估价对象
交易情况修正					
交易日期修正					
房地产状况修正	商服繁华度				
	交通条件				
	区域环境				
	基础设施				
	生活配套				
	环境景观				
	朝向				
	装修情况				
	楼层				
	成新状况				
	户型结构				
	钱塘江景观				

<table>
<tr><th colspan="5">三、修正计算</th></tr>
<tr><td colspan="2">可比实例</td><td>可比实例 A</td><td>可比实例 B</td><td>可比实例 C</td><td>估价对象</td></tr>
<tr><td colspan="2">交易情况修正</td><td></td><td></td><td></td><td></td></tr>
<tr><td colspan="2">交易日期修正</td><td></td><td></td><td></td><td></td></tr>
<tr><td rowspan="12">房地产状况修正</td><td>商服繁华度</td><td></td><td></td><td></td><td></td></tr>
<tr><td>交通条件</td><td></td><td></td><td></td><td></td></tr>
<tr><td>区域环境</td><td></td><td></td><td></td><td></td></tr>
<tr><td>基础设施</td><td></td><td></td><td></td><td></td></tr>
<tr><td>生活配套</td><td></td><td></td><td></td><td></td></tr>
<tr><td>环境景观</td><td></td><td></td><td></td><td></td></tr>
<tr><td>朝向</td><td></td><td></td><td></td><td></td></tr>
<tr><td>装修情况</td><td></td><td></td><td></td><td></td></tr>
<tr><td>楼层</td><td></td><td></td><td></td><td></td></tr>
<tr><td>成新状况</td><td></td><td></td><td></td><td></td></tr>
<tr><td>户型结构</td><td></td><td></td><td></td><td></td></tr>
<tr><td>钱塘江景观</td><td></td><td></td><td></td><td></td></tr>
<tr><td colspan="2">比准价格/（元/m²）</td><td></td><td></td><td></td><td></td></tr>
<tr><td colspan="2">权重值</td><td></td><td></td><td></td><td></td></tr>
<tr><td colspan="2">房地产单价/（元/m²）</td><td colspan="4"></td></tr>
<tr><td colspan="2">建筑面积/m²</td><td colspan="4"></td></tr>
<tr><td colspan="2">房地产总价/万元</td><td colspan="4"></td></tr>
</table>

房地产估价术语

市　场　法

术语 1：市场法（market comparison approach）

解释：又称市场比较法、比较法，是将估价对象与在估价时点的近期发生过交易的类似房地产进行比较，对这些类似房地产的成交价格做适当的处理，以此求取估价对象的客观合理价格或价值的方法。

术语 2：公开市场价值（open market value）

解释：指在下列交易条件下最可能实现的价格。

① 交易双方是自愿地进行交易的——一个卖者并不是被迫将房地产卖给特定的买者，一个买者也不是被迫从特定的卖者那里购买房地产。

② 交易双方进行交易的目的是追求各自利益的最大化。

③ 交易双方具有必要的专业知识并了解交易对象。

④ 交易双方掌握必要的市场信息。

⑤ 交易双方有较充裕的时间进行交易。

⑥ 不存在买者因特殊兴趣而给予附加出价——例如房地产开发商可能对相邻的一宗条形地块比别人更感兴趣，因为有了这块土地，他就能更充分地进行整体开发。

术语3：价值日期 date of value

解释：某个估价项目中所评估的价值对应的日期。

术语4：交易实例 sale property

解释：发生过买卖或租赁交易的房地产及其成交价格、成交日期、付款方式等信息。

术语5：可比实例 comparable property；comparables

解释：交易实例中交易类型与估价目的吻合、成交日期与价值日期接近、成交价格为正常价格或可修正为正常价格的与估价对象相似的房地产。

术语6：市场状况调整 adjustment for market conditions；time adjustment

解释：将可比实例在成交日期的价格调整到在价值日期的价格。

术语7：比准价值 value indication from sales comparison approach

解释：采用市场法测算出的价值。

规范

市场法估价规范（引自GB/T 50291—1999）

4.2.1 运用市场法估价应按下列步骤进行：

1. 搜集交易实例；
2. 选取可比实例；
3. 建立比较基准；
4. 进行交易情况修正；
5. 进行市场状况调整；
6. 进行房地产状况调整；
7. 求取比准价值。

4.2.2 运用市场法估价应搜集大量真实、内容可满足估价需要的交易实例，掌握正常市场价格行情。

搜集交易实例应包括下列内容：

1. 交易双方基本情况及交易目的；
2. 交易实例房地产基本状况；

3. 成交价格;

4. 成交日期;

5. 付款方式。

4.2.3 根据估价对象状况和估价目的、价值日期，应从搜集的交易实例中选取至少三个可比实例。

选取的可比实例应符合下列要求：

1. 是估价对象的类似房地产，在同等条件下应选取位置较近的交易实例;

2. 交易类型与估价目的吻合;

3. 成交日期接近价值日期，不宜超过一年，在同等条件下应选取时间较近的交易实例;

4. 成交价格为正常价格或可修正为正常价格。

4.2.4 选取可比实例后，应对可比实例的成交价格进行换算处理，统一其表达方式和内涵，建立比较基准。

换算处理应包括下列内容：

1. 统一房地产范围;

2. 统一付款方式;

3. 统一价格表示单位;

4. 统一币种和货币单位;

5. 统一面积内涵和面积单位。

注：1. 付款方式应统一为在成交日期时一次性付清的方式;

2. 不同币种之间的换算，应按中国人民银行公布的成交日期时的市场汇率中间价计算。

4.2.5 进行交易情况修正，应排除交易行为中的特殊因素所造成的可比实例成交价格偏差，将可比实例的成交价格调整为正常价格。

有下列情形之一的交易实例不宜选为可比实例：

1. 利害关系人之间的交易;

2. 急于出售或急于购买的交易;

3. 受债权债务关系影响的交易;

4. 交易双方或一方对交易对象或市场行情缺乏了解的交易;

5. 交易双方或一方有特别动机或特别偏好的交易;

6. 相邻房地产的合并交易;

7. 特殊交易方式的交易;

8. 交易税费非正常负担的交易;

9. 其他非正常的交易。

注：1. 当可供选择的交易实例较少，确需选用上述情形的交易实例时，应对其进行交易情况修正;

2. 对交易税费非正常负担的修正，应将成交价格调整为依照政府有关规定，交易双方负担各自应负担的税费下的价格。

4.2.6　进行市场状况调整，应将可比实例在其成交日期的价格调整为在价值日期的价格。

市场状况调整宜采用类似房地产的价格变动率或指数进行调整。在无类似房地产的价格变动率或指数的情况下，可根据当地房地产价格的变动情况和趋势作出判断，给予调整。

4.2.7　房地产状况调整包括区位状况调整、实物状况调整和权益状况调整。

4.2.8　进行区位状况调整，应将可比实例在其区位状况下的价格调整为在估价对象区位状况下的价格。

区位状况调整的内容应包括所处方位、交通条件、临路状况、周围环境和景观、公共配套设施完备程度、楼层、朝向等影响房地产价格的因素。

4.2.9　进行实物状况调整，应将可比实例在其实物状况下的价格调整为在估价对象实物状况下的价格。

有关土地方面的实物状况调整的内容主要应包括面积大小、形状、地形、地势、地质水文状况、土壤、开发程度等；有关建筑物方面的实物状况调整的内容主要应包括建筑规模、外观、建筑结构、设施设备、装饰装修、层高、空间布局、工程质量、新旧程度等。

4.2.10　进行权益状况调整，应将可比实例在其权益状况下的价格调整为在估价对象权益状况下的价格。

权益状况调整的内容主要应包括土地使用期限、规划条件、出租情况、地役权设立情况等。

4.2.11　区位状况、实物状况和权益状况调整的具体内容应根据估价对象的用途确定。

进行区位状况、实物状况和权益状况调整时，应将可比实例与估价对象的区位状况、实物状况和权益状况因素逐项进行比较，找出由于之间的优劣所造成的价格差异，进行相应调整。

4.2.12　交易情况修正、市场状况调整、房地产状况调整，视具体情况可基于单价或总价，采用百分比、金额或回归分析法，直接比较或间接比较对可比实例价格进行调整。

每项修正和调整对可比实例价格的调整幅度不得超过20%，综合调整幅度不得超过30%，各可比实例修正和调整后的价格之间的差异不得超过30%。

4.2.13　选取的多个可比实例的价格经过上述各种修正和调整之后，应根据具体情况计算求出一个综合结果，作为比准价值。

4.2.14　市场法的原理和技术，也可用于其他估价方法中有关估价参数的求取。

市场法评审标准

<table>
<tr><th>序号</th><th colspan="2">评审项目</th><th>评审标准</th><th>标准分</th><th>扣分项目分值及说明</th></tr>
<tr><td rowspan="4">1</td><td rowspan="4">可比实例</td><td>真实性</td><td>可比实例≥3个。来源真实可靠、依据充分</td><td>3</td><td rowspan="4">(1) 可比实例名称、坐落不明确，扣3分；
(2) 可比实例成交价格内涵不清楚，扣1～3分；
(3) 可比实例状况描述不完整、不清晰，扣1～3分；
(4) 可比实例可比性不强，扣1～3分</td></tr>
<tr><td>客观性</td><td>成交价格内涵清楚</td><td>3</td></tr>
<tr><td>信息完备性</td><td>信息翔实、齐全，内容清楚</td><td>3</td></tr>
<tr><td>可比性</td><td>区位、权益、实物差异性小，成交日期与估价时点相隔12个月内</td><td>3</td></tr>
<tr><td>2</td><td colspan="2">交易情况修正</td><td>交易情况清楚；与正常交易情况价格差异分析合理；修正系数合理，理由充分</td><td>2</td><td>(1) 交易情况表述不清楚，扣1分；
(2) 修正系数确定合理性较差，扣1分；
(3) 修正系数确定较合理，但理由不充分，扣0.5分</td></tr>
<tr><td>3</td><td colspan="2">市场状况调整</td><td>成交日期准确、价格指数与市场状况一致，取值客观、合理</td><td>3</td><td>(1) 成交日期（至少到月）表述不明确，扣3分；
(2) 价格指数与市场状况描述不一致，扣1分；
(3) 调整系数确定无理由，扣2分；
(4) 调整系数确定理由不充分，扣0.5～1分</td></tr>
<tr><td>4</td><td colspan="2">区位状况调整</td><td>区位比较因素及因子设置合理、完整，反映估价对象周边状况客观、充分；系数测算与分析确定过程详细、合理</td><td>6</td><td>(1) 因素选择不全或针对性差，扣0.5～3分；
(2) 因素差异分析不足，扣0.5～3分；
(3) 调整因素分值确定与因素差异描述不一致，扣0.5～3分；
(4) 子因素权重值不合理，扣0.5～3分</td></tr>
<tr><td>5</td><td colspan="2">权益状况调整</td><td>权益状况因素及因子设置合理、齐全，反映估价对象权益状况全面、客观；系数测算与分析确定过程详细、合理</td><td>3</td><td>(1) 因素（年限、容积率等）不全或不明确，扣0.5～2分；
(2) 因素差异分析不足，扣0.5～2分；
(3) 调整因素分值确定与因素差异描述不一致，扣0.5～2分；
(4) 子因素权重值不合理，扣0.5～2分</td></tr>
<tr><td>6</td><td colspan="2">实物状况调整</td><td>比较因素及因子设置合理、齐全，反映估价对象实物状况全面、客观；系数测算与分析确定过程详细、合理</td><td>6</td><td>(1) 因素选择不全或针对性差，扣0.5～3分；
(2) 因素差异分析不足，扣0.5～2分；
(3) 调整因素分值确定与因素差异描述不一致，扣0.5分；
(4) 子因素权重值不合理，扣0.5～2分</td></tr>
<tr><td>7</td><td colspan="2">公式运用与计算</td><td>公式应用正确，符合规范规定，取值精度合理，数值计算正确</td><td>4</td><td>(1) 计算公式选用正确，无计算过程或计算过程不清晰，扣3分；
(2) 选用公式中字母含义说明不准确或未说明，扣2分；
(3) 估价结果确定方式不合理，理由不充分，扣1分；
(4) 计算过程中数字精确度不够或不合理，扣1分</td></tr>
<tr><td>8</td><td colspan="2">小　计</td><td></td><td>36</td><td></td></tr>
</table>

习题与参考答案

职业资格考试真题解析

1. 一个估价项目中的估价时点本质上是由（　　）决定的。

A. 估价委托合同签订时间　　B. 估价目的

C. 实地查勘估价对象的时间　　D. 委托人意愿

本题答案：B

2. 某房地产 2009 年 4 月的价格为 6500 元/m²，已知该类房地产 2009 年 3～10 月的价格指数分别为 105.53、103.85、100.04、99.86、98.28、96.45、92.17、90.08（均以上个月为基数 100），该房地产 2009 年 10 月的价格为（　　）元/m²。

A. 5110.51　　B. 5307.26　　C. 5549.95　　D. 5638.13

本题答案：A

计算过程：

2009 年 10 月的价格＝6500×100.04/100×98.28×100.04/100×96.45×100.04/100
×92.17×100.04/100×90.08×100.04/100
＝5110.51（元/m²）

3. 市场法的理论依据是房地产价格形成的替代原理。因此，只要有足够多的类似房地产的交易实例，对其成交价格进行适当处理后得到的结果就可以作为正常市场价格的最佳参照值。（　　）

本题答案：√

4. 在市场法估价中，当有较多的交易实例符合可比实例要求时，应选取其中与估价对象最相似，与预设的估价结果最接近的交易实例，因此不能随意选取交易实例。（　　）

本题答案：√

习题

一、单选题

1. 比准价格是一种（　　）。

A. 公平价格　　B. 理论价格　　C. 评估价格　　D. 市场价格

2. 市场比较法是在求取一宗待评估土地的价格时，根据（　　），将待估土地与在较近时期内已经发生交易的类似土地交易实例进行比较对照，并根据后者已知的价格，参照该土地的交易日期、交易情况、区域及个别因素等差别，修正得出待估土地评估时日地价的方法。

A. 类似原则　　B. 替代原则　　C. 预期原理　　D. 生产费用价值论

3. 市场比较发达地区的经常性交易的房地产价格的评估适用（　　）。

A. 市场比较法　　B. 收益法　　C. 成本法　　D. 假设开发法

4. 下列（　　）会导致房地产的价格偏高。

A. 卖方不了解行情　　B. 政府协议出让土地

C. 设立抵押的房地产　　D. 购买相邻房地产

5. 运用市场比较法估价时，我国要求所选取的可比实例至少（　　）个。

A. 2　　B. 3　　C. 4　　D. 5

6. 运用市场比较法评估宗地地价，在选择比较交易案例时，该案例发生的区域与待估宗地所处区域相比（　　）。

A. 土地质量相同或相似　　B. 相邻地区

C. 同一供需圈　　D. 用途相同

7. 市场比较法要求比较案例最长不超过（　　）年。

A. 1　　B. 2　　C. 3　　D. 5

8. 假如可比实例房地产与估价对象房地产本身有若干差异，则在评估时，当已进行了交易情况修正和交易日期调整后，还需要进行关于（　　）调整。

A. 市场状况　　B. 经济状况　　C. 房地产状况　　D. 物价状况

9. 某宗房地产交易，买卖双方在合同中写明买方付给卖方 2325 元/m^2，买卖中涉及的税费均由买方来负担。该地区房地产买卖中应由卖方交纳的税费为正常交易费的 7%，应由买方交纳的税费为正常成交价格的 5%，则该宗房地产的正常成交价格为（　　）元/m^2。

A. 2625　　B. 2500　　C. 2214　　D. 2173

10. 某房地产在用市场比较法估价时得出了 3 个估价结果：1900 元/m^2、1850 元/m^2、1820 元/m^2，若采用加权算术平均数法求比准价格，赋予的权数分别为 0.2、0.3、0.5，则该宗房地产的价格为（　　）元/m^2。

A. 1869　　B. 1857　　C. 1850　　D. 1845

二、多选题

1. 所谓类似房地产，一般是指在（　　）等几个方面与估价对象房地产是相同或相类似的。

A. 所处地区　　B. 建筑结构　　C. 房产用途
D. 使用年限　　E. 建筑高度

2. 市场比较法中，建立价格比较基础包括（　　）。

A. 统一付款方式　　B. 统一币种　　C. 统一面积内涵
D. 统一面积单位　　E. 统一采用单价

3. 市场比较法中关于房地产状况调整，可以分为（　　）等项。

A. 实物状况修正　　B. 交易状况修正　　C. 区位状况修正
D. 交易日期调整　　E. 权益状况修正

4. 下列交易方式中（　　）会造成价格偏低。

A. 买方不了解市场　　B. 卖方不了解市场　　C. 急欲脱售
D. 急欲购买　　E. 相邻地块房地产的合并交易

5. 在下列各个选项中，属于市场比较法估价适用对象的是（　　）。

A. 城市规划用地　　B. 智能化写字楼　　C. 标准厂房
D. 高级豪华公寓　　E. 风景园林别墅

6. 当两宗相邻房地产合并交易时，房地产的价格常会受到（　　）的影响。

A. 建筑规模　　B. 土地形状　　C. 土地使用权年限
D. 土地面积　　E. 地理位置

7. 市场比较法应用的基础是（　　）。

A. 发达的房地产市场　　B. 充足的交易资料　　C. 丰富估价经验的人员
D. 交易类型全面　　E. 待估房地产与交易实例有替代性

8. 市场比较法中实物状况修正的内容包括（　　）等项。

A. 面积大小　　B. 建筑结构　　C. 容积率
D. 工程质量　　E. 楼层朝向

9. 用市场比较法评估土地时，可利用与待估宗地同类型的具有替代性宗地的（　　），推测待估土地价格。

A. 拍卖底价　　B. 转让地价　　C. 出让地价
D. 资产核算价　　E. 抵押价

10. 交易实例可通过（　　）途径收集。

A. 查阅政府有关部门资料　B. 查阅报刊消息　　　C. 根据需要自制

D. 市场调查　　　　　　　E. 同行间相互提供

三、判断题

1. 在运用市场比较法估价时，所选取的交易实例都可以作为可比实例。（　　）

2. 类似地区指与待估房地产所隶属的相邻区域相类似的、不在同一供需圈的其他区域。（　　）

3. 在市场比较法估价中，统一中外货币单位时，均应采用成交日的市场汇率来进行换算。（　　）

4. 运用市场比较法测算的价格能反映近期市场行情，具有较强的现实性。（　　）

5. 市场比较法估价程序先后为收集交易资料、确定可比实例、修正、确定房地产价格。（　　）

6. 在市场比较法估价中，可比实例的房地产状况，应该是可比实例房地产在待估房地产的估价时点下的房地产状况。（　　）

7. 采用期内平均上升或下降的价格变动率进行交易日期修正的公式为：可比实例在成交日期时的价格×（1＋价格变动率×期数）＝在估价时点的价格。（　　）

8. 以一个标准宗地或条件俱佳的土地为基准，把交易案例和待估土地均与其逐项比较，然后将结果转化为修正价格，此方法为直接比较。（　　）

9. 正常和非正常交易均可作为比较交易案例，通过修正予以运用。（　　）

10. 运用市场比较法，可评估土地价格、建筑物价格，还可评估土地及建筑物为一整体的价格。（　　）

四、计算题

1. 某宗房地产的交易总价款为 30 万元，其中首付款为 10 万元，余款 20 万元于半年后一次性付清。假设月利率为 1%，则其在成交日期时一次性付清的价格为多少？

2. 已知某地区某类房地产于 2004 年 10 月末至 2005 年 2 月末的价格平均每月比上月下降 1.5%，2005 年 2 月末至 2005 年 6 月末平均每月比上月下降 0.5%，而 2005 年 6 月末至 10 月末平均每月上涨 1.2%，2004 年 11 月末成交的实例价格为 4500 元/m^2。若修正到 2005 年 9 月末，其价格为多少？

3. 为评估某商品住宅 2005 年 10 月 1 日的正常市场价格，在该住宅附近调查选取了 A、B、C 三宗类似住宅的交易实例作为可比实例，有关资料如下。

（1）可比实例的成交价格和成交日期

可比实例 / 比较项目	可比实例 A	可比实例 B	可比实例 C
成交价格	3700 元/m^2	4200 元/m^2	3900 元/m^2
成交日期	2005 年 5 月 1 日	2005 年 8 月 1 日	2005 年 9 月 1 日

（2）交易情况的分析判断结果

可比实例 / 比较项目	可比实例 A	可比实例 B	可比实例 C
交易情况	－2%	0	＋1%

交易情况的分析判断是以正常市场价格为基准，正值表示可比实例成交价格高于其正常市场价格的幅度，负值表示低于其正常市场价格的幅度。

(3) 该类住宅 2005 年 4 月至 10 月的价格指数

月份	4	5	6	7	8	9	10
价格指数	100	92.4	98.3	98.6	100.3	109.0	106.8

注：表中的价格指数为定基价格指数。

(4) 房地产状况的比较判断结果

房地产状况	权重	估价对象	可比实例 A	可比实例 B	可比实例 C
因素 1	0.5	100	105	100	80
因素 2	0.3	100	100	110	120
因素 3	0.2	100	120	100	100

试利用上述资料测算该商品住宅 2005 年 10 月 1 日的正常市场价格。

参考答案

一、单选题

1. D　2. B　3. A　4. D　5. B　6. C　7. C　8. C　9. B　10. D

二、多选题

1. ABC　2. ABCDE　3. ACE　4. BC　5. BCDE

6. ABD　7. ABCE　8. ABD　9. BC　10. ABDE

三、判断题

1. ×　2. ×　3. ×　4. √　5. √　6. ×　7. √　8. ×　9. ×　10. √

四、计算题

1. 28.84 万元　2. 4368.73 元/m^2　3. 4178 元/m^2

项目4

收益法应用

项目概述 本项目主要介绍房地产估价收益法，包括含义、本质和必要性、理论依据、适用的估价对象、估价需要具备的条件，估价的操作步骤及每个操作步骤所涉及的具体内容。通过本项目的学习，熟练掌握收益法。

案例导入 某估价事务所2012年3月接受一宗估价业务，具体情况如下：

估价对象概况：本次估价对象为杭州市滨江区浦沿路75号1幢3单元401室。估价对象位于滨江浦沿区块，东至浦沿路，南至高家里路，西临新浦河，北为滨文路，紧靠已建成的大型超市和商业广场，项目北侧隔滨文路为滨江美食城，生活配套完善，隔浦沿路为浙江公安高等专科学校，学院气氛浓郁。

房地产权利状况：估价对象所有权人王允——持有杭房权证高新移字第11923265号《房屋所有权证》，建筑面积147.78m^2；持有杭滨国用（2011）字第0026635号《国有土地使用证》，土地用途为城镇住宅用地，土地取得方式出让，土地分摊面积5m^2。

估价目的：为贵方以估价对象作为抵押物向银行进行抵押贷款提供价值依据。

案例思考 作为估价师，除了选择市场比较法外，还可以选择什么估价方法？选择的依据是什么？

任务 4.1　收益法概述

【任务目标】能够了解收益法的含义、地位、适用范围。

【能力目标】1. 熟悉收益法的含义；

2. 熟悉收益法的理论依据；

3. 能够确定估价对象总收益；

4. 掌握收益法适用的估价对象和条件；

5. 熟悉收益法估价的操作步骤。

4.1.1　收益法的含义

收益还原法又称为收益现值法、收益资本化法、投资法等，是房地产估价中最常用的方法之一，它是对具有稳定收益或潜在收益的房地产和其他性质资产评估的基本方法。收益还原法是将待估房地产未来每年的预期客观净收益以一定的资本化率（还原利率）统一折算到估价时点现值的一种估价方法。

收益还原法是求取估价对象未来的正常净收益，选用适当的资本化率将其折现到估价时点后累加，以此估算估价对象的客观合理价格或价值的方法。因此，采用收益还原法测算出的价格，又称为收益价格。从收益法的观点看，房地产的价值是其未来净收益的现值之和。

课堂实训

结合本项目导入案例，请同学结合实际，利用所学知识讨论搜集该项目评估资料的途径包括哪些。

4.1.2　收益法的理论依据

收益还原法是基于预期原理，即未来收益权利的现在价值。

预期原理说明，决定房地产价值的，重要的不是过去的因素，而是未来的因素。具体地说，房地产的市场价值通常不是基于其历史价格，生产它所花费的成本或者过去的市场状况，而是基于市场参与者对其未来所能获取的收益或得到的满足的预期。因此，收益还原法的基本思想首先可以粗略地表述如下：

由于房地产的使用寿命相对长久，占用某一具有收益性的房地产，不但现在能取得一定的净收益，而且能够预期将来继续取得这个净收益，这样，我们可以假设该宗房地产的价格就相当于这样一个货币额，如果将这个货币额存入银行也会源源不断地带来一种与这个净收益等量的收入。形象一点表示：某一货币额×利息率＝房地产净收益。那么，这某一货币额就是该宗房地产的价格。将这个等式变换一下便得出：

房地产价格＝房地产的净收益/利息率

例如，某人有一项房地产，每年可产生 10 万元的净收益，同时此人有 100 万元人民币，以 10％的年利率存入银行，每年可得到 10 万元的利息，则对该人来说，该房地产所产生的收益与 100 万元人民币带来的收益相同，理论上该宗房地产与 100 万元的人民币等价，即值 100 万元。

上述只是收益还原法的基本思想，是一种朴实、简单明了、便于人们理解的表达，严格来说不是很确切。在后面将会看到，上面的例子在下述前提条件下才成立，即净收益保持每年不变，资本化率每年不变，获取净收益的年限为无限年，并且投资房地产的风险与银行存款的风险相当。而实际上，收益和资本化率往往是会产生变化的。

所以，考虑到上述情况，将普遍适用的收益还原法原理表述如下：将估价时点视为现在，那么在现在购买有一定年限收益的房地产，预示着在其未来的收益年限内可以源源不断地获取净收益，如果现有某一货币额可与这未来源源不断的净收益的现值之和等值，则这一货币额就是该房地产的价格。收益还原法是建立在货币具有时间价值的观念上的。

4.1.3　收益法适用对象和条件

收益还原法是将待估房地产未来每年的预期客观净收益以一定的资本化率统一折算到估价时点现值的一种估价方法，所以它只适用于有收益或有潜在收益的房地产估价，如商务办公楼、写字楼、住宅、商店、旅馆、游乐场、影剧院、停车场、加油站、标准厂房（用于出租的）、仓库（用于出租的）、农地等。它不限于估价对象现在是否有收益，只要估价对象所属的这类房地产有获取收益的能力即可。例如，估价对象现在是空闲的仓库（出租的），没有收益，可以将其设想为出租的情况下来运用收益法进行评估。对于无收益的房地产估价则不适用，如政府办公楼、学校、公园等公益、公用房地产的估价。

收益法适用的条件是，估价对象房地产的收益和风险要能够量化。

4.1.4　收益法估价的步骤

收益还原法估价一般分为下列 7 个步骤进行：

1）搜集并验证可用于预测估价对象未来收益的有关数据资料，如收入、费用等数据资料。

2）预测估价对象的潜在毛收入。

3）估算估价对象的有效毛收入。

4）估算费用。

5）估算净收益。

6）求取报酬率或资本化率、收益乘数。

7）选用适宜的收益还原法公式计算收益价格。

关键与要点

收益法的理论

将估价时点视为现在，那么在现在购买有一定年限收益的房地产，预示着在其未来的收益年限内可以源源不断地获取净收益，如果现有某一货币额可与这未来源源不断的净收益的现值之和等值，则这一货币额就是该房地产的价格。对收益法的运用原理一定要了解清楚透彻。

任务 4.2　收益法运用的基本公式

【任务目标】 能够运用收益法最一般的公式对房地产估价对象进行价格评估。

【能力目标】 1. 能够运用报酬资本化法最一般的公式；

2. 能够掌握净收益每年不变的公式；

3. 能够根据估价对象的基本情况，选择合适的计算公式。

4.2.1　最一般的情形

收益法是将未来的纯收益折算为在估价时点现值的估价方法。假设某一房地产未来各期的纯收益为 a_i，且发生在期末，未来各期的资本化率为 r_i，收益期限为 n，该房地产的价格为 V，则房地产收益价格计算公式如下：

$$V=\frac{a_1}{1+r_1}+\frac{a_2}{(1+r_1)(1+r_2)}+\cdots+\frac{a_n}{(1+r_1)(1+r_2)\cdots(1+r_n)}$$

此公式是收益还原法基本原理的公式化，当式中的 a、r、n 发生变化时，即 a_i 是有规律变化，n 是无限年或者有限年等情况下，可以导出下述各种公式，下述各种公式是本公式的一个特例。本公式在估价中无法实际操作，除非收益年限很短，它具有的是理论意义。

4.2.2　最简单的情形

最简单的情形就是收益年限为无限年，且净收益不变。公式如下：

$$V=\frac{a}{r}$$

该情形假设的前提是，净收益每年不变，即 $a_1=a_2=\cdots=a_n=a$；资本化率 r 不等于零且不变；收益年限无限。

【例 4.1】 某宗房地产预计未来每年的净收益为 10 万，收益年限可视为无限年，该类房地产的资本化率为 9%。问：该宗房地产的收益价格为多少？

解： 该宗房地产的收益价格为

$$V=\frac{a}{r}=\frac{10}{9\%}\approx 111.11\text{（万元）}$$

4.2.3　收益年限为有限年且其他因素不变的公式

若收益年限为有限年 n，则计算房地产收益价格 V 的公式有两种情形，一是资本化率大于零，二是资本化率等于零。

1. 资本化率大于零

计算公式如下：

$$V=\frac{a}{1+r}+\frac{a}{(1+r)^2}+\cdots+\frac{a}{(1+r)^n}$$

$$V=\frac{a}{r}\left[1-\frac{1}{(1+r)^n}\right]$$

此公式的假设前提是净收益每年不变，资本化率每年不变且大于零。

【例 4.2】 某宗房地产，正常情况下每年能够获得的总收益为 25 万元，每年所支出的总费用为 11 万元，该类房地产的收益率为 8%，另外，该宗房地产土地出让时土地使用权年限为 50 年，目前已经使用了 5 年，计算该宗房地产的收益价格。

解： 该宗房地产的收益价格计算如下：

$$V=\frac{25-11}{8\%}\times\left[1-\frac{1}{(1+8\%)^{50-5}}\right]\approx 169.5\text{（万元）}$$

收益年限为有限年房地产收益价格计算公式是估价中最常用的公式，可以有下列用途：

1）直接用于计算价格。

【例 4.3】 某宗房地产的土地使用权年限为 50 年，至今已使用了 10 年；预计利用该宗房地产正常情况下每年可获得净收益 6 万元，报酬率为 10%。试计算该宗房地产的收益价格。

解： 根据公式计算该房地产的收益价格：

$$V=\frac{6}{10\%}\times\left[1-\frac{1}{(1+10\%)^{50-10}}\right]\approx 58.7\text{（万元）}$$

2）不同使用年限（如不同土地使用年限）或不同收益年限（以下简称“不同年限”）价格之间的换算。

假设 $\left[1-\frac{1}{(1+r)^n}\right]=K_n$，那么，如 K_{65} 即表示 n 为 65 年时的 K 值，K_∞ 表示 n 为无限年时的 K 值。V_n 表示收益年限为 n 年的价格，如 V_{40} 即代表 40 年期的价格。不同使用年限或者不同收益年限价格之间的换算如下：

若已知 V_∞，求 V_{65}、V_{40}，则计算公式如下：

$$V_{65}=V_\infty\times K_{65}$$

$$V_{40}=V_\infty\times K_{40}$$

若已知 V_{65}，求 V_∞、V_{40}，则计算公式如下：

$$V_\infty=V_{65}\frac{1}{K_{65}}$$

$$V_{40}=V_{65}\frac{K_{40}}{K_{65}}$$

将上述公式一般化，可以表示为

$$V_n = V_N \frac{K_n}{K_N}$$

【例 4.4】 已知某宗收益性房地产 40 年的收益价格为 4500 元/m^2，报酬率为 10%。试求该宗房地产 35 年收益权利的价格。

解： 根据公式 $V_n = V_N \frac{K_n}{K_N}$，则

$$V_{35} = 4500 \times \frac{1 - \frac{1}{(1+10\%)^{35}}}{1 - \frac{1}{(1+10\%)^{40}}} \approx 4437.9\ (\text{元}/\text{m}^2)$$

上述不同年限价格的换算隐含的前提是 V_N 和 V_n 对应的资本化率相同且不等于零，对应的净收益相同或者可转化为相同（如单位面积的净收益相同），如果两者对应的是两宗房地产，则该两宗房地产除了年限不同（收益年限或者土地使用年限），其他方面均应相同或可修正为相同。

3）比较不同年限价格的高低。

要比较两宗不同年限的房地产价格的高低，如果直接比较，是不妥当的，需要先将它们转换成相同年限下的价格。转换方法与不同年限价格之间的换算方法相同。

4）用于市场法中因年限不同进行的价格调整。

在市场法中，可比实例房地产的年限可能与估价对象房地产的年限不同，因此需要对可比实例的价格进行调整，使其成为与估价对象房地产相同年限下的价格。

【例 4.5】 某宗工业用地取得了 50 年的出让土地使用权，所处的地段的基准地价为 2100 元/m^2，在评估基准地价时设定的土地使用权年限为无限年，现行土地报酬率为 10%。假设除了土地使用权年限不同之外，该宗工业用地的其他状况与评估基准地价时设定的状况相同，试通过基准地价求取该宗工业用地的价格。

解： 利用公式 $V_n = V_\infty K_n$，则

$$V_{50} = V_\infty \times \left[1 - \frac{1}{(1+10\%)^n}\right] = 2100 \times \left[1 - \frac{1}{(1+10\%)^{50}}\right] \approx 2081.1\ (\text{元}/\text{m}^2)$$

2. 资本化率等于零

计算公式如下：

$$V = \frac{a}{1+r} + \frac{a}{(1+r)^2} + \frac{a}{(1+r)^3} + \cdots + \frac{a}{(1+r)^n} = a \times n$$

4.2.4 净收益在未来的前若干年有变化的公式

净收益在未来的前若干年有变化的公式具体分为两种情况，即收益年限是无限年和有限年。

1. 收益年限为无限年

计算公式如下：

$$V=\sum_{i=1}^{t}\frac{a_i}{(1+r)^i}+\frac{a}{r(1+r)^t}$$

该公式的假设前提是，净收益在前 t 年有变化，为 a_i，在 t 年后无变化，为 a；资本化率大于零，收益年限为无限年。该公式有重要的实用价值，因为现实估价中净收益每年不变的可能性很小，如果根据净收益每年都有变化的实际情况来估价，又不可能。所以一般情况是根据经营状况和市场条件，对房地产在未来 3～5 年（或可以预测的更长年限）的净收益做出预测，并且假设从此以后到未来无穷远年房地产将保持固定的净收益，然后对这两部分净收益分别进行资本化处理，评估出房地产价格。

【例 4.6】 有一房地产，通过预测得到其未来 4 年的纯收益分别为 11 万元、13 万元、16 万元、18 万元，假设从第 5 年到未来无穷远每年的纯收益将稳定在 26 万元左右，该类房地产的收益率为 10%，计算该宗房地产的收益价格。

解： 根据公式

$$V=\sum_{i=1}^{t}\frac{a_i}{(1+r)^i}+\frac{a}{r(1+r)^t}$$

该宗房地产的收益价格计算如下：

$$\begin{aligned}V&=11/(1+10\%)+13/(1+10\%)^2+16/(1+10\%)^3\\&\quad+18/(1+10\%)^4+26/10\%\times(1+10\%)^4\\&=10+10.743+12.021+12.29+177.58\\&=222.634(\text{万元})\end{aligned}$$

2. 收益年限为有限年

计算公式如下：

$$V=\sum_{i=1}^{t}\frac{a_i}{(1+r)^i}+\frac{a}{r}\left[1-\frac{1}{(1+r)^{n-t}}\right]\frac{1}{(1+r)^t}$$

该公式的假设前提是，净收益在未来的前 t 年（含第 t 年）有变化，为 a_i，在 t 年后无变化，为 a；资本化率 r 大于零，收益年限为有限年。

【例 4.7】 已知某宗房地产可取得收益的年限为 35 年，通过预测知其今后 5 年的净收益分别是 21 万元、23 万元、25 万元、29 万元、32 万元，从第 6 年起到第 35 年，每年的净收益将有可能稳定在 35 万元左右，假如该类房地产的报酬率为 10%，则该宗房地产的收益价格为多少？

解： 利用公式 $V=\sum_{i=1}^{t}\frac{a_i}{(1+r)^i}+\frac{a}{r}\left[1-\frac{1}{(1+r)^{n-t}}\right]\frac{1}{(1+r)^t}$ 得

$$\begin{aligned}V&=\frac{21}{1+10\%}+\frac{23}{(1+10\%)^2}+\frac{25}{(1+10\%)^3}+\frac{29}{(1+10\%)^4}+\frac{32}{(1+10\%)^5}\\&\quad+\frac{35}{10\%}\left[1-\frac{1}{(1+10\%)^{30}}\right]\frac{1}{(1+10\%)^5}\approx 301.4\ (\text{万元})\end{aligned}$$

4.2.5　预知未来的若干年后的房地产价格的公式

如果预测房地产未来 t 年的净收益分别为 a_1，a_2，a_3，…，a_t；第 t 年末的价格为 V_t，则计算房地产收益价格 V 的公式如下：

$$V=\sum_{i=1}^{t}\frac{a_i}{(1+r)^i}+\frac{V_t}{(1+r)^t}$$

该公式的假设前提是：①已知未来某年（如第 t 年）的房地产价格为 V_t；②在已知房地产价格的年份以前的净收益有变化及变化情况；③资本化率每年不变且大于或等于零。预知未来若干年后的房地产价格公式，适用于以下两种情况：①房地产目前的价格难以确定，但根据发展前景比较容易预测未来的价格或未来价格相对于当前价格的变化率时，特别是在某地区将会出现较大改观或房地产市场行情预计有较大变化时；②对于收益年限较长的房地产，有时不是按其收益年限来估价，而是先确定一个合理的持有期，然后预测持有期间的净收益和持有期末的价值，再将它们折算为现值。

课堂实训

某宗房地产的现行价格为 2000 元/m^2，每年净收益为 200 元/m^2，报酬率为 10%。现获知该地区将兴建一座大型的现代化火车站，预计该火车站将在 6 年后建成投入使用，届时该地区将达到该市现有火车站地区的繁荣程度。在该市的现有火车站地区，同类房地产的价格为 5000 元/m^2，据此预测新火车站建成并投入使用后，新火车站地区该宗房地产的价格也将达到 5000 元/m^2，获知新建现代化大型火车站后该宗房地产的价格将能达到多少？

4.2.6　净收益按等差级数递增的公式

净收益按等差级数递增的情形有两种，一种是收益年限是无限年，另一种是收益年限是有限年。

1. 收益年限是无限年

计算公式如下：

$$V=\frac{a}{r}+\frac{b}{r^2}$$

式中，b 为净收益逐年递增的数额，如第一年净收益为 a，第二年净收益为 $a+b$，第三年净收益为 $a+2b$，以此类推，第 n 年为 $a+(n-1)b$。

该公式的假设前提是净收益 a_i 按一定数额 b 递增或递减，资本化率 r 不等于零，且收益年限为无限年。

【例 4.8】 预计某宗房地产未来第一年的净收益为 17 万元，此后每年的净收益会在上一年的基础上增加 3 万元，收益年限可视为无限年。该类房地产的报酬率为 10%。试计算该宗房地产的收益价格。

解： 根据公式 $V=\frac{a}{r}+\frac{b}{r^2}$ 计算得

$$V=\frac{17}{10\%}+\frac{3}{10\%^2}=470\text{（万元）}$$

2. 收益年限是有限年

计算公式如下：

$$V=\left(\frac{a}{r}+\frac{b}{r^2}\right)\left[1-\frac{1}{(1+r)^n}\right]-\frac{nb}{r\ (1+r)^n}$$

该公式的假设前提是净收益 a_i 按一定数额 b 递增，资本化率 r 不变且大于零，收益年限为有限年 n 年。

【例 4.9】 预计某宗房地产未来第一年的净收益为 15 万元，此后每年的净收益会在上一年的基础上增加 2 万元，收益年限可视为 42 年。该类房地产的报酬率为 10%。试计算该宗房地产的收益价格。

解： 根据公式 $V=\left(\frac{a}{r}+\frac{b}{r^2}\right)\left[1-\frac{1}{(1+r)^n}\right]-\frac{nb}{r\ (1+r)^n}$ 计算得

$$V=\left(\frac{15}{10\%}+\frac{2}{10\%^2}\right)\times\left[1-\frac{1}{(1+10\%)^{42}}\right]-\frac{42\times 2}{10\%(1+10\%)^{42}}$$

$$\approx 328.257(\text{万元})$$

4.2.7　净收益按等差级数递减的公式

净收益按照一定数额递减的公式只列出收益年限为有限年一种，公式如下：

$$V=\left(\frac{a}{r}-\frac{b}{r^2}\right)\left[1-\frac{1}{(1+r)^n}\right]+\frac{nb}{r\ (1+r)^n}$$

式中，b 为净收益逐年递减的数额，如第一年净收益为 a，第二年净收益为 $a-b$，第三年净收益为 $a-2b$，以此类推，第 n 年为 $a-(n-1)b$。

该公式的假设前提是净收益 a_i 按一定数额 b 递减，资本化率 r 不变且大于零，收益年限为有限年 n 年，且 $n\leqslant\frac{a}{b}$，否则净收益出现负值。

课堂实训

预计某宗房地产未来第一年的净收益为 18 万元，此后每年的净收益会在上一年的基础上减少 0.2 万元，收益年限可视为 40 年。该类房地产的报酬率为 10%。试计算该宗房地产的收益价格。

4.2.8　净收益按一定比率递增或递减的公式

净收益按一定比率递增或递减的公式有两种情况，一是收益年限为无限年，二是收益年限为有限年。

1. 收益年限为无限年

1）净收益每年按一定比率 g 递增的公式为

$$V=\frac{a}{r-g}$$

式中，g 是净收益递增的比率，如第一年净收益为 a，则第二年为 $a\ (1+g)$，第三年净收益为 $a\ (1+g)^2$，以此类推，第 n 年为 $a\ (1+g)^{n-1}$。

该公式的假设前提是净收益 a_i 按一定比率 g 递增，资本化率 r 不等于零，且大于净收益逐年递增的比率 g，收益年限为无限年。

2）净收益每年按一定比率 g 递减的公式为

$$V=\frac{a}{r+g}$$

式中，g 是净收益递减的比率，如第一年净收益为 a，则第二年为 $a\ (1-g)$，第三年净收益为 $a\ (1-g)^2$，以此类推，第 n 年为 $a\ (1-g)^{n-1}$。

该公式的假设前提是净收益 a_i 按一定比率 g 递减，资本化率 r 不等于零，收益年限为无限年。

【例 4.10】 预计某宗房地产未来第一年的净收益为 15 万元，此后每年的净收益会在上一年的基础上增长 2%，收益年限可视为无限年。该类房地产的资本化率为 10%。试计算该宗房地产的收益价格。

解： 根据公式 $V=\frac{a}{r-g}$ 计算得

$$V=\frac{15}{10\%-2\%}=187.5\text{（万元）}$$

2. 收益年限为有限年

1）净收益每年按一定比率 g 递增的公式为

$$V=\frac{a}{r-g}\left[1-\left(\frac{1+g}{1+r}\right)^n\right]$$

该公式的假设前提是净收益 a_i 按一定比率 g 递增，资本化率 r 不等于零，且不等于净收益逐年递增的比率 $g$$\left(\text{当相等时，}V=a\times\frac{n}{1+r}\right)$，收益年限为有限年 n。

2）净收益每年按一定比率 g 递减的公式为

$$V=\frac{a}{r+g}\left[1-\left(\frac{1-g}{1+r}\right)^n\right]$$

该公式的假设前提是净收益 a_i 按一定比率 g 递减，资本化率 r 不等于零，且收益年限为有限年 n。

【例 4.11】 某宗房地产是在政府有偿出让的土地上建造的，土地使用权的剩余年限为 52，预计该房地产未来第一年的净收益为 17 万元，此后每年的净收益会在上一年的基础上增长 2%，该类房地产的资本化率为 10%，该宗房地产的收益价格是多少？

解： 利用公式 $V=\frac{a}{r-g}\left[1-\left(\frac{1+g}{1+r}\right)^n\right]$ 计算得

$$V=\frac{17}{10\%-2\%}\left[1-\left(\frac{1+2\%}{1+10\%}\right)^{52}\right]=208.29\text{（万元）}$$

净收益按一定比率递增或递减的公式可用于有效毛收入与运营费用中。假设有效毛收入为 A，运营费用为 C，若有效毛收入与运营费用递增或递减比率相同，可用上述公式；若有效毛收入与运营费用递增或递减比率不同，如假设有效毛收入逐年递增或递减的比率为 g_A，运营费用逐年递增或递减的比率为 g_C，以收益年限为无限年为例的公式为

$$V=\frac{A}{r\pm g_A}-\frac{C}{r\pm g_C}$$

式中，有效毛收入逐年递增时，g_A前取“－”；逐年递减时，g_A前取“＋”。运营费用逐年递增时，g_C前取“－”；逐年递减时，g_C前取“＋”。

任务 4.3　求取净收益

【任务目标】能够求取房地产估价对象的净收益。

【能力目标】1. 掌握净收益测算的基本原理；

2. 能够确定估价对象总收益；

3. 能够确定估价对象总费用，求取净收益。

4.3.1　搜集交易实例的资料

运用收益法估价，必须要完成的一项工作内容，就是要预测估价对象的未来净收益，所以首先要搜集相关资料，确定净收益。

房地产估价所需的资料，主要通过走访有关部门及个人、利用网络等途径，搜集现有资料，同时根据需要进行实地调查，获得估价对象及同一级别相同性质的类似对象的有关资料，在此基础上，可以根据样本资料的类别和特点分级别归档。

根据资料收集这一步骤，我们对导入案例的这套住宅的估价也要进行资料的收集。通过调查研究，收集的有关资料如下：

1）租金按净使用面积计。可供出租的净使用面积总计为 110m²，占总建筑面积的80%，其余部分为大厅、公共过道、楼梯、电梯、公共卫生间、设备用房等占用的面积。

2）租金平均为 28 元/（m²・月）。

3）空房率年平均为 10%，即出租率年平均为 90%。

4）建筑物原值 125 万元。

5）家具设备原值 6 万元。

6）费用支出平均每月 300 元，包括人员工资、水电、空调、维修、清洁、保安等费用支出。

7）房产税依照建筑物原值减去 30%后的余值的 1.2%计算缴纳（每年）。

4.3.2　确定净收益

计算净收益的基本公式为

净收益＝房地产总收益－房地产总费用
＝潜在毛收入－空置等造成的收入损失－运营费用
＝有效毛收入－运营费用

或

企业经营中的房地产净收益＝年总收益－年经营总费用

式中，潜在毛收入、有效毛收入、运营费用、净收益等通常以年度计算。

潜在毛收入：假定房地产在充分利用、无空置状况下可获得的收入。

有效毛收入：由潜在毛收入扣除空置、拖欠租金及其他原因造成的收入损失后所得到的收入。

运营费用：指维持房地产正常生产、运营或使用必须支出的费用及归属于其他资本或经营的收益。

（1）总收益的确定

房地产总收益产生的形式有两种情况，一是房地产出租的租金，指房地产出租过程中，出租方获得的实际租金额及其他有关的收益，如押金利息等；另一种是企业经营收益，指企业在正常经营管理水平下，每年所获得的与同类型企业相类似的客观收益。

房地产的收益（毛收入）可分为实际收益和客观收益两类。实际收益指待估房地产在现状的经营管理水平条件下实际取得的收益。它是个别企业在个别的经营管理等情况下的实际收入水平，未排除个别因素对房地产的影响，所以它不可作为估价的依据。而客观收益指排除了各个企业实际收益中特殊的、偶然的要素对实际收益的影响后得到的一般正常收益，它可直接应用于估价中。

房地产收益分为有形收益和无形收益，在估价过程中均需考虑。如果无形收益已通过有形收益得到体现，如在当地能显示其地位和形象的写字楼，租用该写字楼办公可显示其实力，该因素往往会包含在写字楼的较高租金中，则不应再单独考虑，避免重复计算。

所谓的房地产客观收益应要考虑以下条件：

从客观上看，房地产的总收益由具备良好素质及正常使用能力的使用者使用，并持续有规律地产生收益。

收益是安全可靠的收益，指符合国家规定并经批准的经营项目所产生的收益，未批准的经营项目和违法的经营项目收益不能作为计算客观收益的依据。

（2）总费用的确定

总费用指出租或经营房地产期间，房地产拥有者取得总收益而必须支付的有关费用。

根据总收益获取的形式不同，总费用计算分为两种情形。第一种是房地产出租中总费用的计算，这部分总费用主要包括管理费、维修费、保险费、税金、中介费用等。在实际求取时，维修费、管理费、保险费、房地产税和租赁代理费是否要扣除，应在分析租赁契约的基础上决定。如果保证合法、安全、正常使用所需的费用都由出租方负担，则应将它们全部扣除；如果维修、管理等费用全部或部分由承租方负担，则出租方所得的租金就接近于净收益，此时扣除的项目要相应地减少。另外，如果租金中包含了无偿提供使用水、电、燃气、空调、暖气等，则要扣除水、电、燃气、空调、暖气等费用。还要考虑是否连同家具等房地产以外的物品一起出租。如果是，则租赁收入中包含了家具等的贡献，这部分是否扣除要视评估价格是否需要包含此部分的价值来定。另一种企业经营费用的计算，指企业在经营过程中为获得经营效益而必须支付的一切费用。

关键与要点

在计算费用和收益的时候，是以年计算的，另外不可重复和遗漏。

4.3.3　净收益流量的类型

运用收益法进行估价时，应先判断净收益属于哪种类型，然后选用相应的公式进行计算。净收益流量的类型如下：

1）每年基本上固定不变。

2）每年基本上按某个固定的数额递增或递减。

3）每年基本上按某个固定比率递增或递减。

4）其他有规则变动的情形。

计算收益价格的时候，要根据未来净收益流量的模式，而净收益的求取，可采用的方法如下：

1）调查求取估价对象过去若干年（如过去 3～5 年）的纯收益，然后将其简单算术平均作为 a（净收益不变的情况）。

2）调查预测估价对象未来若干年（如 3～5 年）的纯收益，然后将其简单算术平均作为 a（净收益不变的情况）。

3）调查预测估价对象未来若干年（如 3～5 年）的纯收益，然后采用下列等式求出 a（净收益不变的情况）。

$$\frac{a}{r}\left[1-\frac{1}{(1+r)^t}\right]=\sum_{i=1}^{t}\frac{a_i}{(1+r)^i}$$

课堂实训

某宗房地产的收益期限为 35 年，判定其未来的净收益基本上固定不变，通过预测得知其未来 5 年的净收益分别为 22 万元、23 万元、21 万元、22 万元、24 万元，报酬率为 10%，试求该宗房地产的收益价格。通过实训，进一步理解收益还原法运用的原理。

任务 4.4　确定资本化率

【任务目标】能够求取房地产估价对象的资本化率。

【能力目标】1. 熟悉报酬率的求取；

2. 能够求取估价对象的资本化率；

3. 能够根据估价对象的基本情况，选择合适的计算公式。

4.4.1　资本化率的重要性

资本化率是将房地产的净收益转换成价值的比率，对房地产价值的评估影响很大。因为资本化率的微小变化会导致价值的很大变化，所以必须保证资本化率选取的准确性。表 4.1所示为产生定额净收益的房地产在不同资本化率下的评估价值。

表 4.1　产生定额净收益的房地产在不同资本化率下的评估价值

净收益/万元	资本化率/%	评估价值/万元
6	4	150
6	5	120
6	6	100
6	8	75
6	10	60
6	12	50

注：表中使用的估价公式为房地产价格＝净收益÷资本化率。

从表 4.1 中的计算结果看，资本化率如果选取不同，评估价值会相差较大。例如，如选取资本化率 4%和 6%，价值相差 50 万元。

资本化率的确定非常重要，对资本化率的选取应科学与慎重，因为它的重要性集中体现在资本化率对估价结果的影响上。选择的资本化率的大小不同，估价结果就会发生很大的差别。

4.4.2　资本化率的界定

简单地说，资本化率是将净收益资本化（或转换）为价格的比率，它不是房地产纯收益与房地产价格的比率，其实质是资本投资的收益率。但这样的界定还不够，还不能使人完全明白，需要再看具体例子。在收益还原法中，由于净收益流量的类型不同，具体的计算公式会不同。如净收益每年不变且年限为无限年情况，计算公式为 $V=\frac{a}{r}$；在收益年限为有限年时，计算公式为 $V=\frac{a}{r}\times\left[1-\frac{1}{(1+r)^n}\right]$。在上述两种情况中。资本化率就是 r，它不是房地产纯收益与房地产价格的比率。购买具有收益性的房地产，可以看成是一种投资，这种投资所需投入的资本是房地产价格，以求获得的收益是房地产每年产生的净收益。这样，我们可以把资本化率认为是资本投资的收益率。投资赚回的收益的百分数，称为收益率、获利率、报酬率、利润率、回报率、赢利率和利率等，投资者希望以最小的风险来获得最大的收益。但高收益意味着要承担高风险，即收益率与投资风险成正相关。

资本化率实质上是一种收益率，在收益还原法中应采用的资本化率，等同于与获取估价对象房地产所产生的净收益具有同等风险的资本的收益率。

4.4.3　投资组合技术中的资本化率的分类

投资组合技术主要分为两种类型：土地和建筑物的组合、抵押贷款与自有资金的组合。

下面分别来确定相应的资本化率。

1. 土地与建筑物的组合

运用收益法进行评估，可以是土地价值、建筑物价值或者是房地产价值，根据估价对象的不同，房地产的资本化率可分为 3 类，即土地资本化率、建筑物资本化率和综合资本化率。三者既有严格的区分，又有相互的联系。

综合资本化率（r_o）是房地产单一年度净经营收益期望值与房地产总价值或总价格的比率。净经营收益是房地产的有效总收益扣除经营费用后，但未扣除贷款本息偿还额及账面折旧额的余额。综合资本化率是求取房地产价值时应采用的资本化率。

土地资本化率（r_L）是土地的年净经营收益与土地价值的比率。这个资本化率是单纯求取土地价值时应采用的资本化率，它所对应的收益应该是土地产生的净收益，而不能包括建筑物所带来的收益。

建筑物资本化率（r_B）是建筑物的净经营收益与建筑物价值的比率。同样的，这个资本化率是单纯求取建筑物价值时应采用的资本化率，它所对应的收益应该是建筑物单纯产生的净收益，而不能包括其他方面所带来的收益。

这三种资本化率虽然不同，但又相互联系。三者之间的关系可以通过公式表示出来：

$$r_o=\frac{r_L V_L+r_B V_B}{V_L+V_B}$$

式中，r_o为综合资本化率，适合于土地和建筑物合一的估价；r_L为土地资本化率；r_B为建筑物资本化率；V_L为土地价值；V_B为建筑物价值。

运用上述公式可以进行转换，如知道其中的两个资本化率和它们的价格，便可以求出另一个资本化率。

有时建筑物资本化率和土地资本化率可以获取，而土地和建筑物价格难以获取，但如果知道土地价格占房地产价格的比例或知道建筑物价格占房地产价格的比例，也可求综合资本化率。计算公式如下：

$$r_o=L\times r_L+B\times r_B$$

式中，L 指土地价格占房地产价格的比例；B 指建筑物价格占房地产价格的比例，$L+B=100\%$。

【例 4.12】 某宗房地产的土地价值占总价值的 58%，建筑物价值占总价值的 42%，由可比实例房地产中所求出的土地资本化率为 26%，建筑物资本化率为 8%。试计算综合资本化率。

解： 综合资本化率计算如下：

$$r_o=L\times r_L+B\times r_B$$

$$r_o=58\%\times 6\%+42\times 8\%=3.48\%+3.36\%=6.84\%$$

2. 抵押贷款与自有资金的组合

抵押贷款与自有资金的组合是将购买房地产的抵押贷款资本化率与自有资金资本化率的加权平均数作为综合资本化率，计算公式如下：

$$r_o=M\times r_M+E\times r_E$$

式中，r_O——综合资本化率；

M——贷款价值比，是贷款占房地产总投资的百分比；

r_M——抵押贷款资本化率；

E——自有资金比，是自有资金占房地产总投资的百分比；

r_E——自有资金资本化率。

抵押贷款资本化率是每年的本金和利息偿还额之和与抵押贷款本金总额的比率。它是放款者所要求的放款的利率报酬。自有资金资本化率是房地产年度税前现金流量与自有资金总额的比率。自有资金资本化率可以从充足的市场资料的比较实例中计算出来，即由每一个比较实例的年度税前现金流量除以自有资金总额得到。年度税前现金流量通常是房地产持有期第一年的预期现金流量，自有资金资本化率用来表示资本化自有资金的收益。已知自有资金资本化率、抵押贷款利率及抵押贷款总额等资料，应用自有资金剩余法可以计算出自有资金的剩余收益，用于分析新开发的房地产的绝对所有权（或称为房地产的完全所有权，它不受其他任何权利的支配，仅受政府课税、房地产征收的限制）收益，或者评估受特定抵押贷款限制的房地产的自有资金收益。

4.4.4 资本化率的求取方法

主要介绍几种求取资本化率的基本方法，这些方法在运用的时候，必须以房地产市场比较发达为前提条件。

1. 市场提取法

市场提取法是利用收益还原法的公式，通过收集同一市场上类似或相同的房地产的净收益和价格等资料，求出房地产的资本化率。应用该方法必须收集市场上 3 宗以上近期发生的类似房地产的净收益和价格等资料，来求出资本化率，包括以下几种情况。

1）在 $V=\frac{a}{r}$ 的情况下，通过 $r=\frac{a}{V}$ 来求取 r，即可以采用同一市场上类似房地产的净收益与其成交价格的比率作为资本化率。具体方法是，如果需要求取某宗房地产的资本化率，可以在市场上抽取与该房地产相似的房地产的净收益与价格的比率作为依据，通常为避免偶然性，需要抽取多宗房地产，求取其净收益与价格之比的平均数。具体要求是选择近期发生的 3 宗以上与估价对象房地产相似的交易实例。举例说明，如表 4.2 所示。

表 4.2 选取的 6 个可比实例及其相关资料

可比实例	净收益/（万元/年）	价格/万元	资本化率/%
1	12	101	11.8
2	23	192	11.9
3	10	87	11.5
4	66	548	12.0
5	90	721	12.5
6	30	240	12.5

计算表 4.2 中 6 个可比实例的资本化率的简单算术平均数为 12%，以此数作为估价对象的资本化率，同样还可以采用加权平均的方法，使计算更为精确。

2）在 $V=\frac{a}{r}\times\left[1-\frac{1}{(1+r)^n}\right]$ 的情况下，通过 $V-\frac{a}{r}\left[1-\frac{1}{(1+r)^n}\right]=0$ 来求取 r。具体是先采用试错法，计算到一定精度后再采用线性内插法求取，即 r 是通过试错法与线性内插法相结合的方法来求取的。

试错法是先以任何方式挑选一个认为是最可能的 r，通过计算这一选定 r 下公式左边的结果来检验它。如果计算出的结果正好等于零，则通过；如果计算结果为正值，则通常表明必须试一下较小的 r；相反，如果计算结果为负值，就必须试一下较大的 r。这个过程一直进行到找到一个使计算结果等于零的 r 为止。在不利用计算机的情况下，求解 r 必须进行反复的人工试算。在利用计算机的情况下，只要输入 V、a、n，让计算机来做计算就可以了。

3）在 $V=\frac{a}{r-g}$ 的情况下，$r=\frac{a}{V}+g$。

2. 安全利率加风险调整值法

安全利率加风险调整值法又称累加法，是以安全利率为基础，再加上风险调整值作为资本化率的方法。

安全利率指无风险的资本投资的收益率。可选用同一时期的一年期国债年利率或中国人民银行公布的一年期定期存款年利率；风险调整值应根据估价对象所在地的经济现状及对未来的预测、估价对象的用途及新旧程度等确定。

其基本公式如下：

资本化率＝安全利率＋投资风险补偿＋管理负担补偿
＋缺乏流动性补偿－投资带来的优惠

这种方法的具体操作：首先找出安全利率；其次确定在安全利率基础上的加码（或扣减），包括对投资风险、管理负担和投入资金缺乏流动性的各项补偿。其中流动性指在不损失太多价值的条件下，将非现金资产的各项资产转换为现金的速度。速度愈快则流动性愈好，反之则愈差。由于房地产买卖一般耗时久，在市场上难以快速匹配，缺乏流动性。投资风险、管理负担和缺乏流动性的补偿是根据估价对象所在地区现在和未来经济状况、估价对象的用途及新旧程度等来确定的。此外，投资估价对象也可能得到某些额外的好处，投资者因此会降低所要求的收益率，所以还应扣除这种投资所带来的优惠。

因为完全无风险的投资在现实中难以找到，对此可选用同一时期的一年定期法定利率（或一年期国债利率）去代替安全利率。于是，投资风险补偿就变为投资估价对象相对于投资一年定期存款的风险补偿；管理负担补偿变为投资估价对象相对于投资一年定期存款的管理负担的补偿；缺乏流动性补偿变为投资估价对象相对于投资一年定期存款的缺乏流动性的补偿；投资所带来的优惠变为投资估价对象相对于投资一年定期存款所带来的优惠。

3. 投资收益率排序插入法

投资收益率排序插入法是找出相关投资类型及其收益率，将收益率按由高到低或由低到高的顺序排列，制成图表，再将估价对象房地产与其他投资进行比较分析，考虑投资的风险程度、管理难易度、安全性等，找出同等风险投资，从而判断资本化率应落的区域范围，最终判断、确定资本化率。

这种方法的操作步骤和内容：调查、搜集估价对象所在地区的房地产投资、相关投资及其收益率和风险程度的资料，如各种类型的银行存款、贷款、政府债券、保险、企业债券、股票及有关领域的投资收益等。

将所搜集到的不同类型投资的收益率按从低到高的顺序排列，制成图表；将估价对象与这些类型投资的风险程度进行分析比较，考虑投资的流动性、管理的难易及作为资产的安全性等，判断出同等风险的投资，确定估价对象风险程度应落的位置；根据估价对象风险程度所落的位置，在图表上找出对应的收益率，从而确定出所要求取的资本化率。

4. 收益风险倍数法

收益风险倍数法是在参照投资收益率排序插入法的基础上，对安全利率加调整值法加以改进的方法，即把安全利率加风险调整值法中要求取的风险调整值改变为确定房地产投资与安全投资年回收额的多出倍数。

房地产投资的风险高于国债，在投资收益率排序上，房地产投资收益率应高于同期国债年利率。

假设以房地产投资方式购买收益性房地产的总价额为 V，尚可使用年限为 n 年，资本化率为 r，年净收益为 a，同时以安全投资方式（购买国债）投资金额为 P，期限也为 n 年，年利率为 i，连本带息年回收额为 A，则有

$$V=\frac{a}{r}\times\left[1-\frac{1}{(1+r)^n}\right]$$

$$P=A\,\frac{(1+i)^{n-1}}{i\times\ (1+i)^n}$$

房地产投资的风险、收益要比国债投资大，如果两种投资额相等，收益期相同，那么房地产投资的净收益要比国债投资的本息回收额要大。假定房地产投资的年净收益比国债投资的本息回收额高出的倍数为 b，则有 $a=(1+b)\times A$。

因 $V=P$，故有

$$\frac{(1+i)^{n-1}}{i\times\ (1+i)^n}=\frac{1+b}{r}\times\left[1-\frac{1}{(1+r)^n}\right]$$

进一步简化为

$$\frac{1}{i\times\ (1+i)}=\frac{1+b}{r}\times\left[1-\frac{1}{(1+r)^n}\right]$$

这是收益风险倍数法确定资本化率的基本公式，式中的 b 称为收益风险倍数。利用该公式，在知道了 i、n 后，根据 b 数值，来确定资本化率 r。

任务 4.5　收益法运用分析

【任务目标】能够运用收益法对有收益或者潜在收益的房地产估价对象进行价格评估。
【能力目标】1. 能够搜集估价对象基本资料，掌握估价收益法；
2. 能够正确判断房地产估价方法。

4.5.1　运用案例 1

某宾馆委托估价，宾馆提供的资料表明，该宾馆有标准两人间 25 间，床位 50 张，平均每张床位每天 140 元，年空置率为 25%；一般两人间和三人间总床位数为 180 张，平均每张床位每天 80 元，年空置率为 20%；该宾馆月营业花费 15 万元。经调查，当地同档次宾馆标准两人间平均每张床位每天 160 元，年空置率为 30%；一般两人间和三人间平均每张床位每天 80 元，年空置率为 18%；正常营业每月营业花费平均占每月总收入的 32%；该类不动产的资本化率为 8%。试运用所给资料评估该宾馆的价格。

根据所提供的资料分析认为，可采用收益法评估该不动产价格。

1. 计算年总收益

年总收益=160×50×365×(1－30%)＋80×180×365×(1－18%)=6 353 920(元)

2. 计算年总费用

年总费用=6 353 920× 32% =2 033 254.4(元)

3. 计算年纯收益

年纯收益=年总收益－年总费用=6 353 920－2 033 254.4 = 4 320 665.6(元)

4. 计算宾馆价格

宾馆价格=4 320 665.6 ÷8% = 54 008 320(元)

4.5.2　运用案例 2

1. 估价对象基本概况

某公司以有偿出让方式获得土地使用权，宗地面积为 1500m^2；计划在该宗土地内建成一座 3000m^2 的饭店。在估价时点尚可使用 36 年。

2. 估价机构掌握的经筛选后的资料

目前当地同类饭店每月的营业额为 31 万元，每月的费用和税等 22 万元。经评估机构通过市场比较法求得待估宗地36年期（容积率为2）的土地使用权价格为5000元/m^2，土地资本化率和建筑物资本化率分别为7%和9%。

3. 估价要求

根据以上资料估算该饭店建筑物在2009年5月的价格。

4. 估价过程

1）待估不动产为有收益的不动产，适宜采用收益法评估。

2）计算不动产年净收益。

根据估价机构掌握的经筛选的资料，可以得到待估不动产年净收益：

$$a_O = \text{年营业额} - \text{年营业总税费} = (31-22) \times 12 = 108(\text{万元})$$

3）计算土地总价格：

$$P_L = 5000 \times 1500 = 750(\text{万元})$$

4）计算土地年净收益：

$$a_L = P_L \times R_L \div \left(1 - \frac{1}{(1+R_L)^n}\right) = 750 \times 7\% \div \left(1 - \frac{1}{(1+7\%)^{36}}\right) = 57.54(\text{万元})$$

5）计算建筑物年净收益：

$$a_B = a_O - a_L = 108 - 57.54 = 50.46\ (\text{万元})$$

6）计算建筑物价格：

$$P_B = \frac{a_B}{R_B} \times \left[1 - \frac{1}{(1+R_B)^n}\right] = \frac{50.46}{9\%} \times \left[1 - \frac{1}{(1+9\%)^{36}}\right] = 535.44(\text{万元})$$

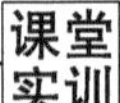

课堂实训

项目背景为导入案例。

1. 估价对象权属状况

根据委托估价方提供的资料，估价对象房屋权属状况如下：

房屋所有权证编号	杭房权证高新移字第×号
房屋所有权人	×
房屋坐落	杭州市滨江区浦沿街道天寓×幢×单元×室
丘（地）号	3-208-16-205-173
幢号	×
房号	×
结构	钢混
房屋总层数	34
所在层数	22
建筑面积/m^2	147.78
设计用途	住宅
附记	总层数包含地下层，购房入户，于2011年7月16日可上市交易

根据委托估价方提供的资料，估价对象的土地权利状况如下：

土地证编号	杭滨国用（×）第×号
坐　落	杭州市滨江区浦沿街道天寓×幢×单元×室
土地使用权人	×
使用权面积	5.7m²
其中分摊面积	5.7m²
地　号	07-003-027-00019
用　途	住宅
使用权类型	出让
终止日期	2071年6月10日

2. 估价对象所在区块的环境及配套状况

估价对象所在的六合·天寓位于杭州市钱塘江大桥南岸以东，远眺五云山、六和塔，俯瞰钱塘江。天寓总建筑面积23万多平方米，包括4幢33层江景公寓和1幢32层塔式概念公寓，小区空间布局合理，绿化较好。

估价对象周边有彩虹城、国信嘉园、太阳国际公寓、银色港湾、临江花园等众多住宅小区，具有一定的居住氛围。随着滨江地区的开发，周边的配套建设也逐渐完善起来，世纪联华进驻彩虹城，同时附近有杭二中、联庄幼儿园、中国美术学院、杭州江南实验学校彩虹城分校、浙江工业大学国际学院等教育资源。区域内商务写字楼、银行、保险、电信、综合医院、大型商场、超市、餐饮、娱乐等配套设施齐全。

3. 建筑物状况

本次估价对象为杭州市滨江区浦沿街道天寓×幢×单元×室住宅房地产。

根根据现场查勘的实际情况，估价对象所在建筑物共34层（含地下一层），钢混结构，建成于2006年，约为九五成新。整幢建筑外墙面采用玻璃幕墙及涂料粉刷，内墙面为白色普通涂料粉刷，内、外墙均保养较好。估价对象所在单元楼层平面布局形式为一梯两户，配有电梯两部，楼道地面铺设大理石，配铸铁木扶手。

估价对象为该34层建筑物之第22层中间套住宅，建筑面积147.78m²，局部可视钱塘江景，室内格局为四室二厅二卫一厨，其中二室朝南，二室朝北，客厅朝北，餐厅居中，卫生间及厨房居中。估价对象室内精装修，厅地面均铺设优质地砖及地毯，房间内部铺设地板，墙面刷乳胶漆，卫生间地面铺设地砖，墙面贴瓷砖，厨房设施及卫浴洁具品质较好。估价对象为南北朝向，室内通风采光情况较好，水、电、网络、电话、有线电视等线路设施齐全，房屋总体保养状况较好，现正常居住使用。

4. 估价对象他项权利状况

根据委托方提供的资料和我们力所能及的了解核查，估价对象不存在抵押担保、拖欠工程款等其他法定优先受偿权利。

【项目训练技能要求】

收益法	收益法原理及资料的收集	通过各种途径收集估价所需资料，包括实地调查	掌握收益法的含义，应用的基本原理，掌握收益法操作步骤	辅导学生明确需要运用到哪些数据资料	每个同学明确运用收益法需要用的数据资料及调查的途径
	确定总收益	根据资料，计算估价对象总收益	掌握客观收益含义，会选择同一级别同性质调查样本确定总收益	辅导学生计算估价对象的总收益	每个同学根据自己收集的信息资料，计算出估价对象的总收益
	确定总费用	能够明确需要扣除的总费用包括哪些项目	掌握总费用的确定方法	教师根据案例引导学生分析需要扣除的费用项目包括哪些；这些项目具体数值如何来确定	每个同学对估价对象进行总费用的计算
	计算净收益	能够根据总收益和总费用进行净收益计算	掌握净收益的计算	教师根据案例引导学生在净收益计算中需要注意的一些细节问题	每个同学根据上述资料计算项目的净收益
	确定资本化率	能够根据不同的估价对象确定其资本化率	掌握资本化率确定的各种方法	教师根据案例引导学生运用市场法或者累加法等进行计算	每个同学根据教师的指导，进行资本化率的确定
	选择合适的计算公式	能够根据估价对象的具体情况来选择合适的计算公式	掌握收益还原法中具体计算公式的运用	教师根据案例引导学生分析和选择合适的计算公式进行计算	每个同学运用收益还原法的基本公式，最终进行价格估算

可供参考数据（需搜集运用到的数据资料）：

1）估价对象建筑面积。

2）估价对象的租赁单价。

3）空置率。

4）维修费。

5）保险费。

6）税费。

7）收益年限。

8）资本化率的选择。

9）选择合适的计算公式。

计算分析过程：

收益法测算估价对象价格。

序号	估价对象	数量	备注
一、	月收入	3510	建筑面积×月租金×（1－空置率）
1.1	建筑面积/m^2	147.78	依据房屋所有权证
1.2	租赁单价/[元/（m^2·月）]	25	出租方式按建筑面积出租，租金取区域类似住宅用房平均租金
1.3	空置率	5.00%	空置率取区域类似住宅用房平均空置率
1.4	建筑物现值	1200	建筑物现值单价为 1200 元/m^2
二、	年总收入/元	42 120	＝月总收入×12
三、	年总费用/元	9520	＝税金＋保险费＋维修费
3.1	维修费	1773	＝建筑物现值的 1%，建筑物现值单价为 1200 元/m^2
3.2	保险费	355	＝建筑物现值的 0.2%，建筑物现值单价为 1200 元/m^2
3.3	综合税率	17.55%	＝杭州市出租屋综合税率 17.55%（房产税、两税一费）
3.4	综合税金	7392	＝年总收入×综合税率
四、	年净收益/元	32 600	＝年总收入－年总费用
五、	收益年限/年	56	钢混结构非生产用房的耐用年限约为 60 年，根据土地剩余使用年限和房屋剩余耐用年限，确定收益年限按房屋剩余年限约为 56 年
六、	资本化率	2.6%	资本化率根据周边市场同类物业的租金和售价提取
七、	房地产价值/元	95 600	房地产价值公式　$V=a/r\left[1-1/(1+r)^n\right]$
八、	房地产价值/万元	96	万位取整

房地产估价术语

收　益　法

术语 1：收益法（income capitalization approach；income approach）

解释：预测估价对象的未来收益，然后利用合适的报酬率或资本化率、收益乘数，将未来收益转换为价值来求取估价对象价值的方法。

术语 2：报酬资本化法（yield capitalization method）

解释：预测估价对象未来各期的净收益，然后利用合适的报酬率将未来各期的净收益折现到价值日期后相加来求取估价对象价值的方法。

术语 3：直接资本化法（direct capitalization method）

解释：预测估价对象未来第一年的收益，然后将未来第一年的收益除以合适的资本化率或乘以合适的收益乘数来求取估价对象价值的方法。

术语 4：收益乘数法（income multiplier method）

解释：将未来第一年的收益乘以合适的收益乘数来求取估价对象价值的方法。

术语 5：收益期限（economic life）

解释：预计估价对象未来可以获取收益的时间。具体是自价值日期起至估价对象未来不能获取收益之日止的时间。

术语 6：持有期（holding period）

解释：预计持有房地产的时间。

术语 7：潜在毛收入（potential gross income）

解释：房地产在充分利用、没有空置下所能获得的归属于房地产的总收入。

术语 8：空置和收租损失（vacancy and collection loss）

解释：因空置以及租出的部分承租人拖欠租金（包括延迟支付租金、少付租金或不付租金）造成的收入损失。

术语 9：有效毛收入（effective gross income）

解释：从潜在毛收入中扣除空置和收租损失以后得到的归属于房地产的收入。

术语 10：运营费用（operating expenses）

解释：维持房地产正常使用或营业的必要支出。

术语 11：运营费用率（operating expense ratio）

解释：运营费用与有效毛收入的百分比。

术语 12：净收益（net operating income）

解释：从有效毛收入中扣除运营费用以后得到的归因于房地产的收入。

术语 13：净收益率（net income ratio）

解释：净收益占有效毛收入的百分比。

收益法评审标准

序号	评审项目		评审标准	标准分	扣分项目分值及说明
1	有效毛收入——出租型	1.1 租金水平确定	选取的出租实例真实、客观、可比，信息翔实、完备；实例选取可比性强；租金收入分析深入，收入取值合理	9	1）选取的租赁实例状况描述的真实性依据不充分，扣1～2分； 2）选取的租赁实例状况内容描述不翔实，扣1～2分； 3）选取的租赁实例可比性较差，扣2～4分； 4）租金取值较合理，但未充分说明理由，扣1～4分
		1.2 租约限制	租约限制处理合理，理由充分	2	1）有租约，但未考虑限制，且理由不充分，扣0.5～1分； 2）有租约，考虑了租约限制，但处理方式错误，扣2分； 3）无租约但未说明，扣1分
		1.3 有效出租面积或可出租面积比率	有效出租面积或可出租面积比率确定过程清楚，数据合理	2	1）有效出租面积或可出租面积比率数据基本合理，但依据不充分或确定过程不清楚，扣1分； 2）可出租面积比率依据不合理，扣2分； 3）可出租面积比率市场依据不充分，扣1分
		1.4 空置率与租金损失	空置率与租金损失确定过程清楚，数据合理；市场依据充分	2	1）空置率与租金损失数据基本合理，但依据不充分或确定过程不清楚，扣1分； 2）空置率与租金损失市场依据不合理，扣2分； 3）空置率与租金损失市场依据不充分，扣1分

续表

序号	评审项目		评审标准	标准分	扣分项目分值及说明
1	有效毛收入——自营型	1.5 经营收入确定	商业经营业态明确或生产性质明确；经营收入与支出内容全面，数据来源依据充分；经营收入确定合理	15	1）经营业态不明确或生产性质不明确，扣 2 分； 2）经营或生产收入内容不全面、数据来源依据不充分，扣 3～5 分； 3）经营收入测算过程粗略，扣 3 分； 4）经营收入水平偏离正常，且理由不充分，扣 5～10 分
2	其他收入确定		其他收入来源说明	1	其他收入来源未明确，扣 1 分
3	运营费用		费用项目正确、齐全；费用估算或确定过程清楚，数据来源依据充分，取值合理，全部符合正常客观费用标准或符合政策规定要求	6	1）运营费用构成内容不完整、不合理，扣 1～3 分； 2）运营费用水平基本合理，但理由不充分，扣 1～3 分； 3）运营费用测算过程粗略，扣 2 分； 4）运营费用数额偏离正常，且理由不充分，扣 1～3 分
4	净收益		计算正确	2	计算不正确，扣 2 分
5	变化趋势分析		净收益流量类型分析合理，升降幅度预测数值依据充分	2	1）未进行变化趋势分析的，扣 2 分； 2）虽进行变化趋势分析，但依据不充分或不合理，扣 0.5～1 分
6	报酬率（或资本化率）		报酬率确定方法和确定过程正确；数据来源依据充分；针对估价对象类型、档次、区位、估价时点的状况等合理取值	4	1）报酬率（或资本化率）确定无过程，扣 2 分； 2）报酬率确定有过程，但方法不正确，扣 2 分； 3）报酬率确定过程不完善，扣 1～2 分； 4）报酬率取值不合理，扣 1～2 分
7	收益年限		收益年限确定正确，依据充分	2	1）收益年限确定错误，扣 2 分； 2）收益年限确定正确，但未说明理由或说明不充分，扣 1 分
8	公式应用与计算		计算公式选用正确；有必要的分析和测算过程；测算过程完整、严谨、正确	4	1）计算公式选用正确，无计算过程或计算过程不清晰，扣 3 分； 2）选用公式中字母含义说明不准确或未说明，扣 2 分； 3）估价结果确定方式不合理，理由不充分，扣 1 分； 4）计算过程中数字精确度不够或不合理，扣 1 分
9	小　计			51	

习题与参考答案

习题

一、单选题

1. 用收益法评估某宗房地产的价格时，除有租约限制的以外，应选取（　　）净收益作为估价依据。

A. 类似房地产的客观　　B. 类似房地产的实际

C. 类似房地产的最高　　D. 类似房地产的最低

2. 某宗房地产的总价值为 100 万元，其中土地价值 30 万元，通过抵押获得贷款 60 万元，若投火灾保险，则其投保价值应为（　　）万元。

A. 100　　B. 70　　C. 60　　D. 40

3. 某期房年后建成入住，类似现房的价格为 5000 元/m²，出租的年末总收益为500 元/m²，管理费用等其他支出为 100 元/m²。估计折现率为 10%，风险补偿为现房价格的 3%。该期房目前的价格为（　　）元/m²。

A. 4395　　B. 4486　　C. 4636　　D. 4850

4. 某宗房地产未设立法定优先受偿权利下的价值为 600 万元，法定优先受偿款为 50 万元，贷款成数为七成，则该房地产的抵押贷款额度为（　　）万元。

A. 370　　B. 385　　C. 420　　D. 550

5. 运用收益法评估房地产抵押价值时，当估计未来收益可能会高也可能会低时，一般应采用（　　）的收益估计值。

A. 较高　　B. 较低　　C. 最高　　D. 居中

6. 某宗房地产的用地通过有偿出让方式获得，土地使用期限为 50 年，已使用 10 年，不可续期（土地使用权期满，土地使用权及其他地上建筑物、其他附着物所有权有国家无偿取得），建筑物剩余经济寿命为 55 年。预计该宗房地产正常情况下每年可获得净收益 8 万元，报酬率为 8%，则该房地产的收益价格为（　　）万元。

A. 95.40　　B. 97.87　　C. 98.55　　D. 99.33

7. 某临街商铺，投资者期望的自有资金资本化率为 10%，银行可提供 6 成、5 年利率 8%、按月等额偿还的抵押贷款，则综合资本化率为（　　）。

A. 8.8%　　B. 10%　　C. 18%　　D. 18.6%

8. 某商场的正常月租金按可出租面积计为 40 元/m²，出租率为 85%，运营费用占有效毛收入的 35%，报酬率为 2%，商场建筑面积为 40 000m²，可供出租的比例为 95%，运营期为 38 年，该商场的收益价值为（　　）万元。

A. 690.40　　B. 8284.79　　C. 8720.83　　D. 9746.81

9. 李某购买的商品房交付后，经检测室内空气质量不符合国家标准。预计李某治理空气污染的费用为 5000 元，并延迟入住 3 个月。当地类似商品房的月有效毛租金为 3000 元，运营费用占有效毛租金的 15%。若月报酬率为 0.5%，则室内空气质量不符合国家标准给李某造成的损失为（　　）元。

A. 5000　　B. 12 574　　C. 12 650　　D. 13 911

10. 某宗已抵押的收益性房地产，年有效毛租金收入 500 万元，年房屋折旧费 30 万元，维修费、保险费、管理费等 50 万元，水电供暖费等 40 万元，营业税及房地产税等 65 万元，年抵押贷款还本付息额 70 万元，租赁合同约定，保证合法、安全、正常使用所需的一切费用均由出租人负担。该房地产的净收益为（　　）万元。

A. 245　　B. 275　　C. 315　　D. 345

11. 某宗房地产年收益为 60 万元，建筑物价值为 200 万元，建筑物资本化率为 12%，土地使用期限为 30 年，土地报酬率为 6%，该房地产的价值为（　　）万元。

A. 489.99　　B. 495.53　　C. 695.53　　D. 800.00

12. 某写字楼的建筑面积为 4000m²，剩余经济寿命为 32 年，由于没有电梯，出租率仅为 80%，月租金为 30 元/m²。当地有电梯的类似写字楼的平均出租率为 90%，月租金为 40 元/m²，报酬率为 6%，如果修复没有电梯这一功能缺陷，则该写字楼可升值为（　　）万元。

A. 67.60　　B. 811.24　　C. 1622.48　　D. 2433.72

13. 某房地产现房价格为 4000 元/m²，预计从期房达到现房的两年时间内现房出租的租金收入为每年

300 元/m^2（年末收取），出租运营费用为每年 50 元/m^2。假设折现率为 5%，风险补偿为 200 元/m^2，则该房地产的期房价格为（　　）元/m^2。

A. 3300　　B. 3324　　C. 3335　　D. 3573

14. 某在建工程，土地使用权年限为 50 年，自取得权证日起开工。预计该项目建成后的建筑面积为 17 500m^2，年净收益为 350 万元。目前该项目已建设 2 年，估计至项目建成还需 25 年。已知市场同类房地产报酬率为 7%，则评估该项目续建完成时的总价值为(　　)万元。

A. 3758.57　　B. 3942.03　　C. 3966.10　　D. 476 985

15. 已知某收益性房地产的收益期限为 50 年，报酬率为 8%的价格为 4000 元/m^2：若该房地产的收益期限为 40 年，报酬率为 6%，则其价格最接近于（　　）元/m^2。

A. 3816　　B. 3899　　C. 4087　　D. 4920

16. 某商铺建筑面积为 500m^2，建筑物的剩余经济寿命和剩余土地使用年限为 35 年；市场上类似商铺按建筑面积计的月租金为 120 元/m^2；运营费用率为租金收入的 25%；该类房地产的报酬率为 10%。该商铺的价值为（　　）万元。

A. 521　　B. 533　　C. 695　　D. 711

17. 判定一宗房地产是否为收益性房地产，关键是看该房地产（　　）。

A. 目前是否有经济收入　　B. 过去是否带来了经济收益

C. 是否具有产生经济收益的能力　　D. 目前的收入是否大于运营费用

18. 对于收益性房地产来说，建筑物的经济寿命是（　　）。

A. 建筑物竣工之日起到不能保证其安全使用之日的时间

B. 在正常市场和运营状态下净收益大于零的持续时间

C. 由建筑结构、工程质量、用途与维护状况等决定的时间

D. 剩余经济寿命与实际年龄之和的时间

二、多选题

1. 直接资本化法的优点不包括（　　）。

A. 不需要预测未来许多年的净收益，通常只需要测算未来第一年的收益

B. 指明了房地产的价值是其未来各期净收益的现值之和，这既是预期原理最形象的表述，又考虑到了资金的时间价值，逻辑严密，有很强的理论基础

C. 每期的净收益或现金流量都是明确的，直观且容易被理解

D. 不必直接依靠与估价对象的净收益流模式相同的类似房地产来求取适当的资本化率

E. 资本化率或收益乘数直接来源于市场上所显示的收益与价值的关系，能较好地反映市场的实际情况

2. 某写字楼的租金为 3 元/（平方米・日），电费、物业管理费由承租人负担，水费、供暖费、房地产税由出租人负担。由该租金减去运营费用求取该写字楼的净收益，应减去的运营费用包括（　　）。

A. 电费　　B. 物业管理费　　C. 水费

D. 供暖费　　E. 房地产税

3. 就收益性而言，为合理选用或确定其净收益并客观评估其价值，往往要求估价师对其净收益同时给出（　　）。

A. 较乐观的估计值　　B. 较保守的估计值　　C. 过高的估计值

D. 过低的估计值　　E. 可能的估计值

4. 根据净收益求取的不同，收益法可分为（　　）。

A. 直接资本化法　　B. 投资法　　C. 收益乘数法

D. 利润法　　E. 现金流量折现法

5. 以下可使用收益法的对象是（　　）。

A. 游乐场　　B. 仓库　　C. 廉租住宅

D. 标准厂房　　E. 写字楼

6. 可用于收益法中转换为价值的未来收益主要有（　　）。

A. 潜在毛收入　　B. 有效毛收入　　C. 净经营收益

D. 税后现金流量　　E. 税前现金流量

7. 收益还原法评估结果的准确度关键取决于（　　）。

A. 土地收益　　B. 还原率　　C. 土地使用权年限

D. 土地收益年限　　E. 毛收入

8. 确定客观收益一般要考虑以下条件（　　）。

A. 实际取得的收益

B. 具备良好素质及正常使用者使用产生的效益

C. 持续且有规律产生收益

D. 安全可靠的收入

E. 产生收益的年限

9. 出租型房地产是收益资本化法估价的典型对象，其净收益根据租赁资料来求取，通常为租赁收入扣除（　　）等项以后的余额。

A. 维修费　　B. 保险费　　C. 房地产税

D. 管理费　　E. 租赁代理费

10. 房地产净收益的求取因估价对象的收益类型不同而有所不同，可以归为（　　）。

A. 出租型房地产净收益的求取

B. 买卖型房地产净收益的求取

C. 自用或者尚未使用型房地产的净收益的求取

D. 直接经营型房地产净收益的求取

E. 在建工程转让的净收益的求取

三、判断题

1. 建筑物的经济寿命应从建筑物竣工验收合格之日起计，建造期不应计入。（　　）

2. 潜在毛收入是假定房地产在充分利用、无空置状况下可获得的收入。（　　）

3. 房地产收益可分为有形收益和无形收益，无形收益通常难以货币化，难以在计算净收益时予以考虑，但可通过选取较高的报酬率或资本化率予以考虑。（　　）

4. 某宗房地产，其土地于2000年底取得，土地使用权年期为50年。该房地产建成于2001年底，2002年底至2005年底的净收益分别为83万元、85万元、90万元和94万元；预计2005年底起可以稳定获得年净收益90万元。该类房地产的报酬率为10%，则2006年1月1日该房地产价值均为886万元。（　　）

5. 自有资金资本化率通常为未来第一年的税前现金流量与自有资金额的比率，可以由可比实例房地产的税前现金流量除以自有资金金额得到。（　　）

6. 某宗房地产，收益年限为无限年，预计每年的总收益稳定为16万元，总费用未来第一年为8万元，此后每年递增2%，该类房地产的资本化率为10%，则该宗房地产的收益价格为60万元。（　　）

7. 为帮助房地产开发商进行投资决策，应用收益法对拟开发的项目进行投资价值评估时，应采用与该项目风险程度相对应的一般资本化率作为资本化率的选取标准。（　　）

8. 房地产综合资本化率＝房屋资本化率＋土地资本化率。（　　）

9. 应用收益法评估出租型房地产价格时，净收益的确定必须从租赁收入中扣除维修费、管理费、保

险费、房地产税、租赁代理费等。（　）

10. 用收益法求出的房地产试算价格称为积算价格。（　）

四、简答题

1. 简述收益还原法的基本原理。
2. 简述收益还原法的适用范围。
3. 简述资本化率的实质。
4. 简述收益还原法的操作步骤。
5. 简述几种确定资本化率的方法。

五、计算题

1. 王某于 2006 年 6 月 18 日将其拥有的某个商铺抵押贷款，贷款成数为 6 成，贷款金额为 200 万元，贷款年利率为 8%，贷款期限为 5 年，按月等额还。2009 年 10 月 18 日，王某欲将该商铺再次抵押贷款。预测该商铺未来第一年的有效毛收入为 50 万元，运营费用为 26 万元，此后每年的有效毛收入和运营费用分别在上一年的基础上增长 5%和 3%，未来收益期限为 36 年。当地该类房地产的报酬率为 7%，抵押贷款成数一般为 6 成。

请计算该商铺 2009 年 10 月 18 日的再次抵押价值。

2. 被评估房地产 A 是一幢 1000m^2 的商业用房，评估人员经调查了解到，房地产 A 的土地使用权是在 2004 年 5 月 31 日取得的，出让年限为法定最高年限。2006 年 5 月底开发建设完工并投入运营。房地产 A 投入使用之初，该房地产产权拥有人将其出租给他人使用，租期为 5 年（租期到 2011 年 5 月 31 日结束），租赁合同规定，使用人在 5 年租用期间，租金是按合同第一年规定租金每年每平方米 110 元为基准，每年增加 10 元，房地产使用中发生的费用由承租人承担，合同同时规定，如果房地产 A 的产权拥有人提前中止租赁合同需要支付违约金 5 万元。评估人员还了解到，评估基准日（2008 年 5 月 31 日）市场上同类商业用房的正常租金（与评估对象 A 租金口径一致）保持在每年每平方米 150 元水平上，经评估人员预测，评估基准日后的前 3 年的市场租金水平将在评估基准日市场租金水平的基础上每年递增 1%，评估基准日 3 年后的市场租金水平基本维持在评估基准日后第 3 年的租金水平上，假设房地产 A 折现率和资本化率均为 10%。求出 A 的最佳转让价值。

请根据上述资料运用收益法测算该宾馆在建成可投入使用时的市场价值。（报酬率为 10%，年利率为 8%。）

3. 某商店的建筑面积为 1000m^2，土地使用年限为 40 年，从 2000 年 10 月 1 日起计。2002 年 10 月 1 日某公司与该商店所有权人签订了租赁合同，租期为 20 年，月租金为150 元/m^2，租金支付方式为每 2 年一次性支付，支付时间为第 2 年年末。市场上类似商店目前正常的月租金为 200 元/m^2，支付方式为每年年末一次性支付，预计类似商店正常月租金每年递增 5%，一般租赁经营的运营费用率为租金收入的 30%。试求该公司 2006 年 10 月 1 日的承租人权益价值（房地产报酬率取 8%）。

4. 待估不动产是一出租写字楼，宗地面积为 7000m^2，建筑物为钢筋混凝土结构，地上 16 层，地下两层，总建筑面积为 30 000m^2，建筑物于 1997 年建成，耐用年限为 60 年。2002 年 4 月 25 日以出让方式获得 50 年期的土地使用权。试计算该不动产 2008 年 4 月的转让价格。

估价机构搜集到类似地区该类写字楼市场平均水平资料如下：

1）租金按净面积计算，一般可供出租的净面积占建筑总面积的 65%，其余为公共过道、管理用房、设备间及其他附属用房。

2）每平方米可出租面积平均月租金为 60 元。房屋空置率年平均为 10%。

3）同类建筑物的重置价格为 2667 元/m^2，家具设备及装修费用为 500 元/m^2，日常费用（人员工资、水电费、维修、保洁等费用）平均每月为 2 万元，房产税每年按建筑物重置价格的 70%的 1.2%缴纳，其他税费约为每月收入的 6%，年资本化率为 9%。

参考答案

一、单选题

1.A 2.B 3.B 4.B 5.B 6.A 7.B 8.B 9.B 10.D

11.D 12.D 13.C 14.D 15.D 16.A 17.C 18.B

二、多选题

1.BCD 2.CD 3.ABE 4.AE 5.ABDE

6.ABCE 7.AB 8.BCD 9.ABCDE 10.ACD

三、判断题

1.√ 2.√ 3.× 4.× 5.√ 6.√ 7.√ 8.× 9.√ 10.×

四、简答题

略

五、计算题

1. **解**：1）计算已抵押贷款余额：

利用公式
$$V=\frac{a}{r}\left[1-\frac{1}{(1+r)^n}\right]$$

求出 $a=(200\times 8\%/12)\div[1-(1+8\%/12)^{-60}]=4.06$（万元）

已抵押贷款余额$=4.06/(8\%/12)\times[1-(1+8\%/12)^{-40}]=142.14$(万元)

已抵押贷款余额$=200-142.14=57.86$（万元）

2）测算在2009年10月18日的未设立法定优先受偿款的价格V，用净收益按一定比率递增的变形公式可得

$$V=50/(7\%-5\%)\{1-[(1+5\%)/(1+7\%)^{36}]\}-26/(7\%-3\%)\{1-[(1+3\%)/(1+7\%)]^{36}\}$$
$$=747.43\text{(万元)}$$

根据再次抵押价值=未设立法定优先受偿权下的价值－拖欠建设工程价款－已抵押贷款余额/社会一般贷款成数－其他法定优先受偿款，可得

再次抵押价值$=V-0-57.86/0.6-0=747.43-96.43=651.00$（万元）

则该商铺在2009年10月18日的再次抵押价值为651万元。

2. **解**：1）收益总年限=40（法定最高年限）－2－2=36（年）

2）现有合同是否应该违约？目前已有租赁合同的年限为3年，首先判断这几年是否应该执行合同。如果不执行合同，各年能够得到的收益超过执行合同的收益分别为

2009年：$[150\times(1+1\%)-(110+20)]\times 1000=21\,500$（元）

2010年：$[(150\times(1+1\%)^2-(110+30)]\times 1000=13\,015$（元）

2011年：$[(150\times(1+1\%)^3-(110+40)]\times 1000=4545.15$（元）

这些违约获得的收益现值之和为

$$21\,500\times(1+10\%)-1+13\,015\times(1+10\%)-2+4545.15\times(1+10\%)-3$$
$$=33\,716.49\text{(元)}$$

违约的收益小于违约赔偿金5万元，所以不能够违约。

3）现有合同的收益现值。基准日后前三年按照合同租金计算，因为违约产生的收益不足以支付违约金，需要继续执行合同规定。

$$\text{收益现值}=(110+10+10)\times 1000/(1+10\%)+140\times 1000/(1+10\%)^2+150\times 1000/(1+10\%)^3$$
$$=346\,581.52\text{(元)}$$

4）合同结束之后的收益为客观收益，其收益现值为

客观收益年限=40－2－5=33（年）

基准日三年后未来年租金收益＝150×(1＋1%)^3×1000＝154 545.15(元)

收益现值＝154 545.15×{[1－1/(1＋10%)^{33}]/10%}/ (1＋10%)^3＝1 111 126.49(元)

5) 最佳转让价值＝346 581.52＋1 111 126.49＝1 457 708.01 (元)

3. **解**：

$$A_1=150\times12\times2\times1000\times0.70=252\ (\text{万元})$$

$$i_1=(1+8\%)^2-1=16.64\%$$

$$\text{带租约的期间权益价值}=\frac{252}{16.64\%}\times\left[1-\frac{1}{(1+16.64\%)^8}\right]=1072.38\ (\text{万元})$$

$$A_2=150\times12\times1000\times0.7\times(1+5\%)^{17}\approx288.79\ (\text{万元})$$

$$\text{剩余年限的权益价值}=\frac{288.79}{8\%-5\%}\times\left[1-\left(\frac{1+5\%}{1+8\%}\right)^{18}\right]\times\frac{1}{(1+8\%)^{16}}=1117.6\ (\text{万元})$$

$$\text{承租人权益价值}=1072.38+1117.60=2189.98\ (\text{万元})$$

4. **解**：1) 计算年总收益：

$$\text{年总收益}=60\times12\times30\ 000\times65\%\times90\%=1263.6\ (\text{万元})$$

2) 计算年总费用。

① 年日常费用：年日常费用＝2×12＝24.0 (万元)

② 房产税：年房产税＝2667×30 000×70%×1.2 % ＝ 67.2 (万元)

③ 其他税费：年其他税费＝1263.6×6% ＝ 75.82 (万元)

④ 年总费用合计：年总费用＝24.0 ＋ 67.2 ＋ 75.82＝167.02 (万元)

3) 计算年纯收益：

$$\text{年纯收益}=\text{年总收益}-\text{年总费用}=1263.6-167.02=1096.58\ (\text{万元})$$

4) 计算不动产价格。

因为该土地使用权已于 2002 年 4 月 25 日以出让方式，使用年限为 50 年，至估价时点已使用 6 年，由于建筑物于 1997 年建成，耐用年限为 60 年，应于 2057 年废弃。而土地使用权至 2052 年到期。由于土地使用年限小于建筑物耐用年限，根据《中华人民共和国城镇土地出让转让暂行条例》(国务院 (1990) 55 号令) 明确规定，土地使用期满而使用者未申请续期或申请续期未获批准的，土地使用权和地上附着物将被国家无偿收回。因此，当房屋的耐用年限超过土地使用年限时，不动产的收益年限只能按土地使用权剩余年限计算，在土地使用年限内房屋的残值也应在折旧期内收回，对于此类用地不动产的评估，所以该不动产的转让价格应为

$$P=\frac{1096.58}{9\%}\times\left[1-\frac{1}{(1+9\%)^{44}}\right]=11\ 909.41\ (\text{万元})$$

$$\text{单位建筑面积价格}=11\ 909.41\div3=3969.8\ (\text{元/m}^2)$$

项目5

成本法应用

项目概述 通过对本项目的学习，读者可以对成本法，包括其含义、理论依据、适用的估价对象、估价需要具备的条件、估价的操作步骤及每个操作步骤所涉及的具体内容有充分的了解，并能掌握房地产估价方法之一的成本法。

案例导入 浙江某房地产估价公司接受浙江某机械制造有限公司的委托，评估该公司一工业厂房在2012年10月30日的市场价值。

该工业厂房坐落在××城市工业区内；土地总面积为2500m^2，总建筑面积为8500m^2；土地权利性质为出让土地使用权；建筑物建成于1992年10月底，建筑结构为钢筋混凝土结构。

案例思考 如果你是该公司的一名房地产估价员，你应该如何评估该房地产的市场价值。

任务5.1　成本法概述

【任务目标】 能够了解成本法及适用范围。

【能力目标】 1. 能够从估价角度出发理解成本法的含义；
2. 能够理解成本法的理论依据；
3. 掌握成本法适用的对象和条件。

5.1.1　成本法的概念

成本法(*cost approach* 或 *contractors method*)，又称逼近法、原价法、承包商法或重置成本法，是求取估价对象房地产在估价时点的重新购建价格（重置价格或重建价格），扣除折旧，以此估算估价对象房地产的客观合理价格或价值的方法，它实际上是以房地产价格构成部分的累加来估算房地产价格的方法。

5.1.2　成本法的理论依据

成本法的理论依据，可以从卖方的角度或买方的角度来考虑。

从卖方的角度考虑，成本法的理论依据是生产费用价值论，是基于房地产的“生产费用”，重在过去的投入，即卖方愿意接受的最低价格——卖价，不能低于他为开发或建造该房地产已花费的代价，如果低于该代价，他就要亏本。

从买方的角度考虑，成本法的理论依据是替代原理，即买方愿意支付的最高价格，不能高于他所预计的重新开发建造该房地产所需花费的代价，如果高于该代价，他还不如自己开发建造（或者委托另外的人开发建造）。例如，该房地产为土地与建筑物合成体的房地产时，买方在确定购买价格时通常会这样考虑：如果自己另外购买一块相当的土地，它的现时价格是多少，然后在该块土地上建造类似的建筑物，它的现时费用又是多少，此两者之和即为自己愿意支付的最高价格——买价。当然，如果所购买的房地产中的建筑物是旧的，自然还要考虑建筑物的折旧，即还要减价。

由上可见，一个是不低于开发建造已花费的代价，一个是不高于预计重新开发建造所需花费的代价，买卖双方可接受的共同点必然是等于正常的代价（包含正常的费用、税金和利润）。因此，我们就可以根据开发或建造估价对象所需的正常费用、税金和利润之和来估算其价格。

采用成本法估价求得的价格，称为积算价格。

5.1.3　成本法的适用对象和条件

一般而言，只要是可以估算出其成本的房地产，都可以采用成本法估价。但成本法一般用于既无收益又很少发生交易的房地产的评估，如住宅、学校、图书馆、医院、政府办公楼、军队营房、公园等公用、公益房地产，以及特殊工业厂房、油库、发电站、码头、油田等有独特设计或只针对个别用户的特殊服务体系而建的房地产的估价。单纯的建筑物的估价基本上也是采用成本法。另外，成本法也适用于市场不完善或狭小市场上无法运用比较法进行估价的房地产。此外，由于成本法应用简便，也广泛应用于一些特殊目的的估价，如在房地产的征税工作中，法庭解决房地产权益纠纷中都经常采用成本法估价。在房地产保险及赔偿中通常也采用成本法估价，因为往往仅是局部损毁，从而必须使其恢复到原有的设计、布置或者完全重置。成本法还经常用于市场比较法和收益还原法的估价结果的验证。

运用成本估价法值得注意的是，现实生活中房地产的价格直接取决于其效用，而非花费的成本，成本的增减一定要对效用有所作用才能形成价格；换一个角度看，房地产成本的增加并不一定能增加其价格，投入的成本不多也不一定说明其价格不高。价格等于成本加平均利润，只有在特定条件下才成立。因此，运用成本法估价一是区分实际成本和客观成本，估价中采用的应是客观成本，而不是实际成本；二是要结合供求分析确定最终的房地产价格，当市场供大于求时，价格低于成本；求大于供时，价格高于成本。

成本法与其他估价方法一样，存在一定程度的缺陷。由于成本的增加并不意味着价值一定会增加，故利用成本法估价，其结果不一定能真实地反映房地产的市场价值。因为，房地产价格是由各种因素综合作用的结果，而非简单地取决于花费的成本。对房地产价格的评估，也绝对不是评估一宗空地和独立考虑建筑物后的简单加总，而是对它们相互融合后所能提供的贡献的评价。所以，利用成本法估价，可能造成一定的误差。例如，对于过度开发的房地产，利用成本法评估的价格，往往要在一定程度上超过目前的市场价值。又如，采用建筑物的重置成本扣除折旧，计算建筑物现值，使成本法的估价结果具有一定的真实性，但房地产市场是不完全性市场，可能由于不完全竞争或信息不完备、不灵敏等，导致真实售价超过这个估价值。所以，成本法是有其局限性的，这也正是成本法不适合普遍地用于一般房地产价格评估，尤其是不宜直接利用成本法评估建筑物价值，再从房地产总价值中扣除建筑物价值估算土地价格的缘故。

成本法估价比较费时费力，估算重新购建价格和折旧也有相当的难度，尤其是那些较老、旧的建筑物，往往需要估价人员针对建筑物进行实地勘察，依靠其主观判断。因此，成本法估价要求估价人员有丰富的经验，特别是要具有良好的建筑、建筑材料和设备等方面的知识。

5.1.4 成本法估价的程序

根据《房地产估价规范》第 5.2 条，运用成本法估价的程序如下：

1）搜集有关成本、税费、开发利润等资料。

2）估算重新购建价格。

3）估算折旧。

4）求取积算价格。

5.1.5 成本法的基本公式

1. 成本法的基本公式

成本法的基本公式为

$$积算价格=重新购建价格-建筑物的折旧$$

针对不同的估价对象，上述公式可作相应变化：

1）新开发土地。

2）新建房地产（此处指房地、建筑物两种情况）。

3）旧有房地产（此处指房地、建筑物两种情况）。

新开发的土地和新建的房地产采用成本法估价一般不扣除折旧，但应考虑其工程质量、规划设计、周围环境、房地产市场状况等方面对价格的影响而给予适当的增减修正。

2. 新开发土地的成本法公式

新开发土地包括填海造地，开山造地，征用农地后进行三通一平或五通一平、七通一平，拆除城市旧区中旧建筑物整理后出售土地等情形。在这些情况下成本法的基本公式为

$$\begin{aligned}新开发土地价格=&土地取得成本+土地开发成本+管理费用+投资利息\\&+销售费用+销售税费+开发利润\end{aligned}$$

上述公式在具体情况下又会有具体形式。例如，新开发区土地的分宗估价，运用成本法是个有效的方法，其公式如下：

$$\begin{aligned}新开发区某宗土地的单价=&(取得开发区用地的总成本+土地开发总成本+总管理费用\\&+总投资利息+总销售费用+总销售税费+总开发利润)\\&\div(开发区用地总面积\times开发完成后可转让土地面积的比率)\\&\times用途、区位等因素调整系数\end{aligned}$$

上式中

$$\begin{aligned}开发完成后可转让土地面积的比率=&开发完成后可转让土地总面积\\&\div开发区用地总面积\times100\%\end{aligned}$$

【例 5.1】某成片荒地面积 2km^2，取得该荒地的代价为 1.2 亿元，将其开发成“五通一平”熟地的开发成本和管理费用为 2.5 亿元，开发期为 3 年，贷款年利率为 10%，销售税费和开发利润分别为可转让熟地价格的 5.5%和 9.5%，开发完成后可转让土地面积的比率为 60%。试求该荒地开发完成后可转让熟地的平均单价。

解：1）取得土地的费用 $=1.2\times10^4$（万元）

2）开发成本和管理费用 $=2.5\times10^4$（万元）

3）投资利息 $=2.5\times10^4\times[(1+10\%)^{1.5}-1]+1.2\times10^4\times[(1+10\%)^3-1]$

4）销售税费和开发利润 $=$ 可转让土地的总价 $\times(5.5\%+9.5)$

5）可转让熟地的总价 $=1.2\times10^4+2.5\times10^4+2.5\times10^4\times[(1+10\%)^{1.5}-1]+1.2\times10^4\times[(1+10\%)^3-1]+$ 可转让熟地的总价 $\times(5.5\%+9.5\%)$

$$可转让熟地的总价=\frac{1.2\times10^4\times(1+10\%)^3+2.5\times10^4\times(1+10\%)^{1.5}}{1-5.5\%-9.5\%}$$

6）
$$\begin{aligned}可转让熟地的单价&=\frac{1.2\times10^4\times(1+10\%)^3+2.5\times10^4\times(1+10\%)^{1.5}}{(1-5.5\%-9.5\%)\times2\times10^6\times60\%}\\&=439.4(元/\text{m}^2)\end{aligned}$$

3. 新建房地产的成本法公式

新建房地产估价的成本法的基本公式为

新开发房地价格＝土地取得成本＋土地开发成本＋建筑物建造成本
＋管理费用＋投资利息＋销售费用＋销售税费＋开发利润

4. 旧有房地产的成本法公式

旧有房地产估价的成本法的基本公式为

旧房地价格＝房地的重新购建价格－建筑物的折旧

或者

旧房地价格＝土地的重新购建价格＋建筑物的重新购建价格－建筑物的折旧

在上述公式中，必要时还应扣除由于旧建筑物的存在而导致的土地价值减损。

5. 旧有建筑物的成本法基本公式

旧有建筑物的成本法基本公式为

旧有建筑物价格＝建筑物的重新购建价格－建筑物的折旧

旧有房地产运用成本法估价是一种典型情况。

任务 5.2　测算房地产重新购建价格

【任务目标】能够运用公式测算房地产重新购建价格。

【能力目标】1. 能够熟练掌握成本法的基本公式；
2. 熟悉建筑物的重新购建价格的含义；
3. 掌握建筑物的重新购建价格的求取方式。

5.2.1　重新购建价格的概念

重新购建价格是假设在估价时点重新取得或重新开发、重新建造全新状况的估价对象所需的一切合理、必要的费用、税金和应得的利润之和。

在这里，应特别记住：

1）重新购建价格是估价时点时的。但估价时点并非总是“现在”，也可能为“过去”。例如，房地产纠纷案件，通常是以过去为估价时点。

2）重新购建价格是客观的。重新购建价格不是个别企业或个人的实际耗费，而是社会一般的公平耗费，即是客观成本，不是实际成本。如果超出了社会一般的平均耗费，超出的部分不仅不能形成价格，而且是一种浪费；而低于社会一般平均耗费的部分，不会降低价格，只会形成个别企业或个人的超额利润。

3）建筑物的重新购建价格是全新状况下的价格，未扣除折旧；土地的重新购建价格（重新取得价格或重新开发成本）是在估价时点状况下的价格。

建筑物的重新购建价格有重置价格和重建价格两种：

1）重置价格又称重置成本，是采用估价时点时的建筑材料、建筑构配件、设备和建筑技术等，按照估价时点时的价格水平，重新建造与估价对象建筑物具有同等效用的新建筑物的正常价格。

2）重建价格又称重建成本，是采用与估价对象建筑物相同的建筑材料、建筑构配件、设备和建筑技术等，按照估价时点时的价格水平，重新建造与估价对象建筑物完全相同的新建筑物的正常价格。这种重新建造方式可形象地称为“复制”。重建价格进一步来说，是在原址，按照原规模和建筑形式，使用与原建筑材料、建筑构配件和设备相同的新的建筑材料、建筑构配件和设备，采用原建筑技术和工艺等，按照估价时点时的价格水平，重新建造与原建筑物完全相同的新建筑物的正常价格。

由于上述两种重新建造方式的不同，往往得出的重新购建价格不同。在一般情况下，重置价格适用于一般建筑物和因年代久远、已缺乏与旧建筑相同的建筑材料、建筑构配件和设备，或因建筑技术和建筑标准改变等，使旧建筑物复原建造有困难的建筑物的估价。而重建价格适用于有特殊保护价值的建筑物的估价，如人们看重的有特殊建筑风格的建筑物等。

重置价格的出现是技术进步的必然结果，同时也是“替代原理”的体现。由于技术进步，使原来的许多设计、工艺、原材料、结构等都已过时落后或成本过高。而采用新材料、新技术等，不仅功能更加完善，成本也会降低，所以，通常重置价格都比重建价格低。

5.2.2 重新购建价格的构成

运用成本法估价，需要懂得房地产重新购建价格的构成。房地产重新购建价格的实际构成非常复杂，不同地区、不同时期、不同类型的房地产，其重新购建价格可能不同。在实际运用成本法估价时，不论其重新购建价格的构成如何，最关键的是要调查掌握当地从取得土地一直到建筑物建成交付使用的全过程中，所涉及的税费种类、支付标准和支付时间，既不可有重复也不可漏项，在此基础上再针对估价对象的实际情况确定其重新购建价格的构成并估算各构成项目。

下面以取得土地建成房屋销售这种典型的房地产开发类型为例，来划分房地产重新购建价格的构成如下。

1. 土地取得费用

土地取得费用是取得开发地所需的费用、税金等。在完善的市场经济下，土地取得费用一般由购置土地的价款和在购置时应由开发商（买方）缴纳的税费构成。在目前情况下，土地取得费用的构成，根据房地产开发取得土地的途径分为下列3种：

1）通过征用农地取得的，土地取得费用包括农地征用费和土地使用权出让金等。

2）通过在城市中进行房屋拆迁取得的，土地取得费用包括城市房屋拆迁补偿安置费和土地使用权出让金等。

3）通过在市场上“购买”取得的，如购买政府出让或其他开发商转让的已完成征用拆迁的熟地，土地取得费用包括购买土地的价款和在购买时应由买方缴纳的税（如交易手续费、契税等）。

2. 开发成本

开发成本是在取得开发用地后进行土地开发和房屋建设所需用的直接费用、税金等。

在实践中主要包括以下几项：

1）勘察设计和前期工程费。

2）基础设施建设费。

3）房屋建筑安装工程费。

4）公共配套设施建设费。

5）开发过程的税费。

3. 管理费用

管理费用主要指开办费和开发工程中管理人员工资等。

4. 投资利息

此处的投资利息包括土地取得费用、开发成本和管理费用的利息，无论它们的来源是借贷资金还是自有资金，都应计算利息，显然与会计上的财务费用不同。

5. 销售费用

销售费用是指预售未来开发完成的房地产或者销售已经开发完成的房地产的必要支出，包括广告费、销售资料制作费、样板房或样板间建设费、售楼处建设费、销售人员费用或者销售代理费等。为便于投资利息的测算，销售费用应当区分销售之前发生的费用与销售同时发生的费用。广告费、销售资料制作费、样板房或者样板间建设费、售楼处建设费一般是在销售之前发生的，销售代理费一般是与销售同时发生的。销售费用通常按销售价格乘以一定比率来测算。

6. 销售税费

销售税费是指在房地产销售中应由开发商（此时作为卖方）缴纳的税费，又可分为下列两类：

1）销售税金及附加，即“两税一费”，包括营业税、城市维护建设税和教育费附加。

2）其他销售税费，包括应由卖方负担的交易手续费、印花税等。

销售税费通常是售价的一定比率，因此，在估价时通常按照售价乘以这一比率来测算。

7. 开发利润

开发利润是由销售收入（售价）减去各种成本、费用和税金后的余额，是一种结果。

开发利润＝开发完成后的房地产价值－土地取得成本－开发成本－管理费用
－投资利息－销售费用－销售税费

在成本法中，“售价”是需要求取的，是未知的，所以开发利润通常按一定基数乘以同一市场上类似房地产开发项目所要求的相应利润率来测算。开发利润的计算基数和相应的利润率主要有下列几种：

1）直接成本利润率。

直接成本利润率＝开发利润÷（土地取得成本＋开发成本）

2）投资利润率。

投资利润率＝开发利润÷（土地取得成本＋开发成本＋管理费用＋销售费用）

3）成本利润率。

成本利润率＝开发利润÷（土地取得成本＋开发成本＋管理费用＋投资利息＋销售费用）

4）销售利润率。

销售利润率＝开发利润÷开发完成后的房地产价值（售价）

5.2.3　重新购建价格的求取

1. 土地重置价格的求取

求取土地的重置价格，应直接求取其在估价时点状况的重置价格。评估土地的重置价格，要特别注意估价对象在估价时点的状况，以便于准确确定其价格构成。当不便采用成本法时，可以酌情选用市场比较法、基准地价修正法等方法评估土地的价格。

以成本法求取土地的重置价格时，还应当注意土地的剩余使用年限，并进行年限修正。例如，以有偿出让方式取得的土地使用权，在以成本法得出重置价格后，还应当扣除至估价时点已使用年限的价格，得出剩余年限的土地使用权价格。

2. 建筑物重新购建价格的求取

求取建筑物的重新购建价格，是假设建筑承包商根据发包人的要求完成新的建筑工程后，发包人支付的全部费用，该费用就是建筑物的重新购建价格。如果建筑物是自己建造的，也应假设全部费用与支付承包商的相同。

若从投资的角度出发，建筑物的重新购建价格还应在上述费用的基础上加上合理的投资利润；若从市场的角度出发，还应加上正常的销售税费。

建筑物的重新购建价格可采用成本法、市场比较法求取，或通过政府确定公布的房屋重新购建价格扣除土地价格后的比较修正来求取，也可按工程造价估算的方法具体计算。

采用成本法、市场比较法求取建筑物重新购建价格的具体方法如下。

（1）单位比较法

1）单位面积法：根据近期建成的类似建筑物的单位面积成本（造价）来估算，即用近期建成的类似建筑物的单位面积成本乘以估价对象建筑物的总面积。这是一种最常用、简便迅速的方法，但比较粗略。

【例5.2】某幢房屋的建筑面积为500m^2，该类用途、建筑结构和档次的房屋的单位建筑面积造价为1500元/m^2。试估算该房屋的重新购建价格。

解：该房屋的重新购建价格估算为

$$500\times1500=75\text{（万元）}$$

2）单位体积法：与单位面积法相似，根据近期建成的类似建筑物的单位体积成本来估算，即用近期建成的类似建筑物的单位体积成本乘以估价对象建筑物的总体积。这种方法适用于成本与体积关系较大的建筑物。

【例 5.3】某建筑物的体积为 1000m³，该类用途、建筑结构和档次的建筑物单位体积造价为 800 元/m³。试估算该建筑物的重新购建价格。

解：该建筑物的重新购建价格估算为

$$1000\times800=80\ （万元）$$

（2）分部分项法

分部分项法基于建筑物的各个独立构件或工程的单位成本来估算，即先估算各个独立构件或工程的单位成本，再乘以相应数量，然后相加。值得注意的是，要结合各构件或工程的特点使用计量单位，有的要用面积，有的要用体积，有的要用容量（如 kW、kV·A）。

【例 5.4】采用分部分项法估算某房屋的重新购建价格，如表 5.1 所示。

表 5.1　分部分项法

项目	数量	单价	成本/万元
基础工程	200m³	300 元/m³	6
墙体工程			10
楼地面工程			6
屋面工程			5
给排水工程			5
供暖工程			3.5
电气工程			4.5
税费、利息及管理费		以上合计的 15%	6
重新购建价格			46

（3）工料测量法

工料测量法是先估算建筑物所需各种材料、设备的数量和人工时数，然后逐一乘以估价时点时各该同样材料、设备的单价和人工费标准，再将其加总。这种方法与编制建筑概算或预算的方法相似，即先估算工程量，再配上概（预）算定额的单价和取费标准来估算。工料测量法的优点是翔实，缺点是费时费力并需委托专家参与办理，主要用于具有历史价值的建筑物的估价。

【例 5.5】采用工料测量法估算某房屋的重新购建价格，如表 5.2 所示。

表 5.2　工料测量法

项目	数量	单价	成本/万元
水泥	200t	300 元/t	6
沙石			2.5
砖块			8
木材			4
铁钉			0.2
人工			10
税费			1
其他			3
重新购建价格			34.7

(4) 指数调整法

指数调整法是运用建筑成本（造价）指数或变动率将估价对象建筑物的原始成本调整到估价时点上的现行成本的方法。主要用于检验其他方法的估算结果。

【例5.6】 某幢房屋的建筑面积为1500m²，该类用途、建筑结构和档次的房屋的单位建筑面积建筑安装工程费为1200元/m²，专业费用为建筑安装工程费的8%，管理费用为建筑安装工程费与专业费用之和的3%，销售费用为重新购建价格的4%，建设期为6个月，所有费用可视为在建设期内均匀投入，年利率为6%，开发商成本利润率为15%，销售税费为重新购建价格的6%，请计算该房屋的重新购建价格。

解：设该房屋单位建筑面积的重新购建价格为V_B，则单位面积下的相关费用为

1) 建筑安装工程费＝1200(元/m²)

2) 专业费用＝1200×8%＝96(元/m²)

3) 管理费用＝(1200＋96)×3%＝38.88(元/m²)

4) 销售费用＝V_B×4%＝0.04V_B(元/m²)

5) 投资利息＝(1200＋96＋38.88＋0.04V_B)×[(1＋6%)$^{0.25}$－1]

＝19.59＋0.0006V_B(元/m²)

6) 销售税费＝V_B×6%＝0.006V_B(元/m²)

7) 开发利润＝(1200＋96＋38.88＋0.04V_B＋19.59＋0.006V_B)×15%

≈203.17＋0.0069V_B(元/m²)

建筑物重新购建价格＝建筑安装工程费＋专业费用＋管理费用＋销售费用＋投资利息＋销售税费＋开发利润

所以，可以得出V_B＝1650.87(元/m²)

重新购建总价＝1650.87×1500≈247.63(万元)

任务5.3　求取建筑物折旧

【任务目标】 能够求取建筑物的折旧。

【能力目标】 1. 掌握建筑物折旧的意义及求取；

2. 能够用不同方法计算建筑物的折旧；

3. 熟悉房屋折旧的有关规定。

5.3.1　建筑物折旧的概念

建筑物折旧，指建筑物的价值减损。建筑物的价值减损是由物质因素、功能因素和经济因素共同造成的。因此，在实际估价中，考虑建筑物的折旧时，必须同时考虑。

1. 物质折旧

物质折旧又称物质磨损、有形损耗，是建筑物在实体方面的损耗所造成的价值损失。

进一步可以归纳为下列 4 个方面：①自然经过的老朽；②正常使用的磨损；③意外的破坏损毁；④延迟维修的损坏残存。

2. 功能折旧

功能折旧又称精神磨损、无形损耗，指由于消费观念变更、规划设计更新、技术进步等原因导致建筑物在功能方面的相对残缺、落后或不适用所造成的其价值损失，可以分为功能缺乏、功能落后和功能过剩。

3. 经济折旧

经济折旧指建筑物以外的各种不利因素所造成的建筑物价值的损失。例如，一个高级居住区附近兴建了一座排污的化工厂，使该居住区的房地产价值下降，这就是一种经济折旧。

【例 5.7】 某旧住宅，测算其重置价格为 50 万元，地面、门窗等破旧引起的折旧为 3 万元，因户型设计不好、采光不好和共用电视天线等导致的折旧为 5 万元，由于位于城市衰落地区引起的折旧为 5 万元。试求取该旧住宅的折旧总额和现值。

分析：该旧住宅地面、门窗等破旧引起的折旧属于物质折旧，户型设计不好、采光不好和共用电视天线等导致的折旧属于功能折旧，城市衰落地区引起的折旧属于经济折旧。在估算折旧总额时需同时考虑这 3 种折旧。

解： 该旧住宅的折旧总额和现值分别求取如下：

$$\text{该旧住宅的折旧总额} = 3 + 5 + 5 = 13(\text{万元})$$

$$\text{该旧住宅的现值} = \text{重置价格} - \text{折旧} = 50 - 13 = 37(\text{万元})$$

5.3.2 建筑物折旧的求取方法

建筑物折旧的求取方法很多，主要分为耐用年限法、实际观察法、成新折扣法。

1. 耐用年限法

耐用年限法把建筑物的折旧建立在建筑物的寿命、经过年数或剩余寿命之间关系的基础上。

建筑物的寿命有自然寿命和经济寿命之分。前者指建筑物从建成之日起到不堪使用时的年数，后者指建筑物从建成之日起预期产生的收入大于运营费用的持续年数。建筑物的经济寿命短于其自然寿命。

建筑物的经过年数分为实际经过年数和有效经过年数。实际经过年数指建筑物从建成之日起到估价时点时的日历年数。有效经过年数可能短于也可能长于实际经过年数。当建筑物的维修保养属于正常的，有效经过年数与实际经过年数相当；当建筑物的维修保养比正常维修保养好或经过更新改造的，有效经过年数短于实际经过年数，剩余经济寿命相应较长；当建筑物的维修保养比正常维修保养差的，有效经过年数长于实际经过年数，剩余经济寿命相应较短。

在成本法求取折旧中，建筑物的寿命应为经济寿命，经过年数应为有效经过年数，剩余寿命应为剩余经济寿命。

运用耐用年限法求取建筑物折旧的方法有直线折旧法、余额递减折旧法、年金法、年数合计法等。下面仅介绍直线折旧法。

直线折旧法是最简单的和应用得最普遍的一种折旧方法，简称为直线法，它以建筑物的经济寿命期间每年的折旧额相等为基础。直线折旧法的年折旧额的计算公式为

$$D=\frac{C-S}{N}=\frac{C(1-R)}{N}$$

式中，D 为年折旧额；C 为重置价，建筑物的重新购建价格；S 为建筑物的净残值，是建筑物的残值减去清理费用后的余额；N 为耐用年限；R 为残值率。

上式中，建筑物残值指建筑物达到使用年限，不能继续使用，经拆除后的旧料价值。该价值减去拆除清理费用即为净残值。净残值与建筑物的重新购建价格的比率称为残值率。不同的建筑物在不同的使用情况下，其耐用年限和残值率都会有所不同。有效经过年数为 t 年的建筑物折旧总额的计算公式为

$$E_t=D\times t=C(1-R)\frac{t}{N}$$

式中，E_t——建筑物的折旧总额。

采用直线法折旧下的建筑物现值的计算公式为

$$V=C-E_t=C-(C-S)\frac{t}{N}=C\left[1-(1-R)\frac{t}{N}\right]$$

式中，V——建筑物的现值；

t——已使用年数；

$C-S$——折旧基数。

【例 5.8】 某建筑物的建筑面积为 150m^2，有效经过年数 5 年，单位建筑面积的重置价格为 1200 元/m^2，经济寿命为 50 年，残值率 2%。试用直线折旧法计算该建筑物的年折旧额、折旧总额及其现值。

解： 已知 $C=1200\times150=180\ 000$(元)，$R=2\%$，$N=50$ 年，$t=5$ 年，则

年折旧额

$$D=C(1-R)/N=[180\ 000\times(1-2\%)]/50=3528(\text{元})$$

折旧总额

$$E_t=D\times t=3528\times5=17\ 640(\text{元})$$

建筑物现值

$$V=C-E_t=180\ 000-17\ 640=162\ 360(\text{元})$$

我国对房地产的耐用年限、残值率，根据房屋结构类型、等级分别作了详细规定，具体规定如表 5.3 和表 5.4 所示。

2. 实际观察法

实际观察法不是直接以建筑物的有关年限（特别是实际经过年数）来求取建筑物的折旧，而是注重建筑物的实际损耗程度。因为早建成的建筑物未必损坏严重，从而价值未必低；而新近建造的建筑物未必维护良好，特别是施工质量、设计等方面存在缺陷，从而价值未必高。这样，实际观察法由估价人员亲临现场，直接观察、估算建筑物在物质、功能及经济等方面的折旧因素所造成的折旧总额。

利用实际观察法也可判定建筑物的成新率，或推测其有效经过年数、剩余经济寿命，在此基础上再利用其他方法计算建筑物的折旧或直接计算建筑物的现值。

3. 成新折扣法

成新折扣法是根据建筑物的建成年代、新旧程度等，确定建筑物的成新率，直接求取建筑物的现值。其计算公式为

$$V = C \times q$$

式中，q——建筑物的成新率（%）。

成新折扣法适用于同时需要对大量建筑物进行估价的场合，尤其是进行建筑物现值调查统计，但比较粗略。

在实际估价中，成新率是一个综合指标，其求取可以采用“先定量，后定性，再定量”的方式按下列 3 个步骤进行：

1）用年限法计算成新率。如用直线法计算成新率的公式为

$$\begin{aligned} q &= \left[1-(1-R)\frac{t}{N}\right]\times 100\% \\ &= \left[1-(1-R)\frac{N-n}{N}\right]\times 100\% \\ &= \left[1-(1-R)\frac{t}{t+n}\right]\times 100\% \end{aligned}$$

当 $R=0$ 时，

$$q=\left(1-\frac{t}{N}\right)\times 100\%=\frac{n}{N}\times 100\%=\frac{n}{t+n}\times 100\%$$

【例 5.9】 有一座 10 年前建成交付使用的建筑物，经估价人员实地观察判定其剩余经济寿命为 30 年，该建筑物的残值率为零。试用直线法计算该建筑物的成新率。

解： 已知 $t=10$ 年，$n=30$ 年，$R=0$，则建筑物的成新率

$$q=\frac{n}{t+n}\times 100\%=\frac{30}{10+30}\times 100\%=75\%$$

2）根据建筑物的建成年代对上述计算结果作初步判断，看是否吻合。

3）采用实际观察法对上述结果做进一步的调整修正，并说明上下调整修正的理由。当建筑物的维修保养属于正常的，实际成新率与直线法计算出的成新率相当；当建筑物的维修保养比正常维修保养好或经过更新改造的，实际成新率应大于直线法计算出的成新率；当建筑物的维修保养比正常维修保养差的，实际成新率应小于直线法计算出的成新率。

【例 5.10】 某宗房地产的土地总面积为 $1000m^2$，是 10 年前通过征收农地取得的，当时平均每亩花费 20 万元，现时重新取得该类土地每平方米需要 850 元；地上建筑物的总建筑面积为 $3000m^2$，是 8 年前建成交付使用的，当时的建筑造价为每平方米建筑面积 800 元，现时建造同类建筑物每平方米建筑面积需要 1300 元，估计该建筑物有八成新。试选用所给资料估算该宗房地产的现时总价、单价。

解： 该题要注意选用估价时点时的重新购建价格。

土地现值＝850×1000＝850 000(元)

建筑物现值＝$C\times q$＝1300×3000×80%＝3 120 000(元)

估价对象的现时总价＝850 000＋3 120 000＝3 970 000(元)

估价对象的现时单价＝3 970 000÷3000≈1323.33(元/m^2)

4. 综合法

针对以上各种折旧方法所存在的优缺点，估价人员有时同时采用几种折旧方法确定建筑物的折旧额。对于采用不同方法所得出的折旧结果，通过简单算术平均或加权算术平均等综合出一个统筹兼顾的结果，并以此作为陈旧贬值的最后判定，这就是综合法。

在估价实务上往往采用综合法，即先以耐用年限为基准计算折旧额，然后再依实际观察法进行修正，从而确定出折旧额。通过这样的综合方法，能有效地克服各种方法所存在的缺点，并使之优点得以发挥。

另外，估价中宜先将建筑物区分为可修复项目和不可修复项目。对于可修复项目，估计其修复费用作为折旧额；对于不可修复项目，再将其分为短寿命项目和长寿命项目，如将建筑物分为结构、设备和装修，因为它们的寿命不同，如基础、屋顶、地板、空调、电梯之间的寿命不同，然后采用年限法或成新折扣法分别计算其折旧额。最后将修复费用、短寿命项目的折旧额和长寿命项目的折旧额相加，便得到建筑物的折旧总额。

【例5.11】某建筑物的重置价格为180万元，经济寿命为50年，有效经过年数为10年。其中，门窗等损坏的修复费用为2万元；装修的重置价格为30万元，平均寿命为5年，已使用3年；设备的重置价格为60万元，平均寿命为15年，已使用10年。残值率假设为零。试求其折旧总额。

解：其折旧总额计算如下：

1）门窗等损坏的折旧额＝其修复费用＝2(万元)

2）装修的折旧额＝$30\times\frac{1}{5}\times3=18$(万元)

3）设备的折旧额＝$60\times\frac{1}{15}\times10=40$(万元)

4）长寿命项目的折旧额＝$(180-2-30-60)\times\frac{1}{50}\times10=17.6$(万元)

5）该建筑物的折旧总额＝2＋18＋40＋17.6＝77.6(万元)

5.3.3　求取建筑物折旧应注意的事项

1. 估价折旧与会计折旧的区别

1）估价上的折旧注意的是市场价值的真实减损，科学地说不是折旧，而是“减价修正”；会计上的折旧注重的是原始价值的分摊、补偿或回收。

2）在会计上，C为资产原值，不随时间的变化而变化；在估价上，C为重新购建价格，而且是估价时点时的，因此，估价时点不同，C的值也不同。

3）在房地产估价中，并非所有的建筑物折旧总量都是估价上的折旧，如在收益法中需要扣除的建筑物折旧费和土地摊提费（土地取得费用的摊销）就属于会计上的折旧。

2. 土地使用年限对建筑物经济寿命的影响

1）建筑物的经济寿命应从建筑物竣工验收合格之日起计，建造期不应计入。

2）建筑物的经济寿命早于土地使用年限而结束的，应按建筑物的经济寿命计算折旧。

3）建筑物的经济寿命晚于土地使用年限而结束的，应按建筑物的实际经过年数加上土地使用权的剩余年限计算折旧。

5.3.4 房屋完损等级评定与建筑物的耐用年限

1. 现行房屋完损等级评定标准

房屋完损等级是用来检查房屋维修保养情况的一个标准，是确定房屋实际新旧程度和估算陈旧贬值额的重要依据。房屋的完损等级是根据房屋的结构、设备、装修 3 个组成部分的完好、损坏程度来划分的。我国现行的房屋完损等级分为如下 5 类：

（1）完好房

结构构件完好，基础未出现不均匀沉降；装修和设备齐全、完好，使用正常。或虽个别分项有轻微损坏，但经过小修就能修复的。

（2）基本完好房

结构基本完好，少量构部件有轻微损坏，基础出现不均匀沉降但已稳定；装修基本完好，油漆缺乏保养；设备、管道现状基本良好，能正常使用。

（3）一般损坏房

结构一般性损坏，部分构部件有损坏或变形，屋面局部漏雨；装修局部破损、油漆老化；设备、管道不够畅通，水卫、电照管线、器具和零件有部分老化、损坏或残缺。这类房屋，需要进行中修或局部大修，更换部件。

（4）严重损坏房

房屋年久失修，结构有明显变形或损坏，屋面严重漏雨；装修严重破损、油漆老化见底；设备陈旧不全，管道严重堵塞，水卫、电照管线、器具和零部件残缺及严重损坏。这种房屋，需进行大修或翻修、改建。

（5）危险房

承重构件已属危险构件，结构丧失稳定及承载能力，随时有倒塌可能，这类房屋不能确保住用安全。

房屋的完损等级对应着成新率，完好房的成新率为十、九、八成；基本完好房的成新率为七、六成；一般损坏房的成新率为五、四成；严重损坏房及危险房的成新率为三成以下。

2. 现行建筑物的耐用年限及残值率

建筑物的耐用年限有自然耐用年限与经济耐用年限。在房地产估价上，所采用的耐用年限应为经济耐用年限。

建筑物残值指建筑物达到使用年限，不能继续使用，经拆除后的旧料价值；该价值减去拆除清理费用即为净残值；净残价值与建筑物重新购建价格的比率称为残值率。房屋和评估中经常遇到的构筑物的耐用年限和残值率如表 5.3 和表 5.4 所示。

表 5.3　房屋的耐用年限与残值率表

类别等级	使用情况	耐用年限/年	残值率/%
钢筋混凝土	非生产用房	60	0
	生产用房	50	
	一般腐蚀性生产用房	35	
	强腐蚀性生产用房	15	
砖混一等	非生产用房	50	2
	生产用房	40	
	一般腐蚀性生产用房	30	
	强腐蚀性生产用房	15	
砖混二等	非生产用房	50	2
	生产用房	40	
	一般腐蚀性生产用房	30	
	强腐蚀性生产用房	15	
砖木一等	非生产用房	40	6
	生产用房	30	
	一般腐蚀性生产用房	20	
	强腐蚀性生产用房		
砖木二等	非生产用房	40	4
	生产用房	30	
	一般腐蚀性生产用房	20	
	强腐蚀性生产用房		
砖木三等	非生产用房	40	3
	生产用房	30	
	一般腐蚀性生产用房	20	
	强腐蚀性生产用房		
简易结构		10	0

表 5.4　部分构筑物的耐用年限表　　（单位：年）

名称	耐用年限	名称	耐用年限
管道	30	露天库	20
冷却塔	30	冷藏库	30
蓄水池	30	储油缸	20
污水池	20	大坝	60
水井	30	其他	30

任务 5.4　成本法估价应用

【任务目标】能够运用成本法评估土地、在建工程、房地产的市场价值。

【能力目标】1. 熟悉房屋完损等级评定的有关规定；

2. 能够用成本法进行房地产价值评估。

为便于成本法的实际应用，下面对商品住宅和经济适用住房价格构成、农地征用和城市房屋拆迁费用、房屋折旧及房屋完损等级评定的有关规定作一介绍。

5.4.1　商品住宅和经济适用住房价格构成的有关规定

1. 商品住宅价格构成的有关规定

1992 年 7 月 20 日，国家物价局、建设部、财政部、中国人民建设银行印发的《商品住宅价格管理暂行办法》(1992 价费字 382 号）规定：商品住宅价格应以合理成本为基础，有适当利润，结合供求状况和国家政策要求制定，并根据楼层、朝向和所处地段等因素，实行差别价格。商品住宅价格由下列项目构成：

1）成本。包括：

① 征地费及拆迁安置补偿费：按国家有关规定执行。

② 勘察设计及前期工程费：依据批准的设计概算计算。

③ 住宅建筑、安装工程费：依据施工图预算计算。

④ 住宅小区基础设施建设费和住宅小区级非营业性配套公共建筑的建设费：依据批准的详细规划和施工图预算计算；住宅小区的基础设施和配套建设项目按照国家和省、自治区、直辖市人民政府颁发的城市规划定额指标执行。

⑤ 管理费：以上述①～④项之和为基数的 1%～3%计算。

⑥ 贷款利息：计入成本的贷款利息，根据当地建设银行提供的本地区商品住宅建设占用贷款的平均周期、平均比例、平均利率和开发项目具体情况确定。

2）利润。以上述成本中①～④项之和为基数核定。利润率暂由省、自治区、直辖市人民政府确定。

3）税金。按国家税法规定缴纳。

4）地段差价。其征收办法暂由省、自治区、直辖市人民政府根据国家有关规定制定。下列费用不计入商品住宅价格：非住宅小区级的公共建筑的建设费用；住宅小区内的营业性用房和设施的建设费用。

根据楼层、朝向确定的商品住宅差价，其代数和应趋近于零。

2. 经济适用住房价格构成的有关规定

2002 年 11 月 17 日，国家计委、建设部印发的《经济适用住房价格管理办法》(计价格

[2002] 2503 号）规定：经济适用住房价格实行政府指导价。制定经济适用住房价格，应当与城镇中低收入家庭经济承受能力相适应，以保本微利为原则，与同一区域内的普通商品住房价格保持合理差价，切实体现政府给予的各项优惠政策。

经济适用住房基准价格由开发成本、税金和利润 3 部分构成。

1）开发成本。包括：

① 按照法律、法规规定用于土地征用和房屋拆迁等所支付的征地和拆迁安置补偿费。

② 开发项目前期工作所发生的工程勘察、规划及建筑设计、施工通水、通电、通气、通路及平整场地等勘察设计和前期工程费。

③ 列入施工图预（决）算项目的主体房屋建筑安装工程费，包括房屋主体部分的土建（含桩基）工程费、水暖电气安装工程费及附属工程费。

④ 在小区用地规划红线以内，与住房同步配套建设的住宅小区基础设施建设费，以及按政府批准的小区规划要求建设的不能有偿转让的非营业性公共配套设施建设费。

⑤ 管理费按照不超过以上①～④项费用之和的 2%计算。

⑥ 贷款利息按照房地产开发经营企业为住房建设筹措资金所发生的银行贷款利息计算。

⑦ 行政事业性收费按照国家有关规定计收。

2）税金。依照国家规定的税目和税率计算。

3）利润。按照不超过开发成本中①～④项费用之和的 3%计算。

下列费用不得计入经济适用住房价格：

① 住宅小区内经营性设施的建设费用。

② 开发经营企业留用的办公用房、经营用房的建筑安装费用及应分摊的各种费用。

③ 各种与住房开发经营无关的集资、赞助、捐赠和其他费用。

④ 各种赔偿金、违约金、滞纳金和罚款。

⑤ 按规定已经减免及其他不应计入价格的费用。

5.4.2　农地征用和城市房屋拆迁费用的有关规定

1. 农地征用费用的有关规定

根据《中华人民共和国土地管理法》（1998 年 8 月 29 日修订）等法律、行政法规的规定在农地征用中发生的费用主要有：

1）征地补偿费用。

① 土地补偿费。征用耕地的土地补偿费，为该耕地被征用前 3 年平均年产值的 6～10 倍，征用其他土地的土地补偿费标准，由省、自治区、直辖市参照征用耕地的土地补偿费的标准规定。

② 安置补助费。征用耕地的安置补助费，按照需要安置的农业人口数计算。需要安置的农业人口数，按照被征用的耕地数量除以征地前被征用单位平均每人占有耕地的数量计算。每一个需要安置的农业人口的安置补助费标准，为该耕地被征用前 3 年平均年产值的 4～6 倍。但是，每公顷被征用耕地的安置补助费，最高不得超过被征用前 3 年平均年产值的 15 倍。征用其他土地的安置补助费标准，由省、自治区、直辖市参照征用耕地的安置补

助费的标准规定。经省、自治区、直辖市人民政府批准，可以增加安置补助费。但是，土地补偿费和安置补助费的总和不得超过土地被征用前 3 年平均年产值的 30 倍。

③ 地上附着物和青苗的补偿费。地上附着物和青苗的补偿费包括房屋、农田基础设施、树木、青苗等的补偿费，其标准由省、自治区、直辖市规定。

2）新菜地开发建设基金（征用城市郊区菜地的）。

3）耕地开垦费（占用耕地的）。

4）耕地占用税（占用耕地的）。

5）征地管理费。是由用地单位在征地费总额的基础上按一定比例支付的管理费用。

6）政府规定的其他有关税费。

2. 城市房屋拆迁费用的有关规定

根据《城市房屋拆迁管理条例》、《城市房屋拆迁估价指导意见》等的规定，在城市规划区内国有土地上实施房屋拆迁所发生的费用主要有：

1）房屋拆迁补偿安置费用。该费用是由拆迁人对于被拆迁人给予拆迁补偿和拆迁安置所发生的全部费用构成，其大小相当于下列几项之和：

① 被拆迁房屋的房地产市场价格。该价格不包含搬迁补助费、临时安置补助费和拆迁非住宅房屋造成停产、停业的补偿费，以及被拆迁房屋室内自行装修装饰的补偿金额。它由具有房地产价格评估资格的估价机构，根据被拆迁房屋的区位、用途、建筑面积等因素评估确定。

② 被拆迁房屋室内自行装修装饰的补偿金额。它由拆迁人和被拆迁人协商确定；协商不成的，可以通过委托评估确定。

③ 各种补助费、补偿费。它们包括搬迁补助费、临时安置补助费（或周转房费）和拆迁非住宅房屋造成停产、停业的补偿费。这些补助费、补偿费的标准，由省、自治区、直辖市人民政府规定。

2）房屋拆迁服务费。

3）房屋拆迁管理费。该费用以城市拆迁规模大小，按照不超过房屋拆迁补偿安置费用的 0.3%～0.6%收取。具体收费标准，由各省、自治区、直辖市物价、财政部门制定。

4）政府规定的其他有关税费。

5.4.3 成本法应用案例

【例 5.12】 某公司于 2005 年 3 月 1 日取得一宗土地使用权，建设休闲度假村。该项目宗地面积 10000m^2，土地使用年限 40 年，建筑总面积为 20000m^2，并于 2007 年 9 月 1 日完成，该公司申请竣工验收。根据相关政策需要对该项目进行相应的价值评估。请根据下列资料采用成本法评估该项目于 2007 年 9 月 1 日的正常市场价格。

通过调查得知，在估价时点重新取得该项目建设用地，土地取得费用为 1000 元/m^2。新建一个与上述项目相同功能的开发成本为 2500/m^2，销售费用为 200 万元，管理费用为开发成本的 3%，开发建设期为 2.5 年，开发成本、管理费用、销售费用在第一年投入 30%，第二年投入 50%，最后半年投入 20%，各年内均匀投入，贷款年利率为 7.02%，销售税金及附加为售价的5.53%，投资利润率为12%。

解：本案例考查重点是"成本法"的熟悉。

1）土地取得费用 1000×10 000=1000(万元)

2）开发成本 2500×20 000=5000(万元)

3）管理费用 5000×3%=150(万元)

4）销售费用 200万元

5）投资利息

$$1000\times[(1+7.02\%)^2-1]+(5000+150+200)\times\{30\%\times[(1+7.02\%)^2-1]+50\%\times[(1+7.02\%)-1]+20\%\times[(1+7.02\%)^{0.25}-1]\}$$

=624.185(万元)

6）销售税费。设重新购建价格为V，则销售税费为5.53%V。

7）开发利润

$$(1000+5000+150+200)\times12\%=762(万元)$$

8）重新购建价格

$$V=1000+5000+150+200+624.185+5.53\%V+762$$

所以V=8189.04(万元)

9）估价对象刚建成完工并无折旧，所以估价对象2007年9月1日的正常市场价格为8189.04万元。

课堂实训

项目背景为导入案例。在搜集资料和实地查勘之后，可以按以下基本步骤来估价：

1）选择估价方法。本估价对象为工业厂房，市场买卖交易量少，可以租赁，但租金收益不稳定，故拟选用成本法进行估价。

2）选择计算公式。该宗房地产估价属于成本法中的旧房地产估价，需要评估的价值包含土地和建筑物的价值，故选择的计算公式为

旧房地价格=土地的重新取得价格（或重新开发成本）+建筑物的重新购建价格
　　　　　　−建筑物的折旧

3）求取土地的重新取得价格（或重新开发成本）。由于该土地坐落在城市工业区内，可以根据政府公布的基准地价来修正。该城市土地分为10个级别，城市边缘熟地列为最差级，即处于第10级土地上，而估价对象房地产处于第7级土地上。该城市政府公布的第7级的基准地价为1586元/m²。故

估价对象土地的总价=1586×2500=396.5(万元)

4）求取建筑物的重新购建价格。现时（在估价时点2012年10月30日）与估价对象建筑物类似的不包括土地价格在内的建筑物的造价为每平方米建筑面积1200元（含合理利润、税费等），以此作为估价对象建筑物的重置价格，即每平方米建筑面积也为1200元。故

估价对象建筑物的重新购建总价=1200×8500=1020(万元)

5）求取建筑物的折旧。采用直线法求取折旧额。参照规定并根据估价人员的判断，

该工业厂房建筑物的经济寿命为60年，残值率为零。故

估价对象建筑物的折旧总额＝1020×20÷60＝340(万元)

估价人员到现场观察，认为该专用仓库建筑物的折旧程度也为三成，即将近七成新，与上述计算结果基本吻合。

6）求取积算价格。

旧房地产总价格＝土地的重新取得价格（或重新开发成本）＋建筑物的重新购建价格－建筑物的折旧

＝396.5＋1020－340＝1076.5(万元)

旧房地产单位价格＝1076.5÷8500≈1266.47(元/m^2)

根据上述计算结果并参考估价人员的经验，将本估价对象工业厂房2012年10月30日的价值总额评估为1076.5万元，折合每平方米建筑面积1266.47元。

采用表格来计算为：

估算项目	估算标准	计算说明	估价
土地的重置价	第7级土地	1586×2500	396.5万元
建筑物的重新购建价格	—	1200×8500	1020万元
建筑物折旧额	直线折旧法	1020×20/60	340万元
房地产总价格	—	396.5＋1020－340	1076.5万元
房地产单位价格	—	1076.5÷8500	1266.47元/m^2

【项目训练技能要求】

成本法（房地）运用评审表

序号	评审项目		评审标准
1	土地取得成本	市场购置土地取得	土地取得方式明确；土地取得成本构成合理，依据充分；土地取得成本调整符合市场情况；土地取得税费计算合理
		征收集体土地取得	
		征收国有土地取得	
2	开发成本	勘察设计和前期工程费	计费依据充分，费率合理
		建筑安装工程费	建筑工程费、装饰装修工程费、房屋设备工程费依据充分、客观合理
		基础设施建设费	费用内容构成完整，费用额度依据充分
		公共配套设施建设费	费用构成合理，费用额度依据充分
		开发过程中税费	税费构成合理，税费额度依据充分
3	管理费用		费率合理，依据充分
4	销售费用		费率合理，依据充分
5	投资利息		利率选择正确；开发周期、计息期限确定合理
6	开发利润		利润率水平客观、合理，理由充分
7	销售税金		税金构成合理，税率确定合理
8	建筑物折旧		维护使用状况描述全面、客观；折旧分析深入，成新确定合理，依据充分
9	公式应用与计算		有必要的分析和过程；计算过程完整、严谨、正确
10	自评得分（总分100）		

房地产估价术语

成　本　法

术语1：成本法 cost approach

解释：求取估价对象在价值日期的重置成本或重建成本和折旧，然后将重置成本或重建成本减去折旧来求取估价对象价值的方法。

术语2：土地重置成本 land replacement cost

解释：假设在价值日期重新取得估价对象中的土地的必要支出，或重新开发估价对象中的土地的必要支出及应得利润。

术语3：建筑物重置成本 building replacement cost

解释：采用价值日期的建筑材料、建筑构配件、建筑设备及建筑技术和工艺等，在价值日期的国家财税制度和市场价格体系下，重新建造与估价对象中的建筑物具有同等效用的全新建筑物的必要支出及应得利润。

术语4：建筑物重建成本 building reproduction cost

解释：采用与估价对象建筑物相同的建筑材料、建筑构配件、建筑设备及建筑技术和工艺等，在价值日期的国家财税制度和市场价格体系下，重新建造与估价对象中的建筑物相同的全新建筑物的必要支出及应得利润。

术语5：实际成本 actual cost

解释：某个单位或个人实际耗费的成本。

术语6：客观成本 objective cost

解释：假设重新开发时大多数单位或个人一般耗费的成本。

术语7：建筑物折旧 depreciation

解释：各种原因造成的建筑物价值减损，其金额为建筑物在价值日期的重置成本或重建成本与在价值日期的市场价值之差。

术语8：建筑物经济寿命 economic life of building

解释：建筑物对房地产价值有贡献的时间。具体是建筑物自竣工日期起至其对房地产价值不再有贡献之日止的时间。

规范

成本法估价规范（引自GB/T 50291—1999）

4.4.1　运用成本法估价应按下列步骤进行：

1. 搜集有关成本、税费、开发利润等资料；
2. 估算重置成本或重建成本；
3. 估算折旧；
4. 求出积算价值。

4.4.2　重置成本或重建成本，应是在估价时点重新取得或重新开发、重新建造全新状态的估价对象所需的各项必要成本费用和应纳税金、正常开发利润之和，其构成包括下列内容：

1. 土地取得成本；
2. 建设成本；
3. 管理费用；
4. 销售费用；
5. 投资利息；
6. 销售税费；
7. 开发利润。

注：开发利润应明确计算基数，根据开发、建造类似房地产相应的平均利润率水平来求取。

4.4.3　具体估价中估价对象的重置成本或重建成本构成内容，应根据估价对象的实际情况，在第 4.4.2 条列举的构成内容的基础上酌予增减，并应在估价报告中予以说明。

4.4.4　同一宗房地产，重置成本或重建成本在采取土地与建筑物分别估算、然后加总时，必须注意成本构成划分和相互衔接，防止漏项或重复计算。

4.4.5　求取土地的重置成本，应直接求取其在价值日期状况的重置成本。

4.4.6　建筑物的重置成本或重建成本，可采用成本法、市场法求取，或通过政府确定公布的房屋重置成本扣除土地价值后的比较调整来求取，也可按工程造价估算的方法具体计算。

建筑物的重置成本宜用于一般建筑物和因年代久远、已缺少与旧有建筑物相同的建筑材料，或因建筑技术变迁，使得旧有建筑物复原建造有困难的建筑物的估价。

建筑物的重建成本，宜用于有特殊保护价值的建筑物的估价。

4.4.7　成本法估价中的建筑物折旧应是各种原因造成的建筑物价值减损，包括物质折旧、功能折旧和外部折旧。

4.4.8　建筑物损耗分为可修复和不可修复两部分。修复成本小于或等于修复后房地产价值的增加额的，为可修复部分，反之为不可修复部分。对于可修复部分，可直接估算其修复成本作为折旧额。

4.4.9　建筑物折旧应采用下列方法求取：

1. 年龄-寿命法；
2. 市场提取法；
3. 分配法。

其中，采用年龄-寿命法扣除折旧后的建筑物现值可采用下列公式求取：

1. 直线法下的建筑物现值计算公式：

$$V = C - (C - S)\frac{t}{N} \tag{4.4.9-1}$$

2. 双倍余额递减法下的建筑物现值计算公式：

$$V = C\left(1 - \frac{2}{N}\right)t \tag{4.4.9-2}$$

3. 成新折扣法下的建筑物现值计算公式：

$$V = C \cdot q \tag{4.4.9-3}$$

式中，V——建筑物现值(元，元/m^2)；

C——建筑物重置成本或重建成本(元，元/m^2)；

S——建筑物预计净残值(元，元/m^2)；

t——建筑物有效年龄(年)；

N——建筑物经济寿命(年)；

q——建筑物成新率(%)。

注：无论采用上述哪种折旧方法求取建筑物折旧，注册房地产估价师都应亲自到估价对象现场，观察、判断建筑物的实际新旧程度，根据建筑物的建成时间和维护、保养、使用情况，以及地基的稳定性等确定应扣除的折旧额或成新率。

4.4.10　建筑物寿命分为自然寿命和经济寿命。估价采用的寿命应为经济寿命。

经济寿命应根据建筑物的建筑结构、用途和维修保养情况，结合市场状况、周围环境、经营收益状况等综合判断。

4.4.11　估价中确定建筑经济寿命与折旧，遇有下列情况时的处理应为：

1. 建筑物的建设期不计入经济寿命，即建筑物经济寿命应从建筑物竣工验收合格之日起计；

2. 建筑物经济寿命短于土地使用权年限时，应按建筑物经济寿命计算折旧；

3. 建筑物经济寿命长于土地使用权年限时，应按土地使用权年限计算折旧；

4. 建筑物出现于补办土地使用权出让手续之前，其经济寿命早于土地使用权年限而结束时，应按建筑物经济寿命计算折旧；

5. 建筑物出现于补办土地使用权出让手续之前，其经济寿命晚于土地使用权年限而结束时，应按建筑物已使用年限加土地使用权剩余年限计算折旧。

4.4.12　积算价值应为重置成本或重建成本扣除建筑物折旧，或为土地重置成本加上建筑物的现值，必要时还应通过外部折旧的方式扣除由于旧有建筑物的存在而导致的土地价值减损。

4.4.13　新开发土地和新建房地产可采用成本法估价，一般不应扣除折旧，但应考虑其工程质量和周围环境等因素给予适当修正。

成本法评审标准

序号	评审项目		评审标准	标准分	扣分项目分值及说明
1	土地取得成本	市场购置土地取得	土地取得方式明确；土地取得成本构成合理，依据充分；土地取得成本调整符合市场情况；土地取得税费计算合理	8	1）未说明土地取得方式，扣1分； 2）成本内容构成不合理，扣1～4分； 3）成本取值依据不充分，扣1～3分； 4）土地取得成本市场状况调整理由不充分，扣1～2分； 5）土地取得税费确定不正确，扣1分
		征收集体土地取得			
		征收国有土地取得			

续表

序号	评审项目		评审标准	标准分	扣分项目分值及说明
2	开发成本	勘察设计和前期工程费	计费依据充分，费率合理	2	1）费用构成内容不完整或不合理，扣 2 分； 2）费率确定不合理，扣 2 分。 3）费率确定依据不充分，扣 0.5 分
		建筑安装工程费	建筑工程费、装饰装修工程费、房屋设备工程费依据充分、客观合理	5	1）建筑安装工程费取值无依据（现行定额、取费标准、市场价格等）或依据不充分，扣 1～2 分； 2）建筑安装工程费取值与估价对象状况（类型、规模、结构、档次等）不符，扣 1～3 分
		基础设施建设费	费用内容构成完整，费用额度依据充分	2	1）费用构成内容不完整或不合理，扣 2 分； 2）费率确定不合理，扣 2 分。 3）费率确定依据不充分，扣 0.5 分
		公共配套设施建设费	费用构成合理，费用额度依据充分	2	1）费用构成内容不完整或不合理，扣 2 分； 2）费率确定不合理，扣 2 分。 3）费率确定依据不充分，扣 0.5 分
		开发过程中税费	税费构成合理，税费额度依据充分	1	1）税费构成内容不完整或不合理，扣 1 分； 2）税率确定不合理，扣 1 分。 3）税率确定依据不充分，扣 0.5 分
3	管理费用		费率合理，依据充分	2	1）费率取值不合理，扣 2 分； 2）费率取值理由不充分，扣 1 分
4	销售费用		费率合理，依据充分	2	1）费率取值不合理，扣 2 分； 2）费率取值理由不充分，扣 1 分
5	投资利息		利率选择正确；开发周期、计息期限确定合理	2	1）利率选择不正确，扣 2 分； 2）开发周期、计息期限确定不合理，扣 1 分
6	开发利润		利润率水平客观、合理，理由充分	2	1）利润率取值理由不充分，扣 1 分； 2）利润率取值与估价对象类型、开发周期长短不适应，扣 2 分
7	销售税金		税金构成合理，税率确定合理	2	1）税金构成内容不完整或不正确，扣 1 分； 2）税率不符合规定，扣 2 分
8	建筑物折旧		维护使用状况描述全面、客观；折旧分析深入，成新确定合理，依据充分	2	1）维护使用状况没描述，直接给出成新率，扣 2 分； 2）维护使用状况描述不全面、不准确，成新率确定依据不充分，扣 1 分 （功能折旧与外部性本次评审不作要求）
9	公式应用与计算		有必要的分析和过程；计算过程完整、严谨、正确	4	1）计算公式选用正确，无计算过程或计算过程不清晰，扣 3 分； 2）选用公式中字母含义说明不准确或未说明，扣 2 分； 3）估价结果确定方式不合理，理由不充分，扣 1 分； 4）计算过程中数字精确度不够或不合理，扣 1 分
10	小　计			36	

习题与参考答案

职业资格考试真题解析

1. 某房地产的土地面积为 $500m^2$，土地价格为 2000 元/m^2；建筑面积为 $1000m^2$，成本法估算的建筑物重置价将为 1800 元/m^2；市场上同类房地产的正常房地价格为 2500 元/m^2，则该房地产中建筑物的实际价值比重置价格低（　　）元/m^2。

A. 200　　B. 300　　C. 700　　D. 1000

本题答案：B

2. 下列各类房地产中，特别适用于成本法估价的是（　　）。

A. 某标准厂房　　B. 某酒厂厂房

C. 某待出让土地　　D. 某写字楼

本题答案：B

3. 某企业开发某土地，土地重新取得成本为 1000 元/m^2，正常开发成本为 1500 元/m^2，管理费用为前两项的 5%，投资利息占直接成本的 5%，销售费用为 100 元/m^2，直接成本利润率为 6%，则开发后地价为（　　）元/m^2。

A. 1840　　B. 2840　　C. 2966　　D. 3000

本题答案：D

4. 某 8 年前建成交付使用的建筑物，建筑面积为 $120m^2$，单位建筑面积的重置价格为 600 元/m^2，年折旧额为 1440 元，用直线法计算该建筑物的成新率是（　　）。

A. 16%　　B. 42%　　C. 58%　　D. 84%

本题答案：B

5. 某幢写字楼，建筑物重新购建价格为 2000 万元，经济寿命为 50 年，有效经过年数为 10 年。其中，门窗等损坏的修复费用为 10 万元；装修的重置价格为 200 万元，平均寿命为 5 年，有效经过年数为 4 年；设备的重置价格为 250 万元，平均寿命为 15 年，有效经过年数为 9 年。假设残值率均为零，则该幢写字楼的物质折旧额为（　　）万元。

A. 400　　B. 628　　C. 656　　D. 700

本题答案：C

6. 下列关于重新购建价格的说法中，正确的有（　　）。

A. 重新购建价格是指重新开发建设全新状况的估价对象所必需的支出

B. 重新购建价格是在估价时点的价格

C. 重新购建价格是客观的价格

D. 建筑物的重新购建价格是全新状况下的价格

E. 土地的重新购建价格是法定最高出让年限状况下的价格纠错

本题答案：A、B、C、D

7. 建筑物折旧分为物质折旧、功能折旧和经济折旧三大类。其中，属于经济折旧的有（　　）。

A. 功能落后　　B. 功能缺乏　　C. 环境污染

D. 交通拥挤　　E. 正常使用的磨损

本题答案：C、E

8. 非住宅小区级的公共建筑的建设费用和住宅小区内的营业性用房与设施的建设费用均不能计入商品住宅的价格中。（　　）

本题答案：×

9. 在运用成本法估价时，房地产价格直接取决于其花费的成本，成本增加则房地产价格就相应增高。（　）

本题答案：×

习题

一、单选题

1. 成本法中的“开发利润”指（　）。

A. 开发商所期望获得的利润

B. 开发商最终获得的利润

C. 开发商所获得的平均利润

D. 估价人员任意给定的利润

2. 投资利润是按一定基数乘以相应的平均利润率来计算的，这里的“基数”是（　）。

A. 土地取得成本＋开发成本

B. 土地取得成本＋开发成本＋管理费用

C. 土地取得成本＋开发成本＋管理费用＋销售费用

D. 开发完成后的房地产价值

3. “开发利润”与“土地取得成本＋开发成本”的比值称为（　）。

A. 直接成本利润率　B. 投资利润率

C. 成本利润率　D. 销售利润率

4. 利用成本法所得到的评估价格称为（　）。

A. 比准价格　B. 积算价格

C. 收益价格　D. 成本

5. 重新购建价格是假设在（　）重新取得或重新开发、重新建造全新状态的估价对象所需的一切合理、必要的费用、税金和应得的利润之和。

A. 估价对象在建造时　B. 现在某一时刻

C. 将来某一时刻　D. 估价时点

6. 通常情况下，对于同一旧建筑物重建价格与重置价格相比（　）。

A. 前者较低　B. 前者较高

7. 成本法求取折旧中，建筑物的寿命应为（　）。

A. 自然寿命　B. 经济寿命

C. 实际经过年数　D. 有效经过年数

8. 某住宅，在取得土地使用权（70年）的当年开始建，建造期2年，建筑物经济寿命60年，则该住宅建筑物的折旧年限是（　）年。

A. 70　B. 62　C. 60　D. 68

9. 某办公楼建造期3年，在建成10年后改变了用途，同时补办土地使用权出让（年限50年），建筑的经济寿命为45年，则该建筑物的折旧年限是（　）年。

A. 35　B. 45　C. 48　D. 50

10. 某商业房地产，在取得土地使用权（40年）的当年开始建造，建造期3年，建筑经济寿命60年，则该住宅建筑物的折旧年限是（　）年。

A. 40　B. 60　C. 63　D. 37

二、多选题

1. 成本法特别适用于那些既无收益又很少发生交易的房地产估价，这类房地产主要包括（　）等。

A. 钢铁厂　B. 写字楼　C. 单纯的建筑物

D. 加油站　　　　E. 住宅

2. 房屋拆迁补偿安置费用包括（　　）。

A. 被拆迁房屋的房地产市场价格

B. 被拆迁房屋内自行装饰装修的补偿金额

C. 搬迁补助费

D. 安置补助费

E. 拆迁非住宅房屋造成停产停业的补偿费

3. 一般房地产价格构成包括（　　）。

A. 土地取得成本　　B. 开发成本

C. 管理费用　　D. 销售费用

E. 投资利息、销售税费、开发利润

4. 新建成的建筑物价值包括（　　）。

A. 取得土地的成本　　B. 建筑物建设成本

C. 管理费用、销售费用　　D. 投资利息、销售税费

E. 开发利润

5. 新开发的房地产价值包括（　　）。

A. 土地取得成本　　B. 开发成本

C. 管理费用、销售费用　　D. 投资利息、销售税费

E. 个别开发商的开发利润

6. 以下属于土地取得成本构成的项目有（　　）。

A. 农地征用费用　　B. 拆迁安置补偿费用

C. 基础设施配套费用　　D. 勘察设计和前期工程费

E. 土地使用权出让金

7. 成本法中计算的销售税金及附加包括（　　）。

A. 营业税　　B. 土地使用税

C. 土地增值税　　D. 城市维护建设税

E. 教育费附加

8. 在房地产估价中计算折旧需要用到（　　）。

A. 剩余经济寿命　　B. 实际经过年数

C. 日历使用年数　　D. 有效经过年数

E. 剩余自然寿命

9. 求取建筑物重新购建价格的具体方法有（　　）。

A. 单位比较法　　B. 造价分析法

C. 指数调整法　　D. 分部分项法

E. 工料测量法

三、判断题

1. 成本法主要适用于比较新的建筑物的估价，不大适用于太旧建筑物的估价。（　　）

2. 对有特殊保护价值的建筑物的估价以重置成本为宜。（　　）

3. 某一个已经经历了 30 年的旧建筑物，其现值不可能大于其原值。（　　）

4. 成本法中所说的利息是正常使用借贷资金发生的正常利息支出。（　　）

5. 估价上的折旧指由各种原因所造成的价值损失，其数额为建筑物在估价时点时的市场价值与其重新购建价格之间的差额。（　　）

6. 建筑物在其寿命期间如果进行了翻修、改造等，自然寿命和经济寿命都有可能得到延长。 （ ）

7. 物质折旧又称物质磨损、有形损耗，是建筑物在实体方面的损耗所造成的价值损失。 （ ）

8. 从理论上来说，同一个房地产开发项目的开发利润，无论采用哪种计算基数及与其相对应的利润来估算，所得的结果应该都是相同的。 （ ）

9. 开发利润是该类房地产开发项目在正常条件下房地产开发商所能获得的平均利润，而不是个别房地产开发商最终实际获得的利润，也不是个别房地产开发商所期望获得的利润。 （ ）

10. 在成本法中，房地产成本采用的是实际成本。 （ ）

四、案例分析题

要对一住宅楼的市场价格进行评估，估价时点为 2006 年 6 月 15 日。根据房屋所有权人提供的资料，该住宅楼项目的土地 2001 年 6 月通过出让取得，2002 年 6 月开始建设。所有权人提供的实际成本价格为 1800 元/m^2，包括土地取得成本、开发成本、管理费用、销售费用、销售税金和期望利润，并计算了自 2001 年 6 月至估价时点的投资利息。估价人员经调查核实，认为所有权人所列支的各项实际成本费用符合支出当时的正常市场情况，因此，在采用成本法估价时确定该房地产的重置价格为 1800 元/m^2。请问：

1）估价人员这样确定该房地产的重置价格有哪些错误?

2）在此基础上还应考虑哪些因素才能得出积算价格?

参考答案

一、单选题

1. C 2. C 3. A 4. B 5. D 6. B 7. B 8. C 9. A 10. D

二、多选题

1. ACD 2. ABCDE 3. ABCDE 4. BCDE 5. ABCD 6. ABE 7. ADE 8. AD 9. ACDE

三、判断题

1. √ 2. × 3. × 4. × 5. √ 6. √ 7. √ 8. √ 9. √ 10. ×

四、案例分析题

1）错误有：

① 应采用符合估价时点市场情况的各项成本费用。

② 应根据估价对象的规模，确定客观合理的开发周期，以此计算投资利息。

③ 利润应是估价时点市场上的客观正常利润水平。

2）还应将重置价格减去折旧：

① 可能存在的施工质量缺陷、有形损耗等各种原因产生的物质折旧。

② 可能存在的住宅楼设计过时（落后）等各种原因产生的功能折旧。

③ 可能存在的由于市场供求状况、规划、政策等方面的外部因素变化产生的经济折旧。

项目6

假设开发法运用

项目概述 通过对本项目的学习，读者可以对假设开发法包括其含义、理论依据、适用的估价对象、估价需要具备的条件、估价的操作步骤及每个操作步骤所涉及的具体内容有充分的了解，并能掌握房地产估价方法之一的假设开发法。

导入案例 估价对象为位于××市××路四段××号“××花园”1～5号楼及地下车库在建工程房地产，总建筑面积71 237m^{2}及分摊土地使用权面积17 751.57m^2，其中：

项目	规划设计用途	评估建筑面积/m^2	至估价时点建筑物现状	备注
1号楼	住宅	8130	主体至15层	均为18层（标准层）电梯公寓楼，底层为架空层（设计为绿化地）
2号楼	住宅	9756	主体至18层	
3号楼	住宅	22 374	主体至18层	
4号楼	住宅	11 187	主体至9层	
5号楼	住宅	5400	主体至4层	
地下室	车位	14 390	土建完工	根据规划设计折算为328个车位
合计		71 237		

案例思考 试用假设开发法为该在建工程提供抵押评估的价值依据。

任务 6.1 认识假设开发法

【任务目标】能够熟悉假设开发法的含义和适用条件。

【能力目标】1. 熟悉假设开发法的含义；
2. 熟悉假设开发法的理论依据；
3. 掌握假设开发法的适用对象和条件；
4. 熟悉假设开发法的步骤。

6.1.1 假设开发法的概念和理论依据

1. 假设开发法

假设开发法(The hypothetical development method)，又称剩余法、预期开发法、倒算法或余值法，是将待估房地产的预期开发价格或价值，扣除预计的正常投入费用，正常税金及合理利润等，以此估算待估房地产的客观合理价格或价值的方法。假设开发法在房地产评估实务中运用得较为普遍，在评估待开发土地价值时应用得最为广泛。

2. 假设开发法的基本思路

假设开发法的基本思路可以通过房地产开发商购置待建土地的报价过程这一具体事例来加以体现：

某房地产开发商准备购置一块土地开发成房屋出售，为了获得一定的开发利润，开发商一般可这样确定购置该土地的最高价格：首先研究这块土地的内外条件，如坐落位置、面积大小、周围环境、规划所允许的用途、容积率和覆盖率等，并分析房地产市场状况，据此选择这块土地的开发方案；选定了开发方案后，开发商就要预测大楼建成后的总售价，然后计算建造该大楼需要支付的总费用（主要包括前期费、建筑安装工程费、配套费及利息和税收等）。这些数据确定之后，开发商就可将楼价减去总开发费用，再减去所要获得的开发利润后的余额作为购置该土地的最高价格。

3. 假设开发法的理论依据

假设开发法在形式上是评估新建房地产价格的成本法的倒算法。两者的主要区别：成本法中的土地价格为已知，需要求取的是开发完成后的房地产价格；假设开发法中开发完成后的房地产价格已事先通过预测得到，需要求取的是土地价格。

假设开发法的理论依据与收益法相同，是预期原理。假设开发法更深的理论依据，类似于地租原理。只不过地租是每年的租金剩余，假设开发法通常估算的是一次性的价格剩余。

6.1.2　假设开发法的前提条件与适用范围

1. 假设开发法的前提条件

根据假设开发法的基本思路，该方法主要是从开发商的角度进行分析的，在分析测算时，必须遵循以下前提条件：

1）必须假设土地或房地产的利用为最佳开发利用方式，包括用途、使用强度、建筑物的设计等。

2）售价的预测和成本的测算必须符合合法原则，符合国家有关政策，包括税收政策。

3）正确分析房地产市场行情，掌握房地产市场中的有关数据信息，正确预测售价和开发成本。

4）假设在开发期间各项成本的投入是均匀投入或分段均匀投入。

5）开发商的利润和开发成本为社会正常平均水平。

假设开发法的可行性主要取决于最佳开发利用方式的选择和未来开发完成的房地产销价的推测，只要做到这两项预测具有一定的准确性，假设开发法的可靠性也就有了一定的保证。要做到这两项预测具有一定的准确性，总的来看就是要求房地产市场比较规范和稳定，具体来说应具备如下 5 个条件：

1）要有一个明朗、开放及长远的房地产政策。

2）要有一整套稳定、健全的房地产法规。

3）要有一个完整、公开的房地产信息库。

4）要有一个稳定、清晰及全面的有关房地产投资与交易的税费清单。

5）要有一个长远、公开及稳定的政府土地供给（出让）计划。

2. 假设开发法的适应范围

假设开发法适用于具有投资开发或再开发潜力的房地产的估价，具体来说主要有以下几种类型的房地产估价：

1）待开发土地（包括生地、毛地、熟地）的估价。

2）将生地、毛地等开发成熟地的土地估价。

3）再开发待拆迁的房地产的估价。

4）具有装修改造潜力的旧房地产的估价。

5）在建工程的估价。

6.1.3　假设开发法评估精确度的影响因素

假设开发法评估精确度的影响因素有以下几点：

1）是否根据土地估价的最高最佳使用原则和合法原则准确判断了土地的最佳利用方式。

2）是否正确判断和预测了房地产的市场供求状况和销售价格及预期的房地产开发价值。

3）是否正确判断了房地产开发及销售过程中的开发成本、管理费用、销售费用和税金。

4）是否正确估计了房地产开发商应得到的利润及应付的利息。

5）是否考虑了房地产开发建设及销售过程中的时间因素。

任务 6.2　假设开发法公式

【任务目标】能够运用假设开发法的公式。

【能力目标】1. 能够熟练掌握假设开发法的基本公式；

2. 了解现金流量折现法；

3. 能够熟悉现金流量折现法的优缺点。

6.2.1　假设开发法的基本公式

假设开发法的基本公式如下：

待开发房地产价值＝待开发房地产的预期开发价值－开发成本－管理费用－投资利息－销售税费－开发利润－投资者购买待开发房地产应负担的税费

其中，

管理费用＝开发成本×正常管理费率

投资利息＝(待开发房地产价格＋开发成本＋管理费用)×正常利息率

开发利润＝(待开发房地产价格＋开发成本＋管理费用)×正常利润率

6.2.2　假设开发法的具体计算公式

(1) 开发成房屋的待开发土地价值的公式

生地价值＝生地的预期开发价值－由生地建造房屋的开发成本－管理费用－投资利息－销售总费－开发利润－买方购买生地的税费

毛地价值＝毛地的预期开发价值－由毛地建造房屋的开发成本－管理费用－投资利息－销售总费－开发利润－买方购买毛地的税费

熟地价值＝熟地的预期开发价值－由熟地建造房屋的开发成本－管理费用－投资利息－销售总费－开发利润－买方购买熟地的税

(2) 开发成熟地的待开发土地价值的公式

生地价值＝生地预期开发成熟地价值－由生地开发成熟地的开发成本－管理费用－投资利息－销售总费－土地开发利润－买方购买生地的税费

毛地价值＝毛地预期开发成熟地价值－由毛地开发成熟地的开发成本－管理费用－投资利息－销售总费－土地开发利润－买方购买毛地的税费

(3) 再开发待拆迁房地产的价值的公式

待拆迁房地产价值＝待拆迁房地产的预期开发价值－再开发投资利润－管理费用－投资利息－销售总费－再开发投资利润－买方购买待拆迁房地产的税费

(4) 具有装修改造潜力的旧房地产价值的公式

旧房地产价值＝装修改造完成后的房地产价值－装修改造成本－管理费用
　　　　　　－投资利息－销售总费－装修改造投资利润
　　　　　　－买方购买旧房地产的税费

(5) 在建工程价值的公式

在建工程价值＝续建完成后的房地产价值－续建成本－管理费用－投资利息
　　　　　　－销售总费－续建投资利润－买方购买在建工程的税费

6.2.3　假设开发法估价的程序和内容

根据假设开发法的基本思路，假设开发法估价的程序和内容如下：

(1) 调查待估房地产的基本情况

1) 调查土地的位置。土地位置包括土地所在城市的性质、土地所在地区的性质和土地的具体坐落状态 3 个方面。这些主要是为选择最佳的土地用途服务的。

2) 调查土地面积大小、形状、平整程度、基础设施通达程度、地质和水文状况等。调查这些，主要是为估算开发成本、费用等服务。

3) 调查政府的规划限制。包括调查规定的用途、建筑高度、容积率等。调查这些，主要是为确定最佳的开发利用方式服务。

4) 调查房地产的各项权利。房地产的各项权利包括待估房地产的权利性质、使用年限、可否续期，以及对转让、出租、抵押等的有关规定等。这些资料主要是为预估未来的售价、租金水平等服务的。

(2) 确定待估房地产的最佳开发利用方式

根据调查的土地状况和房地产市场条件等，在城市规划及法律法规等限制所允许的范围内，确定地块的最佳利用方式，包括确定用途、建筑容积率、土地覆盖率、建筑高度、建筑装修档次等。在选择最佳的开发利用方式中，最重要的是选择最佳的土地用途。土地用途的选择，要与房地产市场的需求相结合，并且要有一定的预测。最佳的开发利用方式就是开发完成后销售时能获得最高的收益。

(3) 估计开发建设期

开发建设周期指从取得土地使用权一直到房地产全部销售或出租完毕的这一段时期。开发建设期多为政府规定，有的由开发商自己确定。若不能从上两方面得到，则根据市场同类开发项目所需时间来确定。另外，估价师还必须估计出建设完成到租出或售出的时间。

估计开发建设期的主要目的是把握建筑物的竣工时间，为预测建筑物竣工时的价格、建筑费用等的投入、利息的负担及各项收入与支出的折现计算等服务。估计开发建设期的方法应参照各地的工期定额指标进行估计，也可采用比较法，即根据其他相同类型、同等规模的建筑物已有正常建设周期进行估计。

(4) 预测开发完成后的房地产价值

根据所开发房地产的类型，开发完成后的房地产总价可通过两个途径获得：

1) 对于出售的房地产，如居住用商品房、工业厂房等，可采用市场比较法确定开发完成后的房地产总价，需预测为未来的价格。

2）对于出租的房地产，如写字楼和商业楼宇等，其开发完成后房地产总价的确定，可采用市场比较法确定所开发房地产出租的纯收益，再采用收益还原法将出租收益转化为房地产总价。

（5）估算各项成本费用

1）开发成本。可采用比较法来估算，即通过同类建筑物当前开发成本大致金额来估算，也可采用类似建筑工程概算的方法来估算。具体包括：勘察设计和前期工程费；基础设施建设费；房屋建筑安装工程费；公共配套设施建设费；开发过程中的税费。

2）管理费用。管理费用主要指开办费和开发过程中管理人员工资等，一般根据开发成本的一定比率估算。

3）投资利息。根据未知的地价、开发成本、管理费用者之和的一定比率估算，这个比率通常可选银行通行贷款利率。在计算投资利息时应注意计息基础、利息率、计息期和计息方法等问题。

4）销售税费。销售税费包括销售费用（即销售广告宣传费、委托销售代理费等）、销售税金及附加（即营业税、城市维护建设税、教育税附加）、其他销售税费（即应当由卖方负担的印花税、交易手续费、产权转移登记费等）。在现实估价中往往根据未来楼价的一定比率估算，还包括一些其他需发生的费用。

5）投资者购买待开发房地产应负担的税费。根据本地政府的税费政策，估算从获得土地至出售建筑物期间可能发生的税费额度，也可以根据过去或其他类似开发经营项目所需支付的税费情况来估算。在现实估价中往往根据未来楼价的一定比率估算，还包括一些其他需发生的费用。

（6）确定开发商的合理利润

开发商的合理利润应以待估的房地产价格、开发成本、管理费用之和的一定比率估算，这个比率通常为正常的类似项目要求的平均利润率，它与投资年限成正方向变化。

（7）估算待估房地产价格

在上述计算中，考虑资金时间价值的计算称为动态计算，而不考虑资金时间价值的计算称为静态计算。

任务 6.3　假设开发法应用

【任务目标】 能够运用假设开发法对在建工程、土地等房地产进行价值评估。

【能力目标】 1. 能够对估价对象运用假设开发法进行评估；

2. 掌握假设开发法测算中各项的求取。

对假设开发法的内容进行总结归纳可知：假设开发法在本质上是一种收益法，在形式上是成本法评估新建成房地产价值的“倒算法”。根据考虑资金时间价值的方式不同，假设开发法分为现金流量折现法和传统方法。假设开发法适用的估价对象是具有开发或再开发潜力并且其开发完成后的价值可以采用市场法、收益法等方法求取的房地产，统称为待开发房地产。

假设开发法的测算结果为估价对象开发完成后的价值减去后续必要支出及应得利润。

运用假设开发法估价的关键是要把握待开发房地产状况及未来开发完成后的房地产状况。然后假设将待开发房地产状况“变成”开发完成后的房地产状况，需要做哪些工作，完成这些工作需要多长时间，需要哪些必要支出，相应要获得多少利润。

在实际估价中，待开发房地产状况和未来开发完成后的房地产状况是多种多样的。待开发房地产状况可分为可供开发的土地、在建工程、可重新改造或改变用途的旧房三大类。可供开发的土地又可分为生地、熟地、毛地 3 类。未来开发完成后的房地产状况，对生地和毛地的估价对象来说，有熟地和新房两类；对熟地、在建工程和旧房的估价对象来说，只有新房一类。新房又可分为毛坯房、粗装修房和精装修房 3 类。另外，未来开发完成后的房地产状况不一定是纯粹的房地产，还可能包含着家具、机器设备等动产和特许经营权等权利。

开发完成后的价值可以采用市场法或长期趋势法求取，也可以采用收益法求取。后续必要支出及应得利润通常分为取得税费、建设成本、管理费用、销售费用、投资利息、销售税费和开发利润。

【例 6.1】某成片荒地的面积为 2km^2，适宜进行“五通一平”的土地开发后分块有偿转让；可转让土地面积的比率为 60%；附近地区与之位置相当的“小块”“五通一平”熟地的单价为 800 元/m^2；建设期为 3 年；将该成片荒地开发成“五通一平”熟地的建设成本及管理费用、销售费用为 2.5 亿元/km^2；贷款年利率为 8%；土地开发的年投资利润率为 10%；当地土地转让中卖方需要缴纳的营业税等税费为转让价格的 6%，买方需要缴纳的契税等税费为转让价格的 4%。请采用传统方法测算该成片荒地的总价和单价。

解：本题适用于将生地开发成熟地的公式

生地价值＝开发完成后的熟地价值－生地取得税费－由生地开发成熟地的成本
－管理费用－销售费用－投资利息－销售税费－开发利润

估价时点为购买该成片荒地之日。设该成片荒地的总价为 v：

1）开发完成后的熟地总价值＝800×2 000 000×60%＝9.6(亿元)

2）取得该成片荒地的税费总额 v×4%＝0.04v(亿元)

3）土地建设成本及管理费用、销售费用总额＝2.5×2＝5(亿元)

4）投资利息总额＝v＋0.04v×[(1＋8%)3－1]＋5×[(1＋8%)1.5－1]
＝0.27v＋0.612(亿元)

5）转让开发完成后的熟地的税费总额＝9.6×6%＝0.576(亿元)

6）土地开发利润总额＝(v＋v×4%)×10%×3＋5×10%×1.5＝0.312v＋0.75(亿元)

7）v＝9.6－0.04v－5－(0.27v＋0.612)－0.576－(0.312v＋0.75)
v＝1.641(亿元)

故：

该成片荒地总价＝1.641(亿元)

该成片荒地单价＝164 100 000/2 000 000＝82.05(元/m^2)

【例 6.2】某在建工程开工于 2001 年 11 月 30 日，拟建为商场和办公综合楼；总用地面积 3000m^2，土地使用权年限 50 年，从开工之日起计；规划建筑总面积 12 400m^2，其中商场建筑面积 2400m^2，办公楼建筑面积 10 000m^2；该工程正常施工期 2 年，建筑费用每平方米建筑面积2300元，专业费为建筑费的10%；至2002年5月31日已完成7层主体结构，已投入总建筑费用及专业费的36%，还需要投入总建筑费及专业费的64%（假设均匀投入，视同发生在该投入期中）；贷款年利率为8.5%。预计该工程建成后商场即可租出，办公楼即可售出；办公楼售价为每平方米建筑面积5000元，销售税费为售价的8%；商场可出租面积的月租金为80元/m^2，建筑面积与可出租面积之比为1∶0.75，正常出租率为85%，出租的成本及税费为有效总收益的25%，经营期资本化率为8%。估计购买该在建工程后于建成时应获得的正常投资利润为5 200 000元。试利用上述资料以动态方式估计该在建工程于2002年5月31日的正常总价格。

解： 1）此题的计算公式应为：

在建工程价格＝预期建成后的价值－需投入的建筑费－需投入的专业费－销售税费－投资利润

2）计算预期建成后的价值：

$$5000\times 10\,000\times\frac{1}{(1+8.5\%)^{1.5}}+\frac{80\times 2400\times 0.75\times 12\times 0.85\times(1-25\%)}{8\%}\times\left[1-\frac{1}{(1+8\%)^{48}}\right]\times\frac{1}{(1+8.5\%)^{1.5}}$$

$$=44\,241\,046.92+11\,880\,979.82=56\,122\,026.74(元)$$

3）计算建筑费：

$$2300\times 12\,400\times 64\%\times\frac{1}{(1+8.5\%)^{0.75}}=17\,169\,481.92(元)$$

4）计算专业费：

$$17\,169\,481.92\times 10\%=1\,716\,948.19(元)$$

5）计算销售税费：

$$44\,241\,046.92\times 8\%=3\,539\,283.75(元)$$

6）计算投资利润：

$$\frac{5\,200\,000}{(1+8.5\%)^{1.5}}=4\,601\,068.88(元)$$

7）计算在建工程的正常总价格：

$$56\,122\,026.74-17\,169\,481.92-1\,716\,948.19-3\,539\,283.75-4\,601\,068.88$$
$$=29\,095\,244(元)$$
$$=2909.5(万元)$$

【例6.3】 该房地产为一块七通一平的待建筑空地，土地总面积为1000m^2，形状规则，允许用途为商业居住混合，允许容积率为7，允许覆盖率≤50%，土地使用权年限为50年，出售时间为2002年7月。要求评估该宗土地2002年7月的出售价格。

解： 1）选择估价方法。该宗土地为待建筑土地，适合于采用假设开发法估价。

2）选择最佳开发利用方式。通过调查研究得知最佳开发利用方式为，容积率7，覆盖率为50%，建筑面积7000m^2，建筑物总层数14层，各层建筑面积均为500m^2，地上1～2层为商店，总面积为1000m^2，地上3～14层为住宅，总面积为6000m^2。

3）估计开发建设期。预计共需3年时间完成全部建筑，即2005年7月完成。

4）预测开发完成后的楼价。建筑完成后商业楼即可全部售出。住宅楼的 30％在建造完成后即可售出，50％半年后才能售出，20％一年后才能售出。预计商业楼出售的平均售价为 4000 元/m^2，住宅楼出售当时的平均售出价为 2000 元/m^2。

5）估算开发费用及开发利润。开发成本为 500 万元；管理费用为开发成本的 6％；年利息率为 10％；销售税费为楼价的 3％；税费为楼价的 4％，即建成出售时所需由卖方承担的那部分营业税、印花税、交易手续费等，其他类型的税费已考虑在开发成本之中；投资利润率为 20％。

在未来 3 年的建设期内，开发费用的投入情况为：第一年需投入 50％的开发成本及相应的管理费用；第二年需投入 30％的开发成本及相应的管理费用；第三年需投入 20％的开发成本及相应的管理费用。

6）计算地价。分静态和动态两种方式进行试算。

① 采用静态方式进行地价试算。

A. 楼价＝4000×1000＋2000×6000＝1600(万元)

B. 开发成本＝500(万元)

C. 管理费用＝开发成本×6％＝500×6％＝30(万元)

D. 利息＝(地价＋开发成本＋管理费用)×利息率×计息期

＝地价×10％×3＋500×(1＋6％)×50％×10％×2.5＋500×(1＋6％)×30％×10％×1.5＋500×(1＋6％)×20％×10％×0.5

＝地价×0.30＋95.4(万元)

上述利息的计算采用的是单利，计算期至 2002 年 7 月止。各年开发成本和管理费用的投入实际上是覆盖全年的，但计息时假设各年开发成本和管理费用的投入集中在各年的年中或年内每月均投入，这样上述利息计算中的计算期分别取 2.5、1.5 和 0.5。

E. 销售税费＝楼价×3％＝1600×3％＝48(万元)

F. 税费＝楼价×4％＝1600×4％＝64(万元)

G. 投资利润＝(地价＋开发成本＋管理费用)×利润率

＝地价×20％＋(500＋30)×20％

＝地价×0.20＋106(万元)

则

$$\text{地价}=1600-500-30-(\text{地价}\times 0.30+95.4)-48-64-(\text{地价}\times 0.20+106)$$

$$\text{地价}=\frac{1600-500-30-95.4-48-64-106}{1+0.30+0.20}=504.40(\text{万元})$$

② 采用动态方式进行地价试算。计算的基准时间定为该块土地的出售时间，即 2000 年 7 月，资本化率选取为 10％。

A. 楼价＝商业楼价＋住宅楼价

$$=\frac{4000\times 1000}{(1+10\%)^{3}}+\frac{2000\times 6000}{(1+10\%)^{3}}\times\left[\frac{30\%}{(1+10\%)^{0}}+\frac{50\%}{(1+10\%)^{0.5}}+\frac{20\%}{(1+10\%)^{1}}\right]$$

＝1164.73(万元)

B. $\text{开发成本}=\frac{500\times 50\%}{(1+10\%)^{0.5}}+\frac{500\times 30\%}{(1+10\%)^{1.5}}+\frac{500\times 20\%}{(1+10\%)^{2.5}}=447.18(\text{万元})$

各年开发成本的投入实际上是覆盖全年的，但为贴现计算的方便起见，假设各年开发成本的投入集中在各年的年中，或年内每月均匀投入，这样上述开发成本计算中的贴现年数分别是0.5、1.5、2.5。

C. 管理费用＝开发成本×6%＝447.18×6%＝26.83(万元)

D. 利息＝(地价＋开发成本＋管理费用)×利息率×计息期

由于地价、开发成本、管理费用在动态方式中已考虑了时间因素，实际上均已含利息，故在此不必再单独计算利息。

E. 销售税费＝楼价×3%＝1164.73×3%≈34.94(万元)

F. 税费＝楼价×4%＝1164.73×4%≈46.59(万元)

G. 投资利润＝(地价＋开发成本＋管理费用)×利润率

＝地价×20%＋(447.18＋26.83)×20%

≈地价×0.20＋94.80(万元)

则

地价＝1164.73－447.18－26.83－34.94－46.59－(地价×0.20＋94.80)

$$地价=\frac{1164.73-447.18-26.83-34.94-46.59-94.80}{1+0.20}\approx 428.66(万元)$$

课堂实训

某房地产抵押价值评估报告

一、估价范围

估价对象为位于××市××路四段××号“××花园”1～5号楼及地下车库在建工程房地产，总建筑面积71 237m² 及分摊土地使用权面积17 751.57m²。背景为导入案例。

项目	规划设计用途	评估建筑面积/m²	至估价时点建筑物现状	备注
1号楼	住宅	8130	主体至15层	均为18层（标准层）电梯公寓楼，底层为架空层（设计为绿化地）
2号楼	住宅	9756	主体至18层	
3号楼	住宅	22 374	主体至18层	
4号楼	住宅	11 187	主体至9层	
5号楼	住宅	5400	主体至4层	
地下室	车位	14 390	土建完工	根据规划设计折算为328个车位
合计		71 237		

二、估价对象概况

1. 权属

“××花园”由××有限公司开发投资，并以该公司名义为建设单位办理了相关规划手续［见成国用(1997)字第××号国有土地使用证，成规建(1995)××号定点通知书，成计投资(1998)××号项目建议书批复，99编号××(二)建设工程规划许可证，成固许证(外资)字第No. ××号固定资产投资许可证，成建报字(99)第××号工程建设许可证，成房(1999)预售证第××号商品房预售许可证，成建施建(1999)××号建设工程施工许可证]。

至估价时点，估价对象尚未预售。

2. 土地概况

估价对象所占用土地是委托方以出让方式取得其使用权，坐落于××市××路四段××号规划红线内，属××市城区五级用地，于1997年11月18日取得了《国有土地使用证》，用途为住宅，出让年限70年，终止日期为2067年11月17日，土地使用权总面积26 700m²[见成国用(1997)字第××号《国有土地使用证》]。此次估价对象应分摊土地面积为17 751.57m²(根据规划资料采用建筑面积分摊法计算得出)。该宗地地势平坦，形状规则。

土地四至：东邻四川省外国机构服务处、公用通道；南邻中国人民银行成都市分行；西临人民南路四段；北邻火烧堰通道。

3. 估价对象地理位置及周围环境

估价对象位于××市××路四段××号，地处××路四段与××路交界处。估价对象北邻××，南邻市××大楼，西临××路四段，东接××会馆，处在以××花园、××城、××花园为代表的××市城南高尚住宅社区范围内。该区域为高教文化与高新技术区的交叉地带，国家及省市级重点大中院校林立，有××大学、科技××、××学院、××医大及××市第××中学（全国重点中学），与××科技一条街相辅相成，使该地段增值潜力极大。其周边社区配套成熟，东接棕北商业街与棕北、棕南小区相辉映，西接玉林生活区，区域配套环境优越，交通便捷，道路四通八达，16路、56路、72路、99路、77路、114路等多路公交大巴沿线绕行，距市中心××广场4km，经机场高速公路至双流国际机场约9km。

4. 建筑物状况及建筑规划、配套设施

（1）建筑规划

××有限公司开发的“××花园”规划总建筑面积107 147m²，地上总建筑面积91 461m²，地下室面积15 686m²，其中：住宅建筑面积83 900m²，由五幢框架剪力墙结构电梯公寓楼组合而成，每个单元设计安装2部电梯（1部客梯，1部消防电梯）；会所建筑面积3157m²，框架结构；停车场及配套用房建筑面积20 090m²；规划车位328个。规划建筑高度62.1m，建筑密度20.6%，容积率4.01，绿化率可达到41%。

××花园规划设计均为18层电梯公寓楼，地下两层为车库及设备用房，地面一层为架空层，设计为绿化地；该项目工程于1999年6月开工，预计2001年12月竣工交付使用，该工程由省建六公司和省建一公司同时施工，设计有幼儿园、游泳池、老年活动中心、商务会馆、医疗中心、网球场、连锁超市等社区公共设施。

（2）设计装修标准

1）外墙。贴高级浅色面砖，色彩明快、简洁。

2）写字间。室内全清水，客厅落地观景窗。开发商同时推出菜单式装修供购房者参考选择。

(3) 小区设备系统配置

每单元配电梯2部，建筑配套系统有分质供水系统、综合布线系统、有线电视系统、防盗对讲系统、红外线防盗报警系统、四表远程计量系统。

5. 利用现状

至估价时点估价对象1号楼主体至15层，2、3号楼主体至18层，4号楼主体至9层，5号楼主体至4层及地下室土建已完成，电梯安装、水电安装及内墙体隔断等工程均未进行。

三、估价目的

为抵押贷款确定房地产市场价值提供价值参考依据。

四、估价时点

一九九九年十一月二十二日

五、价值定义

本报告的估价结果反映估价对象在建工程在本次估价目的下，根据公开市场原则，以规划许可条件为准，确定估价对象在估价时点上的公开市场价值。

本次估价未考虑办理抵押登记时应交纳有关费用。

土地使用权价值内涵：估价对象所占用土地在“六通一平”开发条件下，估价时点1999年11月22日，容积率4.01，作为住宅用途出让68年期的土地使用权价格。

币种为人民币。

六、估价原则

根据房地产评估的技术规范及估价对象的具体状况，本次估价过程中，我们遵循的主要原则如下。

1. 合法原则

房地产估价必须以房地产的合法使用、合法处分为前提，即以城市规划规定用途、容积率、覆盖率、建筑高度和建筑风格为限制条件。本次评估中土地以《国有土地使用证》载明事项，建筑物按规划许可前提条件体现合法原则。

2. 最高最佳使用原则

最高最佳使用，是估价对象的一种最可能的使用，这种最可能的使用是法律上允许、技术上可能、风格上可行，经过充分合理的论证，并能给估价对象带来最高价值的使用。它的一种具体表现，是以使估价对象获利最多的用途和开发强度来衡量，即评估价格应是在合法使用方式下，各种可能的使用方式中，能获得最大收益的使用方式的估价结果。本次评估根据城市总体规划及估价对象现实的区位条件，估价对象符合其规划用途并为其最佳用途，即本次估价土地以住宅用地，建筑物以高档电梯公寓及地下车库用途体现最高最佳使用。

3. 替代原则

根据经济学理论，在同一个市场中，具有相同的使用价值和质量的物品，在交易双方具有同等市场信息的基础上，应具有相似的价格，并在此价格基础上进行交易情况修正、交易时间修正、区域因素修正和个别因素修正。本次估价中，在确定估价对象预期开发价值及建筑物造价时使用了该原则。

4. 估价时点原则

估价实际上是求取估价对象在某一时点上的价格，所以在评估一宗房地产时，必须假定市场情况停止在估价时点上，同时估价对象房地产的状况通常也是以其在该时点时的状况为准。本次评估以估价人员现场踏勘之日为估价时点。

总之，在估价过程中，以国家有关法律、法规为依据，坚持真实性、科学性、公平性和可行性原则，做到估价过程合理，估价方法科学，估价结果准确，严格保守在估价过程中知悉的委托方的商业秘密。

七、估价依据

1）《中华人民共和国城市房地产管理法》、《中华人民共和国土地管理法》；

2）《中华人民共和国担保法》；

3）《城市房地产抵押管理办法》；

4）《房地产估价技术规范》（GB/T 50291—1999），以及四川省建设厅及有关部门颁布的有关法规政策文件；

5）评估委托书；

6）《国有土地使用证》及相关规划资料；

7）估价人员现场踏勘所得资料；

8）委托方提供的其他有关资料；

9）估价机构及估价人员掌握的其他相关信息资料。

10）××市近期房地产市场交易资料及技术参数。

八、估价方法

根据估价对象现状和此次估价目的，本项目拟采用两种方法进行估价：第一，采用假设开发法；第二，采用成本法；最后综合确定估价对象房地产的市值。

假设开发法，是预计估价对象开发完成后的价值，扣除预计的正常开发成本和利润等，以此估算估价对象的客观合理价格或价值的方法。

成本法，是求取估价对象在估价时点的重置价格或重建价格，扣除折旧，以此估算出估价对象的客观合理价格或价值的方法。

九、估价结果

经估算，位于××市××路四段××号“××花园”1～5 号楼及地下车库在建工程，在估价时点 1999 年 11 月 22 日的市值为 16 789 万元，大写人民币：壹亿陆仟柒佰捌拾玖万元整，综合单位价格 2357 元/m^2。

十、估价报告应用说明

（一）估价结果的使用说明

1）本估价报告若出现文字或数字因打印、校对及其他原因发生误差时，请委托方及时通知本估价机构更正，否则，误差部分无效。

2）本报告须待估价机构及估价人员签字盖章后方为有效，估价报告的全部或部分复印件均无效。

3）根据××市在建工程抵押登记部门的规定，在建工程评估中采用的评估面积以商品房预售许可证登载的预售总建筑面积为依据，其实际建筑面积应以该项目竣工交付使用后办理的产权证载明的建筑面积为准。

4）本次估价结果已包含估价对象所分摊土地使用权价值。

5）本次估价未考虑估价对象因增值等因素所涉及的税费及债权债务关系。

6）本次估价结果的计价单位以元每平方米建筑面积（含公摊面积）计。

（二）其他说明

1）根据本报告的估价目的，抵押权人应在考虑产权性质、市场价格波动风险、物业变现的不确定性和变现费用、物业转让时应缴纳的有关税费等因素后，确定贷款额度。抵押权利双方按规定须到有关管理部门进行抵押登记。

2）委托方对所提供资料的真实性、完整性负责，估价机构仅对估价报告的操作程序和采用的估价方法的公允性负责。

3）本报告未经本所同意不得向委托方及有权审查部门之外的人员和单位提供，更不得在媒体上发表。

4）估价人员仅对建筑物外观进行了勘察，未对其内在结构性变化进行鉴定。

十一、估价人员

首席估价师：××× 中国注册房地产估价师

注册号：×××703744

估价人员： ××× 中国注册房地产估价师

注册号：×××8002

××× 房地产估价员

十二、估价作业日期

一九九九年十一月二十二日至一九九九年十二月七日

十三、估价报告应用的有效期

一九九九年十二月七日至二〇〇〇年十二月六日

房地产估价技术报告

一、个别因素分析

影响房地产价格水平的个别因素主要是土地最佳用途、临街位置、临街宽度、面积、形状、建筑结构、建筑成新、建筑工程质量、朝向、设施设备等因素。

（1）土地最佳用途

根据估价对象具体所在的区位及规划用途，估价对象最佳用途为住宅用地。

（2）街面位置

估价对象临××路四段，道路宽约 40m。

（3）临街宽度

估价对象直接临街，估价对象所处地块临街宽度大于 100m。

（4）土地与建筑面积

本次估价对象所占地块面积 26 700m^2；建筑面积：《固定资产投资许可证》、《工程建设许可证》登载建设规模总建筑面积为105 000m²，《建设工程规划许可证》登载建设规模总建筑面积为107 149m²，《商品房预售许可证》登载预售总建筑面积为107 147m²，根据成都市在建工程抵押登记部门的规定，本次评估设定以预售总建筑面积107 147m²为依据。

（5）建筑外观形状

估价对象建筑外观形状规则，对项目布局无影响。

（6）建筑结构

估价对象均为18层框架结构电梯公寓楼。

（7）建筑成新

估价对象为在建工程。

（8）建筑工程质量

本次评估设定估价对象符合当时当地建筑规范，建筑工程质量合格。

（9）建筑物朝向

根据估价人员实地勘察，估价对象5号楼为东西朝向，1、2、3、4号楼为南北朝向。

由上述，估价对象个别条件较好，按最佳用途规划使用，面积适中，地块一面临街，作为住宅用房及地下车库，房地产价格处与同类、同级房地产偏高水平。

二、区域因素分析

影响房地产的价格水平的区域因素主要有商业繁华条件、交通条件、规划条件等因素。估价人员经市场调查并经现场勘察，该区域有下述特点：

（1）商业繁华程度

该区域属成都市城南区级商服范围中心，紧靠棕北小区、棕南小区及玉林小区等区级商服中心，投资环境好，商业繁华度较高。

区域商服等级：

该区域属成都市城南区级商服等级范围，距市级商服中心约4km。

产业聚集规模：

据城市规划，估价对象附近属商业、居住、综合区，住宅楼及综合楼开发建设项目集中，既分布有以锦绣花园、锦官新城、银都花园为代表的高档住宅小区，也有世纪锦苑、棕南公寓、中华园、芳草地、沁芳苑、祥福苑、嘉云台等中高档住宅物业。该区域聚集规模已经形成。

商业服务功能：

据城市规划，估价对象所在区域为商业、居住区，故商业服务网点的设置、配备主要面向该区域居民，其商业服务功能好。

（2）交通条件

公交便捷度：

估价对象所在区域通行16路、99路、77路、303路等多路市内公交车，对内交通便捷。

道路通达度：

估价对象临××路，区域内的主要道路——一环路、人民南路、二环路南三段均为混合型主干道，水泥混凝土路面，宽约 40m；领事馆路属支路，宽约 20m。通达能力较强。

交通限制条件：

估价对象所临道路均无交通限制。

交通配套设施：

地下室即为停车场，停车位充足，能满足住户正常使用。

(3) 规划条件

区域内土地多规划为综合、居住用地。

由上述，估价对象所在区域区位条件好，其交通便利，同类物业集中，作为住宅及地下车库，房地产价格水平属平稳趋势。目前该区域多为中高档建设项目，投资环境较好，房地产价格水平处于同级同类物业偏高水平。

三、市场背景分析

影响房地产价格的一般因素主要指影响城镇房地产总体水平的社会、经济、政策和自然因素等，内容包括城市经济发展水平、产业税收政策、人口与城镇发展、土地利用规划及计划、地理位置等。

(1) 地理位置

××市位于我国中西结合部“天府之国”的腹地，是四川省的省会，是中国西南地区科技、商贸、金融中心和交通、通信枢纽，也是国家批准的对外开放城市和全国综合配套改革试点城市、首批历史文化名城和国家级卫生城市。随着国家的经济重心和经济优惠政策向中西部地区迁移和倾斜，将促使中西部经济高速发展，从长远看，位于中西部地区的成都市，其房地产价格水平将会稳步上升。

(2) 经济及城镇发展因素

××市 1999—2000 年经济保持了稳步增长的势态，成都市房地产开发和住宅建设适度发展，带动了整个城市房地产价格水平的稳步上涨。

城市基础设施的不断改善，尤其是成都市的旧城改造、五路一桥建设的加快及府南河改造工程的成功，使得投资环境进一步改善。加之，大量的商业及住宅用房需拆迁而异地安置，使得综合用房需求有所增长。

2000 年××市经济仍处于宏观调控阶段，目前仍采取货币适度从紧的财政政策，对房地产的信贷控制仍较严，目前仍在自 1993 年经济宏观调控以来下跌至低谷的底部徘徊。

“八五”期间，××市的房地产开发、住宅建设得到迅速发展，但由于部分企业决策不当，盲目投资，使投资规模过大，投资结构不合理，供需严重失衡，造成了商业用房、写字楼、商品住宅出现不同程度的积压，从而在一定程度上抑制了这类房地产的价格水平。

(3) 产业、税收及金融政策

随着住房制度改革的继续深化，国家及地方把住宅建设培育成为新的经济增长点和新的消费热点政策的出台，按照培育市场、盘活存量、培养消费的思路，采取了以下促进消化积压房产的措施。

降低存贷款利率，一方面有利于减少开发企业的财务费用，另一方面有利于促进消费，从而有利于刺激房地产业的发展；与此同时，住宅金融进一步完善，尤其是随着住房公积金归集力度的加大及公积金向个人购房低息贷款业务与综合保险业务的结合，在很大程度上提高了个人购房能力，刺激了住房消费。

1998 年中共中央国务院下发了通知，要求继续冻结新征非农业项目占用耕地一年，这样就减少了土地供给，使城市存量土地地价总体水平上升。

通过对土地隐形市场的清理以及政府今后一般采取有偿出让的方式供给，限制了土地供给总量，将使地价总体水平上升。

国家和地方各级政府为了盘活房地产市场和开展“安居工程”的建设，相应减免了 48 项房地产开发的税费，降低了开发成本；同时降低契税的条例出台，均在一定程度上刺激房地产市场需求的发展，从长远看将会带动房地产价格的小幅上涨。

四、最高最佳使用分析

最高最佳使用，是估价对象的一种最可能的使用，这种最可能的使用是法律上允许、技术上可能、风格上可行，经过充分合理的论证，并能给估价对象带来最高价值的使用。它的一种具体表现，是以使估价对象获利最多的用途和开发强度来衡量，即评估价格应是在合法使用方式下，各种可能的使用方式中，能获得最大收益的使用方式的估价结果。根据城市总体规划及估价对象现实的区位条件，我们认为估价对象的规划用途为其最佳用途，即本次评估土地以住宅用地，建筑物以高档电梯公寓及地下车库用途并保持继续使用为前提。

五、估价方法选用

估价方法通常有市场比较法、收益法、成本法及假设开发法等。市场比较法适用于同类房地产交易案例较多的估价；收益法适用于有收益或有潜在收益的房地产估价；成本法适用于无市场依据或市场依据不充分而不宜采用市场比较法、收益法、假设开发法进行估价的情况下的房地产估价；假设开发法适用于具有投资开发或再开发潜力的房地产的估价。且对一估价对象宜选用两种以上的估价方法进行估价。

本次估价目的是对××花园在建工程进行抵押价值估价，通过实地勘察和对周边区域的调查并分析有关资料之后，根据估价对象的特点和实际情况，认为该类房地产销售案例以预售方式较多，并且估价对象以保持现状继续使用为最高最佳使用，因此本次评估宜选取假设开发法；且该区域该类房地产的成本易于获取，故也可采用成本法进行评估，最后运用数理统计分析的有关方法，结合估价人员的经验，最终确定房地产估价结果。

六、估价测算过程

假设开发法是预计估价对象开发完成后的价值，扣除预计的正常开发成本和利润等，以此估算估价对象的客观合理价格或价值的方法。

求在建工程项目价格的公式如下：

在建工程价格＝续建完成后的房地产价值－续建成本－管理费用－销售费用
－销售税金－投资利息－续建投资利润－购买方的税费（本次评估不予考虑）

1. 续建完成后的房地价值

采用市场比较法估算。

市场比较法，是将估价对象与在估价时点近期有过交易的类似房地产进行比较，对这些类似房地产的已知价格作适当修正，以此估算估价对象的客观合理价格或价值的方法。

基本公式为

估价对象修正价格＝可比实例交易价格×交易情况修正系数×交易日期修正系数×区域因素修正系数×个别因素修正系数×使用年期修正系数

（1）可比实例选取

估价人员经过市场调查，根据可比性原则，对收集的资料进行整理，各选取了3个可比性较强的实例作为可比实例，即住宅用房A、B、C，地下车库D、E、F，实例的详细具体情况见《住宅比较实例表》、《车位比较实例表》（两表略）。

（2）交易情况修正

实例A、B、C、D、E、F均为正常市场交易。

（3）交易日期修正

实例A、B、C、D、E、F均为近期房地产交易，且近期内成都市该类房地产市场无较大波动，基本稳定。

（4）区域因素修正

区域因素是房地产一定范围的外部环境对房地产价格有所影响的因素。进行区域因素修正，是将可比实例相对于估价对象在外部环境方面的差别所产生的交易价格差别排除。影响房地产价格的区域因素主要包括位置、繁华程度、交通便捷程度、环境、景观、公共配套设施完备程度、城市规划限制等。

（5）个别因素修正

个别因素是构成房地产本身的使用功能、质量好坏的因素。进行个别因素修正，是将可比实例相对于估价对象在本身的使用功能、质量好坏方面的差别所产生的交易价格差别排除。影响房地产价格的个别因素主要包括新旧程度、装修、设施设备、平面布置、工程质量、建筑结构、楼层、层高等。

（6）使用年期修正

估价对象所占土地至估价时点尚可使用年限68年，使用年期修正系数为K近似为1。

（7）具体估算

可比实例修正后单价相近，故采用简单算术平均法计算，则

$$\begin{aligned}\text{住宅用房平均单价} &= (4389+4182+4591)\div 3\\ &\approx 4387(\text{元}/\text{m}^2)\end{aligned}$$

根据成都市房地产销售定价惯例，取整为4380元/m^2；

$$\text{车库评估单价}=(10+9+10)/3\approx 9.67(\text{万元}/\text{个})$$

折现率取银行1～3年期固定资产贷款利率5.94%。估价对象从估价时点到工程全部完工预计尚需要24个月，则

$$住宅=4380/(1+5.94\%)^{24\div12}\approx3902(元/m^2)$$

$$车库=9.67/(1+5.94\%)^{24\div12}\approx8.6(万元/个)$$

修正系数＼实例	A	B	C	D	E	F
交易价格	5300 元/m²	4600 元/m²	4500 元/m²	10 万元/个	9 万元/个	10 万元/个
交易情况	100/100	100/100	100/100	100/100	100/100	100/100
交易日期	100/100	100/100	100/100	100/100	100/100	100/100
区域因素	100/105	100/100	100/100	100/100	100/100	100/100
个别因素	100/115	100/110	100/98	100/100	100/100	100/100
使用年期	1	1	1	1	1	1
修正后单价	4389 元/m²	4182 元/m²	4591 元/m²	10 万元/个	9 万元/个	10 万元/个

2. 扣除项目

(1) 续建成本

至估价时点，估价对象 2、3 号楼主体已完工，1 号楼主体建至 15 层，4 号楼主体建至 9 层，5 号楼主体建至 4 层，根据估价对象现状及设计概算书，要达到现房的标准，住宅用房还需投入约 800 元/m²，地下车库还需投入 1.2 万元/个，此部分视为均匀投入。

$$住宅续建成本=800/(1+5.94\%)^{24\div12\div2}\approx755(元/m^2)$$

$$地下车库续建成本=1.2/(1+5.94\%)^{24\div12\div2}\approx1.1(万元/个)$$

(2) 销售费用、管理费用及销售税费

根据××市目前房地产市场行情，税费标准及估价对象的销售管理方式，销售费用及管理费用率计 4%，销售税率 5.5%，共计 9.5%。

$$住宅=3902\times9.5\%\approx371(元/m^2)$$

$$车库=8.6\times9.5\%\approx0.82(万元/个)$$

(3) 利息

由于采用了动态方式计算，在计算中均已考虑了时间因素，故在此不再单独计算利息。

(4) 利润

根据目前××市房地产行业该区域同档次高层电梯公寓楼的开发利润平均水平，取利润率 25%，则

$$住宅续建成本投资利润=755\times25\%=188.75(元/m^2)$$

$$地下车库续建成本投资利润=1.1\times25\%=0.275(万元/个)$$

3. 在建工程评估单价

$$住宅=3902-755-371-188.75=2587.25(元/m^2)，取整为 2590 元/m^2$$

$$车库=8.6-1.1-0.82-0.275=6.405(万元/个)，取整为 6 万元/个$$

4. 在建工程房地产总市值

$$在建工程房地产总市值=2590\times56\ 847+60\ 000\times328=166\ 913\ 730(元)$$

【假设开发法（DCF 法）评审标准】

序号	评审项目		评审标准	标准分	扣分项目分值及说明
1	最高最佳开发方案		开发方案明确、符合规划条件；符合最高最佳使用要求	4	1）开发方案不明确，扣 2 分； 2）缺少最高最佳使用分析或建筑技术经济分析，扣 1～2分
2	估价对象开发完成后价值	价格分析	价格依据充分，分析透彻；参照市场法评审标准、收益法评审标准的要求，确定开发完成后价值	6	1）按市场法的，价格依据（可比实例、市场状况）不充分且分析不透彻，扣 1～3 分； 2）按收益法的，计算净收益依据不充分且分析不透彻，扣 1～3 分； 3）开发经营期、计息期限取值不合理，扣 1～2 分
		趋势预测及价格确定	分析透彻，确定合理	2	1）未进行变化趋势分析，扣 2 分； 2）变化趋势分析依据不充分或不合理，扣 0.5～1 分
3	折现率		构成完整，利润率、利息率取值客观、合理，折现时间正确，理由充分	4	1）折现率构成不完整或错误，扣 1～4 分； 2）折现率取值依据不充分，扣 2 分
4	建造成本	建筑安装工程费	建筑工程费、装饰装修工程费、房屋设备工程费依据充分、客观合理	6	1）建安工程费取值无依据（现行定额、取费标准、市场价格等）或依据不充分，扣 1～3 分； 2）建安工程费取值与估价对象状况（类型、规模、结构、档次等）不符，扣 1～3 分
		其他成本	依据充分，客观合理	2	1）其他成本构成内容不完整，扣 1～2 分； 2）取值依据不充分，扣 1 分
5	管理费用		费用构成合理，费率确定依据充分	2	1）费率取值不合理，扣 2 分； 2）费率取值理由不充分，扣 1 分
6	销售费用		费用构成完整；费率选取合理，依据充分；费用计算正确	2	(1) 费率取值不合理，扣 2 分； (2) 费率取值理由不充分，扣 1 分
7	销售税金		税金构成合理；税率确定合理	2	1）税金构成内容不完整或不正确，扣 1 分； 2）税率不符合规定，扣 2 分
8	购买估价对象税费		税费构成合理；税费比率依据充分	2	1）税费构成内容不完整或不正确，扣 1 分； 2）税费率不符合规定，扣 2 分
9	公式应用与计算		有必要的分析和过程；计算过程完整、严谨、正确	4	1）计算公式选用正确，无计算过程或计算过程不清晰，扣 3 分； 2）选用公式中字母含义说明不准确或未说明，扣 2 分； 3）估价结果确定方式不合理，理由不充分，扣 1 分； 4）计算过程中数字精确度不够或不合理，扣 1 分
10	小计			36	

房地产估价术语

假设开发法篇

述语 1：假设开发法（residual method）

解释：预测估价对象开发完成后的价值和后续开发的必要支出及应得利润，然后将开发完成后的价值减去后续开发的必要支出及应得利润来求取估价对象价值的方法。

述语 2：待开发房地产（proposed improvement）

解释：具有开发或再开发潜力的房地产，包括可供开发的土地、在建工程、可重新改造或改变用途的旧房。

述语 3：后续开发经营期（remaining construction and operating time）

解释：自价值日期起至未来开发完成后的房地产经营结束之日止的时间。

述语 4：后续建设期（remaining construction period）

解释：自价值日期起至未来开发完成后的房地产竣工之日止的时间。

述语 5：销售期（marketing time）

解释：自开始销售未来开发完成后的房地产之日起至将其全部售出之日止的时间。

述语 6：运营期（operating time）

解释：自未来开发完成后的房地产竣工之日起至其一般正常持有期结束之日或经济寿命结束之日止的时间。

述语 7：开发完成后的价值（after-completion value）

解释：估价对象未来开发完成后的状况所对应的价值。

述语 8：后续必要支出及应得利润（cost and developer's profit）

解释：将待开发房地产状况变成未来开发完成后的房地产状况，所必须付出的各项成本、费用、税金及应当获得的一般正常利润。

述语 9：自己开发前提（assumption by current developer）

解释：估价对象仍然由其拥有者或房地产开发企业开发完成的一种假设开发法估价前提。

述语 10：自愿转让前提（assumption by intended developer）

解释：估价对象要被其拥有者或房地产开发企业自愿转让给他人开发完成的一种假设开发法估价前提。

述语 11：被迫转让前提（assumption by unexpected developer）

解释：估价对象要被迫转让给他人开发完成的一种假设开发法估价前提。

假设开发法（传统法）评审标准

序号	评审项目		评审标准	标准分	扣分项目分值及说明
1	最高最佳开发方案		开发方案明确、符合规划条件；符合最高最佳使用要求	4	1）开发方案不明确，扣2分； 2）缺少最高最佳使用分析或建筑技术经济分析，扣1～2分
2	估价对象开发完成后价值	价格分析	价格依据充分，分析透彻；参照市场法评审标准、收益法评审标准的要求，确定开发完成后价值	6	1）按市场法的，价格依据（可比实例、市场状况）不充分且分析不透彻，扣1～3分； 2）按收益法的，计算净收益依据不充分且分析不透彻，扣1～3分； 3）开发经营期、计息期限取值不合理，扣1～2分
		趋势预测及价格确定	分析透彻，确定合理	2	1）未进行变化趋势分析，扣2分； 2）变化趋势分析依据不充分或不合理，扣0.5～1分
3	建造成本	建筑安装工程费	建筑工程费、装饰装修工程费、房屋设备工程费依据充分、客观合理	6	1）建安工程费取值无依据（现行定额、取费标准、市场价格等）或依据不充分，扣1～3分； 2）建安工程费取值与估价对象状况（类型、规模、结构、档次等）不符，扣1～3分
		其他成本	依据充分，客观合理	2	1）其他成本构成内容不完整，扣1～2分； 2）取值依据不充分，扣1分
4	管理费用		费用构成合理，费率确定依据充分	2	1）费率取值不合理，扣2分； 2）费率取值理由不充分，扣1分
5	销售费用		费用构成完整；费率选取合理，依据充分；费用计算正确	2	1）费率取值不合理，扣2分； 2）费率取值理由不充分，扣1分
6	投资利息		利率选择正确；开发周期、计息期限确定合理	2	1）利率选择不正确，扣2分； 2）开发周期、计息期限确定不合理，扣1分
7	开发利润		利润率水平客观合理，理由充分	2	1）利润率取值理由不充分，扣1分； 2）利润率取值与估价对象类型、开发周期长短不适应，扣2分
8	销售税金		税金构成合理；税率确定合理	2	1）税金构成内容不完整或不正确，扣1分； 2）税率不符合规定，扣2分
9	购买估价对象税费		税费构成合理；税费比率依据充分	2	1）税费构成内容不完整或不正确，扣1分； 2）税费率不符合规定，扣2分
10	公式应用与计算		有必要的分析和过程；计算过程完整、严谨、正确	4	1）计算公式选用正确，无计算过程或计算过程不清晰，扣3分； 2）选用公式中字母含义说明不准确或未说明，扣2分； 3）估价结果确定方式不合理，理由不充分，扣1分； 4）计算过程中数字精确度不够或不合理，扣1分
11	小计			36	

习题与参考答案

职业资格考试真题解析

1. 下列关于假设开发法的表述中，不正确的是（　　）。

A. 假设开发法在形式上是评估新开发完成的房地产价格的成本法的倒算法

B. 运用假设开发法可测算开发房地产项目的土地最高价格、预期利润和最高费用

C. 假设开发法适用的对象包括待开发的土地、在建工程和不得改变现状的旧房

D. 假设开发法通常测算的是一次性的价格剩余

本题答案：C

2. 假设开发法中开发完成后房地产出租或营业、自用的情况下，开发经营期为（　　）。

A. 开发期＋经营期

B. 开发期＋运营期

C. 开发期＋经营期－前期－建造期

D. 开发期＋运营期－前期－建造期

E. 前期＋建造期＋经营期

本题答案：A、B、E

3. 运用假设开发法评估某待开发房地产的价值时，若采用现金流量折现法计算，则该待开发房地产开发经营期的起点应是（　　）。

A. 待开发房地产开发建设开始时的具体日期

B. 待开发房地产建设发包日期

C. 取得待开发房地产的日期

D. 房地产开发完成并投入使用的日期

本题答案：C

习题

一、单选题

1. 假设开发法是一种科学实用的估价方法，其基本理论依据是（　　）。

A. 均衡原理　　　B. 预期原理

C. 价值原理　　　D. 替代原理

2. 假设开发法是求取估价对象房地产未来开发完成后的价值，减去未来的正常开发成本、（　　）和利润等，以此估算估价对象的客观合理价格或价值的方法。

A. 地价　　B. 佣金　　C. 税费　　D. 造价

3. 用假设开发法的静态分析法估算投资利息时，对应利息的项目均作考虑以后，（　　）一般是不计息的。

A. 待开发的房地产的价值　　　B. 开发成本

C. 管理费用　　　D. 销售税费

4. 假设开发法在形式上是（　　）。

A. 评估新建建筑物价格的成本法

B. 评估旧有建筑物价格的成本法

C. 评估新建房地产价格的成本法

D. 评估旧有房地产价格的成本法

5. 现有一宗规划用途为商住综合的城市土地，采用假设开发法估价，假设按纯商业用途的估算结果为 800 万元，按纯居住用途的估价结果为 1000 万元，该宗土地的评估价值应为（　　）万元。

A. 800　　B. 1000　　C. 1800　　D. 800～1000

6. 以下对假设开发法适用条件表述最为准确的是（　　）。

A. 新开发房地产项目

B. 用于出售用途的房地产项目

C. 具有投资开发或者再开发潜力的房地产

D. 用于投资或者再开发的房地产

7. 运用假设开发法评估某待开发房地产的价值时，若采用现金流量折现法计算，则该待开发房地产开发经营期的起点应是（　　）。

A. 待开发房地产开发建设开始时的具体日期

B. 待开发房地产建设发包日期

C. 取得待开发房地产的日期

D. 房地产开发完成并投入使用的日期

8. 下列关于假设开发法的表述中，不正确的是（　　）。

A. 假设开发法在形式上是评估新开发完成的房地产价格的成本法的倒算法

B. 运用假设开发法可测算开发房地产项目的土地最高价格、预期利润和最高费用

C. 假设开发法适用的对象包括待开发的土地、在建工程和不得改变现状的旧房

D. 假设开发法通常测算的是一次性的价格剩余

9. 现有某待开发项目建筑面积为 3850m^2，从当前开始开发期为 2 年。根据市场调查分析，该项目建成时可出售 50%，半年和一年后分别售出其余的 30%和 20%，出售的平均单价为 2850.7 元/m^2，若折现率为 15%，则该项目开发完成后总价值的当前现值为（　　）万元。

A. 766　　B. 791　　C. 913　　D. 1046

10. 评估某宗房地产开发用地 2005 年 10 月 16 日的价值，要将在年末的支出和收入都折算到 2005 年 10 月 16 日。如果预测该宗土地 2008 年 10 月 15 日开发完成后的房价为3000 万元，折现率为 12%，则需要将这 3000 万元折现到 2005 年 10 月 16 日，即在 2005 年 10 月 16 日的房价为（　　）万元。

A. 2526　　B. 2241　　C. 2135　　D. 2985

二、多选题

1. 在实际估价中，运用假设开发法估价结果的可能性，关键取决于（　　）。

A. 房地产具有开发或者再开发的潜力

B. 将预期远离作为理论依据

C. 正确判断了房地产的最佳开发方式

D. 正确量化了已经获得的收益和风险

E. 正确预测了未来开发完成后的房地产价值

2. 假设开发法中，选择最佳的开发利用方式最重要的是要选择最佳用途，而最佳用途的选择要考虑土地位置的（　　）。

A. 可接受性　　B. 保值增值性

C. 现实社会需要程度　　D. 未来发展趋势

E. 固定性

3. 用假设开发法进行房地产估价，在估算投资利息时必须考虑和把握好（　　）等方面。

A. 计息的项目　　B. 计息期的长短

C. 资本化率　　D. 计息的方式

E. 名义利率和有效利率

4. 假设开发法在形式上是评估新建房地产的成本法的倒算法，适用于具有投资开发或再开发潜力的

房地产的估价，运用假设开发法估价的步骤包括（　　）。

A. 估算运营费用

B. 估计开发经营期

C. 估算潜在毛收入

D. 调查待开发房地产的基本情况

E. 估算开发成本、管理费用、投资利息、销售税费、开发利润及投资者购买待开发房地产应负担的税费

5. 下列估价中宜采用假设开发法的有（　　）。

A. 在建工程估价

B. 拆迁补偿估价

C. 可装修改造的旧房估价

D. 已办理出让手续的熟地估价

E. 已办理出让手续的生地估价

6. 房地产开发具有周期长的特点，其开发成本、管理费用、开发完成后的价值等实际发生的时间不尽相同，故在房地产开发项目中，运用假设开发法估价的方法有（　　）。

A. 求生地法　　B. 求熟地法

C. 在建工程价值法　　D. 现金流量折现法

E. 静态方法

7. 假设开发法中的开发经营期包括（　　）。

A. 前期　　B. 建设期

C. 开发期　　D. 预售期

E. 租售期

8. 用假设开发法进行房地产项目估价，投资利息估算中的应计息项目包括（　　）。

A. 开发成本　　B. 管理费用

C. 销售税费　　D. 未知、需要求取的待开发房地产的价值

E. 投资者购买待开发房地产的价值

9. 假设开发法估价的关键在于正确的判断与确定（　　）。

A. 最佳开发利用方式　　B. 建筑费

C. 专业费　　D. 租售价格

E. 开发商利润

10. 有关项目开发商利润计算的基础，应包括（　　）。

A. 地价　　B. 建筑费用

C. 专业费用　　D. 销售费用

E. 租售费用

三、判断题

1. 假设开发法适用于具有投资开发或再开发潜力的房地产估价，如待开发的土地、在建工程、旧房、现房、期房等。（　　）

2. 传统方法对开发完成后的价值等的估算，是根据估价时的房地产市场状况作出的，基本上是静止在估价作业期时的数额，而在现金流量折现法中，是模拟开发过程，预测他们在未来发生时所发生的数额。（　　）

3. 地价是地租的基本化。（　　）

4. 假设开发法用于投资分析与用于估价的不同之处是，在选取有关参数和测算有关数值时，投资分

析是站在一般投资者的立场上，而估价是站在某个特定投资者的立场上。（　）

5. 假设开发法的本质是求土地、在建工程、旧房改造的剩余价值的方法。（　）

6. 假设开发法主要估价新建房地产的价值。（　）

7. 确定开发方案必须满足合法化原则及最高最佳使用原则。（　）

8. 假设开发法所计算的各种必要及合理的费用（成本）与成本法一样，所以两者本质上没有区别。（　）

9. 房地产市场越稳定，则假设开发法估价结果越可靠。（　）

10. 对于有规划设计条件要求，但尚未明确的待开发房地产，难以采用假设开发法进行估价。（　）

四、计算题

1. 有一成片荒地需要估价。获知该成片荒地的面积为 2km²，适宜进行“五通一平”的开发后分块有偿转让；可转让土地面积的比率为 60%；附近地区与之位置相当的“小块”、“五通一平”熟地的单价为 800 元/m²；开发期需要 3 年；将该成片荒地开发成“五通一平”熟地的开发成本、管理费用等估计为 2.5 亿元/km²；贷款年利率为 10%；投资利润率为 15%；当地土地转让中卖方需要缴纳的税费为转让价格的 6%，买方需要缴纳的税费为转让价格的 4%。试用静态方法估算该成片荒地的总价和单价。

2. 需要评估一宗“七通一平”熟地于 2012 年 9 月的价格。获知该宗土地的面积为5000m²，土地剩余使用年限为 65 年，容积率为 2，适宜建造某种类型的商品住宅；预计取得该土地后每平方米建筑面积 800 元，勘察设计等专业费用及管理费为建筑安装工程费的 12%，第一年需要投入 60%的建筑安装工程费、专业费用及管理费；第二年需要投入 40%的建筑安装工程费、专业费用及管理费；销售商品住宅时的广告宣传等费用为其售价的 2%，房地产交易中卖方需要缴纳的营业税等为交易价格的 6%，买方需要缴纳的契税等为交易价格的 3%；预计该商品住宅在建成时可全部售出，售出时的平均价格为每平方米建筑面积 2000 元。试利用所给资料用动态法估算该宗土地 2012 年 9 月的总价、单价及楼面地价（折现率为 12%）。

3. 某旧厂房的建筑面积为 5000m²。根据其所在地点和周围环境，适宜装修改造成商场出售，并可获得政府批准，但需补交土地使用权出让金等 400 元/m²（按建筑面积计），同时取得 40 年的土地使用权。预计装修改造期为 1 年，装修改造费为每平方米建筑面积 1000 元；装修改造完成后即可全部售出，售价为每平方米建筑面积 4000 元；销售税费为售价的 8%；购买该旧厂房买方需要缴纳的税费为其价格的 4%。试利用上述资料用动态法估算该旧厂房的正常购买总价和单价（折现率为 12%）。

4. 某在建工程开工于 2001 年 3 月 1 日，总用地面积 3000m²，规划总建筑面积12 400m²，用途为写字楼。土地使用年限为 50 年，从开工之日起计；当时取得土地的花费为楼面价 800 元/m²。该项目的正常开发期为 2.5 年，建设费用（包括前期工程费、建筑安装工程费、管理费等）为每平方米建筑面积 2300 元。至 2002 年 9 月 1 日实际完成了主体结构，已投入 40%的建设费用。但估计至建成尚需 1.5 年，还需投入 60%的建设费用。建成后半年可租出，可出租面积的月租金为60 元/m²，可出租面积为建筑面积的 70%，正常出租率为 85%，出租的运营费用为毛收入的 25%。当地购买在建工程买方需要缴纳的税费为购买价的 3%，同类房地产开发项目的销售税费为售价的 8%。试利用上述资料用动态法估算该在建工程 2002 年 9 月 1 日的正常购买总价和按规划建筑面积折算的单价（资本化率为 9%，折现率为 13%）。

参考答案

一、单选题

1. C　2. C　3. A　4. B　5. D　6. B　7. B　8. C　9. B　10. D

二、多选题

1. ACD　2. ABCDE　3. ABCDE　4. BCDE　5. ABCD

6. ABE　7. ADE　8. AD　9. ACDE　10. BCDE

三、判断题

1. √　2. ×　3. ×　4. ×　5. √

6. ✓　7. ✓　8. ✗　9. ✓　10. ✗

四、计算题

1. **解**：设该成片荒地的总价为 V：

该成片荒地开发完成后的总价值＝800×2 000 000×60%＝9.6(亿元)

开发成本和管理费用等的总额＝2.5×2＝5(亿元)

投资利息总额＝$(V+V\times4\%)\times[(1+10\%)^3-1]+5\times[(1+10\%)^{1.5}-1]$

$\approx 0.344V+0.768$(亿元)

转让税费总额＝9.6×6%＝0.576(亿元)

开发利润总额＝$(V+V\times4\%+5)\times15\%=0.156V+0.75$(亿元)

购买该成片荒地的税费总额＝$V\times4\%=0.04V$(亿元)

$V=9.6-5-(0.344V+0.768)-0.576-(0.156V+0.75)-0.04V$

$V=1.627$(亿元)

故：荒地总价＝1.627(亿元)

荒地单价＝81.35(元/m^2)

2. **解**：设该宗土地的总价为 V

开发完成后的总价值＝$2000\times5000\times2/(1+12\%)^2\approx1\ 594.39$(万元)

建筑安装工程费等的总额＝$800\times(1+12\%)\times5000\times2\times[60\%/(1+12\%)^{0.5}+40\%/(1+12\%)^{1.5}]$

≈993.75(万元)

销售费用和销售税费总额＝1 594.39×(2%＋6%)≈127.55(万元)

购买该宗土地的税费总额＝$V\times3\%=0.03V$(万元)

$V=1\ 594.39-993.75-127.55-0.03V$

$V\approx459.31$(万元)

故：土地总价＝459.31(万元)

土地单价＝459.31/0.5＝918.62(元/m^2)

3. **解**：设该旧厂房的正常购买总价为 V

装修改造后的总价值＝4000×5000/(1＋12%)≈1 785.71(万元)

装修改造总费用＝$1000\times5000/(1+12\%)^{0.5}\approx472.46$(万元)

销售费用和销售税费总额＝1785.71×8%≈142.86(万元)

购买该旧厂房的税费总额＝$V\times4\%=0.04V$(万元)

需补交土地使用权出让金等的总额＝400×5000＝200(万元)

$V=1\ 785.71-472.46-142.86-0.04V-200$

$V\approx933.07$(万元)

故：旧厂房总价＝933.07(万元)

旧厂房单价＝993.07/0.5＝1986.14(元/m^2)

4. **解**：设该在建工程的正常购买总价为 v

在建工程价值＝开发完成后的价值－续建开发成本－销售费用－销售税费

－买方购置在建工程应负担的税费

续建完成后的总价值＝$a/y\ [1-1/(1+y)n]\times1/(1+rd)t$

需要折现的年数，其他符号的含义同收益法。故续建完成后的总价值计算如下：

$60\times12\times12\ 400\times0.7\times85\%\times(1-25\%)\times[1-1-1/(1+9\%)^{50}-3.5]\times1/(1+13\%)^2$

≈3403.80(万元)

续建总费用＝$2300\times12\ 400\times60\%/(1+13\%)^{0.75}\approx1561.32$(万元)

销售费用和销售税费总额＝3403.80×8％≈272.30(万元)

购买该在建工程的税费总额＝v×3％＝0.03v(万元)

v＝3403.80－1561.32－272.30－0.03v

v≈1524.45(万元)

故：在建工程总价＝1524.45(万元)

在建工程单价＝1524.45÷1.24≈1229.40(元/m^2)

项目7

地价评估应用

项目概述 本项目向读者介绍路线价法，高层建筑地价的分摊的意义和方法，城镇基准地价评估的方法，标定地价的测定，补地价的测算。

任务 7.1 路线价法及应用

【任务目标】能够运用四三二一法则求一面临街的矩形宗地的价格。

【能力目标】1. 路线价法的含义；

2. 能够掌握路线价法的估价步骤；

3. 路线价法适用的估价对象和条件。

路线价法是以路线价为基础，配合临街深度价格修正率表和其他修正率表，计算出临近该街道的其他各宗土地价格的一种估价方法。路线价法实质上是市场法的派生方法。

7.1.1 路线价法的概述

1. 路线价法的相关概念

对面临特定（商业）街道而可及性相当的城市土地，设定标准深度，求取在该深度上数宗宗地的平均单价并附设于该特定街道上，此单价称为路线价，以此路线价为基础，进行深度修正和其他因素修正，求取其他临街宗地地价的估价方法称为路线价法。

可及性是临接同一街道的宗地距离城市内各类设施的接近程度。一宗临街宗地，其接近街道部分的利用价值高于离开街道的部分。距离街道越近者利用价值越大，价格越高；距离街道越远者，利用价值越小，价格越低。

标准宗地指根据街道繁华程度、公共设施接近状况、房屋疏密程度等条件划分区段，从区段范围内选定在深度、宽度、形状等方面属众数的宗地。

标准深度指城市土地中，随着土地离道路距离的增加，道路对土地利用价值影响为零时的临界深度。

里地线：标准深度处的连线称为里地线。里地线与道路之间的区域称为临街地或表地，里地线以外的区域称为里地，如图 7.1 所示。

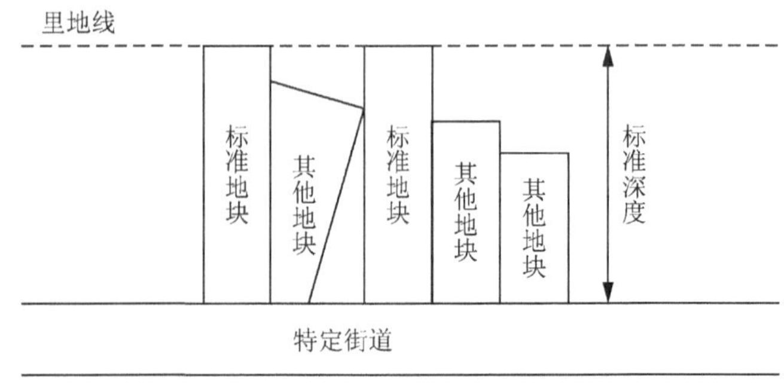

图 7.1 路线价法相关概念

2. 路线价法的理论依据

路线价法实质上是一种市场法，其理论依据与市场法相同，是房地产价格形成的替代原理。

在路线价法中，“标准临街宗地”可视为市场法中的“可比实例”；“路线价”是若干“标准临街宗地”的平均价格，可视为市场法中的“可比实例价格”；该街道其他土地的价值，是以路线价为基准，考虑其临街深度、土地形状、临街状况、临街宽度等，进行适当的调整求得，这些调整实际上为“房地产状况调整”。

路线价法与一般的市场法的不同之处主要表现在3个方面。一是不做“交易情况修正”和“交易日期调整”；二是先对多个“可比实例价格”进行综合，然后再进行“房地产状况调整”，而不是先对“可比实例价格”进行有关修正、调整，然后再进行综合；三是利用相同的“可比实例价格”——路线价，同时评估出许多“估价对象”——该街道其他临街土地的价值，而不是仅评估出一个“估价对象”的价值。

3. 路线价法的适用范围和条件

路线价法是一种迅速、公平、合理，又节省人力、财力，并可同时对大量宗地进行估价的方法，特别适用于土地课税、土地重划、征地拆迁或其他需要在大范围内对多宗土地进行估价的场合。

路线价法主要适用于城市土地估价，并主要适合于商业区段的土地估价。运用路线价法估价的前提条件是街道较规整，两侧临街土地的排列较整齐。

7.1.2　路线价法的估价步骤

根据路线价法的基本原理，其估价步骤一般可分为以下几步：

1. 划分路线价区段

路线价区段为带状区段。一个路线价区段，指具有同一路线价的地段。因此，在划分路线价区段时，原则上以地价有显著差异的地点为区段分界线，通常是从十字路或丁字路中心处划分，两路口之间地段为一路线价区段。但也视实际情况而异，有些地区，数个路口的地价相同，可以将数个路口设为一个路线价区段。有些繁华街道两路口之间地段附设不同路线价。还有，同一街道上，出于向阳、临江、靠近危险建筑等原因，可造成两侧的繁华程度的差异。有显著差异时，同一路线价区段也可附设两种不同的路线价，这时应视为两个路线价区段。

2. 设定标准深度

标准深度是地价变化的转折点，由此向街道方向，其地价受街道的影响而逐渐增加；由此远离街道方向，其地价急剧下降。在估价实务中，标准深度的设定一般是路线价区段内临街各宗地深度的众数，这相当于比较法中设定的标准比较案例。例如，美国城市临街宗地多以100英尺（合30.48m，1英尺＝0.3048m）为标准深度，台湾地区则以18m为标准深度，我国路线价估价中，对标准深度没有统一规定。

3. 评估并确定路线价

路线价的评估与均质地域基准地价的估价相同，包括地价案例调查、宗地地价计算、宗地数据检验及路线价确定等方面。

4. 制作深度百分率和其他修正率表

路线价法的关键和难点是制定深度百分率。深度百分率，又称深度指数，指距临街的深度不同时地价变化的相对程度。制作深度百分率表的原则是，地块的各部分价值随远离街道的程度而有递减的趋势，即深度越深，可及性越差，价值就越低。国外有一些可供参考的深度百分率表，如四三二一法则、苏慕斯法则、霍夫曼法则、哈柏法则等。

一面临街的长方形宗地，临街深度虽然不相同，但仅依深度百分率表就可以计算地价。其他类型宗地，如路角地、两面或多面临街地、三角形地、不规则地和袋地等，这些类型用地地价的计算则有必要制定相应的修正率。本章主要以简单的一面临街的长方形宗地为例，进行土地价格的计算。

5. 计算各宗地的价格

根据前面所得到的路线价、深度指数修正表和其他因素修正系数表，可得到同一路线价区段内不同宗地的价格。但由于路线价的表示方式、深度百分率表制作形式等的不同，路线价法的计算公式不完全相同。

7.1.3 深度指数

1. 深度指数表的制作原理

在同一路线价区段内，各宗土地虽然临接同一街道，可及性相当，路线价相同，但因各宗土地的深度、宽度、形状、面积、临街状态等有差异，单位价格显然不会相同，所以必须对路线价作适当的修正才能得到各宗土地的价格。其中对地价影响程度最大的因素是深度，用深度指数来表示，将深度与深度指数的对应关系编制成表格，则称为深度指数表，也叫做深度价格递减率表。深度价格递减比率正反映了深度变化带来的土地价格的变化。

深度价格递减率基于临街土地中各部分的价值随远离街道而有递减现象，或者说，距街道深度愈深，可及性愈差，价值也就愈低。将临街土地划分为许多与街道平行的小矩形，由于越接近街道的小矩形的利用价值越大，越远离街道的小矩形的利用价值越小，则接近街道的小矩形的价值高于远离街道的小矩形的价值。如图 7.2(a)所示，将临街深度为 n 米的矩形土地划分为平行的小矩形，$a_1 \sim a_n$ 表示各小矩形的价值，则 a_1 的价值最大。图 7.2(b)表示土地价值随临街深度变化的程度。

假设：在一临街宽度为 m 米，深度为 n 米的矩形宗地，平均每平方米的价格为 A 元，则此宗地的总价格为 $m \cdot n \cdot A$ 元。

如图 7.2 所示，假设沿平行街道的方向，将深度以单位深度（1m）划分为 n 个子宗地，并从临街方向按顺序赋各单位土地价格分别为 a_1，a_2，…，a_n，则越接近街道的子宗地，

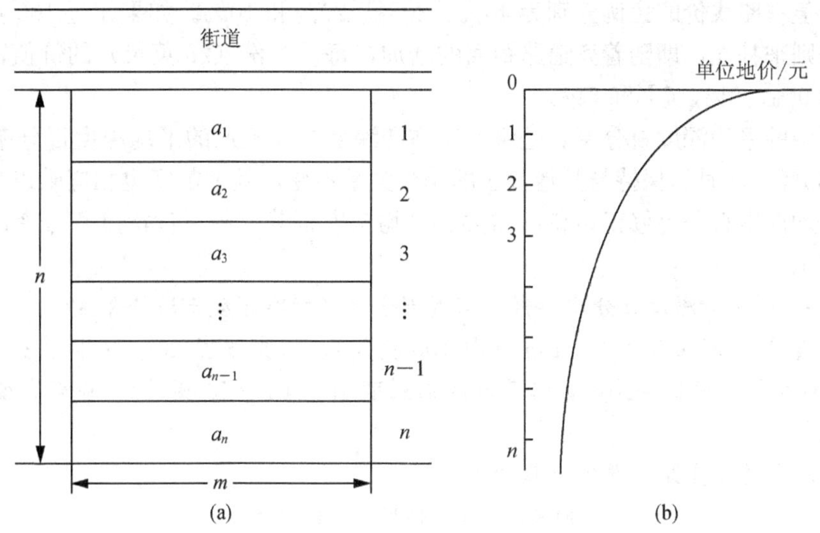

图 7.2　土地价值随临街深度变化图

其利用价值越大，即有 a_1 大于 a_2，…，a_{n-1} 大于 a_n。另外，虽然各子宗地间同为单位距离，但从利用价值上，有 a_1 与 a_2 的差最大，a_2 与 a_3 的差次之，以下逐渐缩小，至 a_{n-1} 与 a_n 之差几乎接近于零。因此 a_1，a_2，…，a_n 存在下列数量关系：

1）单独深度指数：

$$a_1 > a_2 > a_3 > \cdots > a_n \tag{7.1}$$

2）累计深度指数：

$$a_1 < a_1 + a_2 < a_1 + a_2 + a_3 < \cdots < a_1 + a_2 + a_3 + \cdots + a_n \tag{7.2}$$

3）平均深度指数：

$$a_1 > \frac{a_1 + a_2}{2} > \frac{a_1 + a_2 + a_3}{3} > \cdots > \frac{a_1 + a_2 + a_3 + \cdots + a_n}{n} \tag{7.3}$$

2. 深度指数的制作方法

路线价法在欧美流行较早，并逐渐形成了许多值得参考的深度指数表，即路线价法则。其中最简单且最容易理解的临街深度价格递减率是四三二一法则，下面以四三二一法则为例制作深度指数修正表，如表 7.1 所示。

表 7.1　以四三二一法则为例制作深度指数修正表

临街深度/英尺	25	50	75	100	125	150	175	200
四三二一法则/%	40	30	20	10	9	8	7	6
单独深度百分率/%	40	30	20	10	9	8	7	6
累计深度百分率/%	40	70	90	100	109	117	124	130
平均深度百分率/%	160 (40)	140 (35)	120 (30)	100 (25)	87.2 (25)	78.0 (25)	70.8 (17.7)	65.0 (16.25)

四三二一法则将标准深度（100 英尺）四等分，随着离道路距离的增加，每一等份（25

英尺）的价值占路线价的比例分别为40%、30%、20%和10%。如果超过100英尺，则以九八七六法则来补充，即随着离道路距离的增加，每一等份（25英尺）的价值占路线价的比例分别为9%、8%、7%和6%。

表7.1中的平均深度百分率，是将上述临街深度100英尺的平均深度百分率25%乘以4转换为100%，同时为保持与其他数字的相对关系不变，其他数字也相应乘以4得出。这也是利用平均深度百分率修正单价的需要。平均深度百分率与累计深度百分率的关系可用如下公式表示：

平均深度百分率＝累计深度百分率×标准深度÷所给深度

【例7.1】 某临街深度为30.48m（即100英尺）、临街宽度20m的矩形土地，总价为100万元。试根据四三二一法则，计算其临街深度15.24m（50英尺）、临街宽度20m的矩形土地的总价。

解： 该相邻临街土地的总价计算如下：

100×(40%＋30%)＝70(万元)

3. 其他因素的修正

除了进行深度修正外，还应进行其他因素修正，主要有以下几项：

1）宽度修正。对临街土地，如其临街宽度不同，则其地价也不相同。由于临街商店铺面的宽窄不一，商店对顾客的吸引力有所差异，影响到商店的营业额，进而影响到地价水平。因此，应进行宽度修正。其修正方法是收集在同一路线价区段内深度相同的样本，考虑在不同宽度情况下反映在土地价格上的变动情况，最后确定不同宽度条件下的修正系数。

2）宽深比率修正。在一般情况下，大型的商业建筑物，进深较大，地价会随着宗地深度的增加，土地价值逐渐降低。另一方面，由于商店大，铺面宽度宽，外观醒目，同样会增加对顾客的吸引。因此，对大型商店单独采用宽度和深度修正，不符合实际，应分析商店的宽度与深度的配比关系，即宽深比率来反映这种地价的修正情况。

3）容积率修正。路线价只是代表一定容积率水平下的地价，随着容积率的增加，地价一般会上升。因此，在同一路线价区段内，抽查不同容积率水平下的平均地价，可得到容积率修正系数。

4）地价分配率修正。地价分配率是将土地单价（或平面地价）调整、分摊到各楼层的比率。一般而言，随着楼层数的增多，地价分配呈递减趋势，当趋于某一临界值后，地价分配又呈增加趋势。为了评估需要，宜制订一个统一的地价分配率以反映各楼层的楼面地价在宗地总价值中所占的比例。

7.1.4 路线价法的计算公式

对于一面临街的矩形宗地，其估价公式为

宗地总价＝路线价×深度百分率×宗地面积　　(7.4)

可分为以下两种形式：

1）当以标准宗地的总价作为路线价时，应采用累计深度百分率。计算公式为

$$宗地总价=\frac{标准宗地总价\times累计深度百分率\times估价对象土地面积}{估价对象土地的临街宽度\times标准宗地的临街宽度}=\frac{标准宗地总价\times累计深度百分率\times估价对象临街宽度}{标准宗地临街宽度} \quad (7.5)$$

2）当以标准宗地的单价作为路线价时，应采用平均深度百分率。计算公式为

$$宗地价格=路线价\times平均深度百分率\times宗地面积 \quad (7.6)$$

如果街道两边的土地另有特殊条件存在（如街角地、两面临街地、三角形地、梯形宗地、不规则形地、袋地等），则需在上述估价公式计算地价的基础上，作相应的修正。此时，其估价公式为

$$宗地总价=路线价\times深度百分率\times宗地面积\pm其他修正额 \quad (7.7)$$

或

$$宗地总价=路线价\times深度百分率\times宗地面积\times其他修正率 \quad (7.8)$$

【例7.2】 某宗地是临街深度15.24m(即50英尺)、临街宽度为20m的矩形土地，其所在区段的路线价（土地单价）为2000元/m^2，用四三二一法则计算该宗土地的单价和总价。

解： 由于路线价是用土地单价表示的，应采用平均深度百分率。根据表7.1中的深度百分率数据，得

$$该宗土地单价=2000\times140\%=2800(元/m^2)$$

$$该宗土地总价=2800\times20\times15.24=853\ 440(元)$$

任务7.2　高层建筑地价分摊

【任务目标】 能够计算高层建筑地价的分摊。

【能力目标】 1. 熟悉高层建筑地价分摊的意义；

2. 掌握高层建筑地价分摊的方法。

7.2.1　建筑物地价分摊的意义

在高层建筑楼层、用途、产权呈现多样化，出现空间差异性的同时，自然提出了高层建筑的载体——土地在其中的作用，进而出现了土地价格的空间差异性问题。由于高层建筑有众多的所有者和使用者，并且其产权人往往发生变更，因此，对于高层建筑的所有者所拥有的与建筑物相对应的土地权利应该予以界定，以便在房地产发生买卖、租赁、抵押时，在需要补交地价款时，在参建联建中进行土地权益分配时，在政府向业主征收土地使用税（费）时，高层建筑的权利人承担相应的义务和责任。这就提出了高层建筑的地价如何分摊这一房地产估价中具有重要现实意义而又十分复杂的课题。

通过建筑物地价分摊可以解决以下问题：各部分占有的土地份额，各部分享有的土地面积，各部分享有的地价数额等。

7.2.2 建筑物地价分摊的方法

1. 面积分摊法

面积分摊法指将高层建筑的某权益人所拥有的建筑面积占该建筑物总建筑面积的比例，作为该权益人所拥有的土地价值量，或土地份额，即如果某人拥有若干平方米的建筑面积，那么他享有的地价数额为他所拥有的建筑面积乘以土地总价值与总建筑面积的比率（即楼面地价），他应占有的土地份额为他所拥有的建筑面积除以总建筑面积，公式如下：

估价对象享有的地价数额＝土地总价值÷总建筑面积×该部分的建筑面积

估价对象占有的土地份额＝估价对象享有的地价数额÷土地总价值

＝估价对象的建筑面积÷总建筑面积

【例 7.3】 某楼房的土地总面积为800m^2，总建筑面积为200m^2，某人拥有其中100m^2的建筑面积，按面积分摊法计算该人占有的土地份额及应分摊的土地面积。

解： 该人占有的土地份额为

$$100\div200=50\%$$

应分摊的土地面积为

$$800\times50\%=400(m^2)$$

采用面积分摊法的优点是简便、操作性强；缺点是计算的结果表明不论某人拥有的建筑处于任一楼层，或某一楼层中的任一单元，只要建筑面积一样，其分摊的地价份额均相等。然而，不同楼层的利用价值是不一样的，因此按面积分摊法计算的土地价值与土地权益不相符合，存在明显的缺陷。此方法主要适用于各层用途相同、价格差异不大的建筑物，如用途单一的住宅、办公楼等。

2. 按房地价值进行分摊

这种方法的思路是：将某权益人所拥有的部分房地产（土地加建筑物）的价值，即楼价，与整体房地产的价值比，作为该权益人所拥有的部分土地占整个土地权益的份额，通过已知部分和整体房地产的价值量，来求取该权益人所拥有的土地使用权的份额，进而计算该部分的土地价值。公式为

估价对象享有的地价数额＝土地总价值÷房地总价值×该部分的房地价值

估价对象占有的土地份额＝估价对象享有的地价总数÷土地总价值

＝估价对象的房地价值÷房地总价值

【例 7.4】 某楼房的房地总价值为 3000 万元，地价为 1500 万元，各层建筑面积相同。甲拥有其中一个楼层，为办公用途，此部分房地价值为 600 万元，乙也拥有其中一个楼层，为商业用途，此部分的房地产价值为 900 万元，按房地产价值分摊法计算两人占有的土地份额和分摊的地价。

解： 甲占有的土地份额为 600÷3000＝20％

甲分摊的地价为 1500×20％＝300(万元)

乙占有的土地份额为 900÷3000＝30％

乙分摊的地价为 1500×30%=450(万元)

房地价值分摊法反映了由于各楼层的楼价不同，其分摊的地价也相应不同，这是符合土地权益原则和要求的，但是，该方法分摊的结果使建筑物各层或同层各部分建筑的单位造价相差甚大，不能准确反映地价的空间差异。此方法适用于各部分的房地价值有差异但差异不是特别大的建筑物。

3. 按土地价值进行分摊

这种方法是基于假设开发法的思路，依据各部分的土地价值进行分摊，即所分摊的地价等于占有部分的房地产价值减建筑物价值与房地产总价值减建筑物总价值之比，公式如下：

$$估价对象占有的土地份额=\frac{占有部分的房地产价值-占有部分的建筑物价值}{总楼价-建筑物总价值}$$

$$\begin{aligned}估价对象享有的地价数额&=估价对象占有的土地份额\times 土地总价值\\&=估价对象的房地价值-估价对象的建筑物价值\end{aligned}$$

【例 7.5】 某楼房的房地总价值为 6000 万元，其中建筑物总价值为 2500 万元，某人拥有该楼房的一部分，该部分的房地产价值为 200 万元，该部分的建筑物价值为 80 万元，按土地价值分摊法计算该人占有的土地份额。

解：该人占有的土地份额为 $\frac{200-80}{6000-2500}\approx 3.43\%$

这种分摊方法不仅适用于多层、高层建筑物的地价分摊，而且适用于同一层或平房的不同部位分别为不同人所有、房地产价值不相等的地价分摊。

任务 7.3　基准地价与标定地价

【任务目标】 能够熟悉基准地价和标定地价的评估方法。

【能力目标】 1. 能够熟悉基准地价修正法；

2. 能够熟悉运用基准地价系数修正法公式求解宗地价格的测算方法。

7.3.1　基准地价与标定地价的概念

基准地价即土地初始价，也称城市基准地价，指在城镇规划区范围内，对现状利用条件下不同级别或不同均质地域的土地，按照商业、居住、工业等用途分别评估的一定使用期限的建设用地使用权在某一时点的平均价格，并由市、县以上人民政府公布。

标定地价是政府根据管理需要，评估或认可的具体宗地在正常土地市场和正常经营管理条件下某一期日的土地使用权价格，它是该类土地在该区域的标准指导价格。

基准地价与标定地价的主要区别是：①基准地价是大面积评估的区域平均地价，标定地价则是具体到宗地或地块的地价，亦称宗地地价；②基准地价以考虑宏观区域因素为主，标定地价还考虑地价的微观区位因素，更为接近市场交易地价。

7.3.2 基准地价的作用

基准地价的主要作用是为国有土地出让、租赁管理和各大城市推行土地出让招投标、土地储备提供依据，同时也为政府宏观调控、规范土地批租市场提供依据和保障。因此，基准地价在地价体系中具有承上启下的功能，在土地市场中起着基准的和标准的作用。具体表现如下：

（1）宏观控制地价

基准地价水平及其变化反映了土地市场中的地价水平及其变动趋势，为政府适时地利用规划和计划手段宏观配置城镇土地、制订相关的土地管理政策、调控地价变化和土地收益分配、调节土地在总量和结构上的供求平衡等提供基本的价格依据。

（2）为国家征税提供依据

基准地价对土地级别的划分、地价标准的确定将有助于契税、房地产税等税费征收标准的确定。

（3）评估宗地地价的基础

基准地价反映了城镇土地级别或均质地域内宗地的平均价格水平，该区域内的各宗地地价分布在以基准地价为平均值的一定幅度范围内。因此，根据具体宗地条件对基准地价进行适当修正，即可方便地评估出具体宗地的地价水平。这一估价方法称基准地价修正法。

（4）合理利用土地的经济杠杆

在市场经济中，土地价格直接影响土地利用的类型和强度。通过基准地价，可使城市中不同地段和区域的土地达到优化利用和配置，用经济手段来调整土地利用结构，实现土地利用规划。

（5）作为审核确定土地使用权出让金标准的依据

土地出让评估必须考虑所在区域的基准地价，政府出让土地时，基准地价就成为核算土地使用权出让金的依据。

（6）引导市场，为投资者提供市场信息

基准地价公布之后，揭示了各区域地价总体水平，为投资者提供土地市场价格信息，引导投资者作投资决策。

7.3.3 基准地价修正法的操作步骤

1. 收集基准地价成果

搜集、整理当地基准地价的详细资料，认真研究基准地价的分类、定级，各类基准地价级别土地的开发程度，基准期日，平均容积率，修正系数表及级别范围、示意图等。

2. 选取基准地价初步计算

根据待评估宗地的用途、所处区域的情况找出基准地价中相应的用途和区域，找出相应的计算公式和数据进行初步计算。

3. 期日修正

根据待评估宗地的估价时点和基准地价的评估时点，进行期日修正。期日修正系数可按下式计算：

$$T=\frac{\text{宗地估价期日的地价指数}}{\text{基准地价评估期日的地价指数}}$$

4. 年限修正

根据待评估宗地的使用时间和基准地价的年限规定，进行年限修正。土地使用年限系数可按下式计算：

$$y=\frac{1-\left(\frac{1}{1+\mathrm{r}}\right)^{m}}{1-\left(\frac{1}{1+\mathrm{r}}\right)^{n}}$$

式中，y——宗地使用年限修正系数；

r——土地还原率；

m——待估宗地可使用年限；

n——该用途土地法定最高出让年限。

5. 容积率修正

根据待评估宗地的容积率和基准地价的容积率规定，进行容积率修正。容积率修正系数按下式计算：

$$K_{ij}=\frac{K_i}{K_j}$$

式中，K_{ij}——容积率修正系数；

K_i——待估宗地容积率对应的地价水平系数；

K_j——级别或均质域内该类用地平均容积率对应的地价水平指数。

6. 区域因素等其他因素修正

根据待评估宗地的特殊情况和基准地价的有关规定，进行特殊情况修正，如区域因素、土地开发程度等修正。

7. 求出待估宗地价格

根据前面求得的各项修正系数、对待估宗地对应的基准地价进行修正，运用基准地价系数修正法公式，求得该宗地价格。基准地价系数修正法公式为

待估宗地地价＝待估宗地所处地段基准地价×期日修正系数×年限修正系数×容积率修正系数×其他因素修正系数

【例 7.6】 某评估宗地位于××市××路，为二级出让住宅用地，用地面积为4000m^2，容积率为 1.8，使用年期为 70 年，待估用地截至评估期日止已使用 4 年；已知该区域住宅

用途70年期的基准地价为1500元/m²，基准地价基准日为2011年1月1日，评估基准日为2012年1月1日。(土地还原率为6%)

解： 1) 确定期日修正系数。根据当地的地价期日修正指数表（表7.2），确定待估宗地期日修正系数。

表7.2　××市基准地价期日修正指数

2011.1.1	2011.5.1	2011.10.1	2012.1.1
100	105	120	150

$$该宗地期日修正系数=150\div100=1.5$$

2) 确定年期修正系数。待估宗地已使用4年，则剩余使用年限为

$$70-4=66(年)$$

$$y=\frac{1-\left(\frac{1}{1+r}\right)^{m}}{1-\left(\frac{1}{1+r}\right)^{n}}=\frac{1-\left(\frac{1}{1+6\%}\right)^{66}}{1-\left(\frac{1}{1+6\%}\right)^{70}}\approx0.995$$

3) 确定容积率修正系数。已知待估宗地为二级住宅用地，根据当地住宅用地基准地价容积率修正表（表7.3），求出待估宗地容积率修正系数。

表7.3　××市住宅用地基准地价容积率修正表

级别＼容积率	≤0.5	1.0	1.5	1.8	2	2.5	3	3.5	3.8
Ⅰ级	0.838	0.896	0.938	1	1.042	1.104	1.154	1.205	1.228
Ⅱ级	0.824	0.886	0.924	1	1.034	1.086	1.134		
Ⅲ级	0.743	0.870	0.902	1	1.022				

查表7.3可知，待估宗地容积率修正系数为1。

4) 确定区域及其他个别因素的修正系数$\sum K$。根据住宅用地地价影响因素说明表（表7.4）及修正系数表（表7.5），按照待估宗地的区域因素等，可建立待估宗地的地价影响因素说明表和修正系数表（表7.6）。

表7.4　××市二级住宅用地基准地价影响因素说明表

影响因素	影响因子	优	较优	一般	较劣	劣
商服繁华程度	距市级商服中心/(m)	<500	500～1000	1000～1500	1500～2000	>2000
	距区级商服中心/(m)	<200	200～300	300～400	400～500	>500
交通条件	临道路状况	临主干道	临次干道	临支路	临小区路	不临路
	距公交车站距离/(m)	<100	100～200	200～300	300～400	>400
	对外交通便捷程度	方便	较方便	一般	较不方便	不方便
环境状况	人文环境	优	良	一般	较差	差
	环境污染	无污染	基本无污染	轻度污染	污染较严重	重度污染
人口状况	常居人口密度/(万人/km²)	>1.2	1.1～1.2	1～1.1	0.9～1	<0.9
宗地条件	地质条件	一类	二类	三类	四类	五类

表7.5 ××市二级住宅用地基准地价修正系数

影响因素	影响因子	权重	优	较优	一般	较劣	劣
商服繁华程度	距市级商服中心	0.21	4.4	2.2	0	−1.5	−3.0
	距区级商服中心	0.09	3.6	1.8	0	−1.2	−2.5
交通条件	临道路状况	0.18	2	1	0	0.7	−1.4
	距公交车站距离	0.08	3.2	1.6	0	−1.1	−2.3
	对外交通便捷程度	0.17	2	1	0	−1	−2
环境状况	人文环境	0.04	1.6	0.8	0	−0.5	−1.2
	环境污染	0.05	4	2	0	−1.4	−2.8
人口状况	常居人口密度/(万人/km^2)	0.1	4	2	0	−0.7	−1.5
宗地条件	地质条件	0.08	2.2	1.6	0	−0.9	−2.3
合计		1	27	14	0	−9	−19

表7.6 待估宗地地价影响因素说明表和修正系数

影响因素	影响因子	具体条件	优劣程度	修正系数
商服繁华程度	距市级商服中心/(m)	1000～1500	一般	0
	距区级商服中心/(m)	400～500	较劣	−1.2
交通条件	临道路状况	临次干道	较优	1
	距公交车站距离/(m)	200～300	一般	0
	对外交通便捷程度	较方便	较优	1
环境状况	人文环境	良	较优	0.8
	环境污染	轻度污染	一般	0
人口状况	常居人口密度/(万人/km^2)	<0.9	差	−1.5
宗地条件	地质条件	一类	优	2.2
合　计				2.3

则待估宗地区域因素等修正系数之和$\sum K=2.3\%$。

5）计算宗地地价。

待估宗地地价单价＝基准地价×容积率×期日修正系数×年期修正系数×容积率修正系数×(1±∑区域因素等修正系数)

＝1500×1.8×1.5×0.995×1×(1+2.3%)≈4122.4(元/m^2)

待估宗地总价＝地价单价×宗地面积＝4122.4×4000＝1648.96(万元)

项目8

房地产估价报告撰写与案例分析

项目概述 本项目向读者介绍房地产估价程序的含义、作用和具体内容，特别是受理估价委托，拟定估价作业方案，搜集估价所需材料，实地查看估价对象，确定估价结果，撰写估价报告；明确估价报告写作的文字要求，避免常见错误的发生。

任务8.1 房地产估价程序

【任务目标】掌握房地产估价程序和操作步骤。
【能力目标】1. 熟悉房地产估价程序的含义；
2. 掌握房地产估价程序的作用；
3. 了解估价业务的主要渠道。

8.1.1 房地产估价程序概述

房地产估价程序指一个房地产估价项目的估价全过程中的各项具体工作，按照其内在的联系排列出的先后次序。

在估价实践中一般的程序是：

1）获取估价业务；
2）受理估价委托及明确估价基本事项；
3）拟定估价作业方案；
4）搜集估价所需资料；
5）实地查勘估价对象；
6）选定估价方法计算；
7）确定估价结果；
8）撰写估价报告；
9）审核估价报告；
10）出具估价报告；
11）估价资料归档。

8.1.2 房地产估价过程中的注意事项

对于一般估价项目而言估价过程基本一致，对于刚参加估价工作的人员，拆迁项目是一类常见的业务，在估价过程中需特别强调的注意事项如下：

1. 入户调查

估价人员对被拆迁房屋进行入户调查，对事先收集的有关被拆迁房屋的坐落、四至、面积、用途、产权等资料进行实地核实，同时亲临现场感受估价对象的位置、周围环境、景观的优劣，详细查勘被拆迁房屋的房屋坐落、区位、门牌号等；被拆迁房屋的产权人、房屋产别、产权证号、用途、面积等被拆迁房屋的权属状况；被拆迁房屋的建筑形式、建筑结构、建成年代、装修情况、设备情况、使用状况、建筑面积等的实物形态，做好实地查勘记录，拍摄反映被拆迁房屋外观和内部状况的影像资料。

根据不同的建筑形式制定相应的调查表格，调查相应的内容。

1）被拆迁房屋为平房，需要分别记录房屋的结构、装修、设备等情况并拍摄照片，记录的内容包括：

房屋位置：坐落、区位、门牌号、房屋栋号等。

房屋权属：房屋的产权人、房屋产别、产权证号、用途、面积等被拆迁房屋的权属状况。

房屋建筑特点：朝向、间数、建成年代、屋面、屋架、墙身门窗、顶棚、地面等房屋的结构情况。

房屋装修：门套、窗套、墙裙、灯槽、窗帘盒、挂镜线、隔断、石材贴面等装修情况。

设备情况：卫生间设备、厨房设备、暖气、水池、渗井、上下水管、化粪池等设备情况。

附属设施：门楼、院墙、院地、简易棚、回水井、防盗门等附属物情况。

树木：树木种类、直径等树木情况。

其他需要记录的项目。

2）被拆迁房屋为楼房，需要分别记录房屋的结构、装修、设备等情况并拍摄照片，记录的内容包括：

房屋位置：坐落、区位、门牌号等被拆迁房屋的具体位置，并拍摄照片，以便区分不同的被拆迁人。

房屋权属：产权人、产别、产权证号、用途、面积等被拆迁房屋的权属状况。

房屋结构：多层砖混结构、框架、高层剪力墙、钢结构、多层膜板房等结构形式。

建筑特点：房屋层高、建成年代等综合资料。

建筑材料：黏土砖、空心砖、砌块、外挂板等墙体类型。

附属设备：暖气、中央空调、煤气、抗震加固等设备、装修等情况。

其他需要记录的项目。

3）被拆迁房屋为厂房或其他的房屋时，参照平房、楼房的项目进行现场勘察记录。

拍摄影像资料：指在实地勘察时，用摄像机或照相机对被拆迁房屋外观和内部状况的不同部位（如房屋外立面、房屋入户门、客厅、卧室、卫生间、楼梯间、厨房等）进行拍摄，作为分户评估报告的附件。

现场勘察后，要由被拆迁人或其委托人签字，确认其调查内容的真实性及完善性。

2. 室内作业，出具估价报告

现场调查完成后，整理资料按照房地产估价规范选取合适的估价方法（或地方制定的拆迁估价方法），对拆迁补偿进行估价，编制总体拆迁估价报告，并出具分户的拆迁估价报告。估价机构应当将分户的初步估价结果向被拆迁人公示 7 日，并进行现场说明，听取有关意见。

公示期满后，估价机构应当向委托人提供委托范围内被拆迁房屋的整体估价报告和分户估价报告。委托人应当向被拆迁人转交分户估价报告（《指导意见》第十八条）。

3. 现场答疑

拆迁期间估价人员应当向被拆迁人及委托人解释拆迁估价的依据、原则、程序、方法、参数选取和估价结果产生的过程。

任务8.2　撰写估价报告

【任务目标】能够撰写估价报告。

【能力目标】1. 能撰写房地产估价报告；

2. 熟悉内部审核估价报告。

如前所述，房地产估价工作是一项实操性很强的业务，房地产估价从业人员必须能够动手写作估价报告。作为估价从业人员，撰写房地产估价报告，是必须熟练掌握的专业技能。

8.2.1　房地产估价报告概述

写好房地产估价报告，不仅要求估价人员具备房地产估价的专业知识，以及与房地产估价有关的各类知识，能够了解和分析房地产市场的运行规律，同时还要掌握房地产估价报告的特点，灵活运用其写作技巧。

房地产估价报告是一种指向性非常明确的专业性与职业性的报告文体，也有其特定的语言文字要求。

语言文字方面的要求，主要有对词义、语句的要求，防止错字漏字等，另外还有段落、结构安排，文字说明、图表的结合使用，专业术语规范等问题。

房地产估价报告已经成为比较规范的文件，《房地产估价规范》中对估价报告应包括的内容做了一般性的规定。这些应记载的事项在估价报告中都不可缺少，否则，不仅估价报告不完整，更重要的是会失去估价报告的效力。

依据《房地产估价规范》（BG/T 50291—1999）第8.0.2条，估价报告应包括下列部分：

1）封面；

2）目录；

3）致委托方函；

4）估价师声明；

5）估价的假设和限制条件；

6）估价结果报告；

7）估价技术报告；

8）附件。

除附件部分为与本次估价相关的图纸、照片、有关证明等技术文件资料外，其余各部分均构成了估价报告写作的有机整体。

8.2.2 房地产估价报告要点分析

1. 封面

房地产估价报告的封面除了写有估价项目的名称，一般还应包括委托人、估价机构、估价人员、估价作业日期及估价报告编号。这里所讲的封面特指估价报告的首页，对于各估价机构为了自身企业形象的推广，对估价报告进行包装设计，印刷精美的封面不在此论述范围内。

（1）估价项目

封面上的估价项目要写清项目的全称。其中重点要突出估价对象所在的区位及物业名称。

（2）委托人

封面上的委托人，只要准确无误地写明其全称即可。如果是个人委托评估，要写明委托人的姓名。

（3）估价机构

封面上的估价机构，同委托人相对应，准确无误地写明估价机构的全称即可。

（4）估价人员

封面上所写的估价人员，主要指参加本次评估的项目负责人或主要估价师。

（5）估价作业日期

封面上的估价作业日期，指本次估价的起止年、月、日，即正式接受估价委托的年、月、日至完成估价报告的年、月、日。需要注意的是，封面上的估价作业日期要与估价结果报告中的估价作业日期相一致。

（6）估价报告编号

封面上的估价报告编号即为本估价报告在估价机构内的报告编号，将估价报告编号写在封面上便于估价报告的查阅及档案管理。

2. 目录

估价报告目录部分的编写，需要注意与后面的报告内容相匹配，特别是所对应的估价报告的页码要求准确无误。

3. 致委托人函

在致委托人函中，受函方要写明委托人的全称。致函正文主要说明估价对象、估价目的、估价时点和估价结果。致函方即本次评估的房地产估价机构，要署机构的全称。致函日期一般为报告的完成日期，即估价作业日期的截止年月日。

4. 估价师声明

依据《房地产估价规范》（BG/T 50291—1999）第 8.0.6 条，在估价师声明当中应包括以下内容：

1）估价报告中估价人员陈述的事实，是真实的和准确的。

2）估价报告的分析、意见和结论，是估价人员自己公正的专业分析、意见和结论，但受到估价报告中已说明的假设和限制条件的限制。

3）估价人员与估价对象没有（或有已载明的）利害关系；也与有关当事人没有（或有已载明的）个人利害关系或偏见。

4）估价人员是依照中华人民共和国国家标准《房地产估价规范》进行分析，形成意见和结论，撰写估价报告。

5）估价人员已（或没有）对估价对象进行了实地查勘，并应列出对估价对象进行了实地查勘的估价人员的姓名。

6）没有人对估价报告提供了专业帮助（若有例外，应说明提供重要专业帮助者的姓名）。

7）其他需要声明的事项。

5. 估价的假设和限制条件

依据《房地产估价规范》附录第A.0.5条，在估价的假设和限制条件中，要说明本次估价的假设前提（如本章写作实例中的“估价假设和限制条件”），未经调查确认或无法调查资料数据，估价中未考虑的因素和一些特殊处理及其可能的影响，以及本估价报告使用的限制条件。

6. 估价结果报告

依据《房地产估价规范》（BG/T 50291—1999）附录第A.0.6条，估价结果报告应记载下列事项：

（1）标题

估价结果报告的标题要表述完整，即要写明是关于哪个估价目的的估价结果报告。由于估价结果报告是估价机构提供给委托人的“估价产品”当中最主要的部分，所以标题下边一般也要有报告的编号并且要与封面上的报告编号相统一。

（2）委托人

估价结果报告上的委托人，不仅要写明本估价项目的委托单位全称，还要写明委托单位的法定代表人和住所；如果是个人委托评估，不仅要写明委托人的姓名，还要写明其住所和身份证号码。

（3）估价机构

估价结果报告上的估价机构，与委托人相对应，不仅要写明本估价项目的估价机构的全称，还要写估价机构的法定代表人、住所，以及估价机构的资格等级。

（4）估价对象

依据《房地产估价规范》（BG/T 50291—1999）附录第A.0.6条，在估价结果报告中关于估价对象要概要说明估价对象的状况，包括物质实体状况和权益状况。其中，对土地的说明应包括：名称，坐落，面积，形状，四至、周围环境、景观，基础设施完备程度，土地平整程度，地势，地质、水文状况，规划限制条件，利用现状，权属状况。对建筑物的说明应包括：名称，坐落，面积，层数，用途，建筑结构，装修，设施设备，平面布置，工程质量，建成年月，维护、保养、使用情况，公共配套设施完备程度，利用现状，权属状况。

（5）估价目的

估价目的要说明本次估价的目的和应用方向。

（6）估价时点

估价时点是所评估的估价项目客观合理价格或价值对应的年月日。估价时点也是估价结果所对应的日期。

（7）价值定义

价值定义要说明本次估价所采用的价值标准或价值内涵。

（8）估价依据

估价依据要说明本次估价所依据的房地产估价规范，国家和地方的法律、法规，委托人提供的有关资料，估价机构和估价人员掌握和搜集的有关资料，如本章写作实例中“估价依据”。

（9）估价原则

估价原则要说明本次估价遵循的房地产估价原则，如本章写作实例中“估价原则”。

（10）估价方法

估价方法要说明本次估价所采用的方法及这些估价方法的定义。本章写作实例在估价结果报告中关于估价方法的说明过于简单，缺少估价方法的定义或对估价方法的必要解释，见本章写作实例中“估价方法”。

（11）估价结果

估价结果是本次估价的最终结果，应分别说明总价和单价，并附大写金额。若用外币表示，应说明估价时点中国人民银行公布的人民币市场汇率中间价，并注明所折合的人民币价格。本章写作实例中依据估价目的及委托人的要求，估价结果只有总价。

（12）估价人员

在估价结果报告中关于估价人员要列出所有参加本次估价的人员的姓名、执业资格或职称，并由本人签名、盖章。

（13）估价作业日期

估价作业日期是本次估价的起止日期，需要注意的是要与封面上的估价日期相一致。

（14）估价报告应用的有效期

估价报告应用的有效期可表达为到某个年月日止，也可表达为多长年限。

7. 估价技术报告

依据《房地产估价规范》（BG/T 50291—1999）附录第 A.0.7 条，房地产估价技术报告应包括以下内容：

（1）实物状况分析

实物状况分析就是要详细分析、说明估价对象的实物状况。本章写作实例中，由于估价对象的建筑规模较大，且为在建工程，所以在技术报告中，报告写作者首先对估价对象加以概述，以便使报告使用人或报告的写作受体，对估价对象有个初步的、整体的了解与认识。

本章写作实例中，报告写作者根据估价对象的特点，以“主要技术经济指标”和“整体设计方案”为脉络对估价对象的实物状况加以详细说明及分析，条理清晰、内容详尽（见本章写作实例中的“实物状况分析”）。

(2) 区位状况分析

区位状况分析就是要详细说明、分析估价对象的区位状况。本章写作实例中，报告的写作者通过区域范围、街路配置、交通设施与接近条件、基础设施、商业服务设施等方面，由点及面，由里及外，层次清楚地对估价对象的区位状况加以说明和分析。特别是区域特征及变动趋势的分析，为后面技术分析的测算做了良好的铺垫（见本章写作实例中的“区位状况分析”）。

(3) 市场背景分析

市场背景分析是要说明和分析类似房地产的市场状况，包括过去、现在和可预见的未来。市场背景分析说到底是要分析影响类似房地产价格的主要因素。由于估价对象的类型不同，估价的目的不同，所以影响其市场价格变动的主要因素会有所不同。或者虽然是影响因素相同，但它们对估价对象价格的影响深度也有所不同。因此不同估价报告的写作，市场背景分析会有较大的差异，这一部分也是房地产估价报告写作当中难度较大的部分，特别是一些大型项目的估价报告。

本章写作实例中，根据估价对象的实际情况，报告的写作者从城市的自然条件，到城市的经济建设；从环境建设，到吸引外交，以及未来经济的发展趋势，旨在分析说明类似房地产目前的收益状况良好，并在今后一段时期内会保持较好的发展势头。这为后边收益法的运用和测算奠定了基础。但不足之处是分析过程中类似房地产的相关数据尚显欠缺（见本章写作实例中的“市场背景分析”）。

(4) 最高最佳使用分析

最高最佳使用分析是要说明和分析估价对象的价值达到最大化的一种合理使用方式。

(5) 估价方法选用

估价方法选用是要详细说明估价的思路和采用的方法及其理由。本章写作实例中，报告的写作者在估价方法选用部分只说明了选用的估价方法及理由，而将估价思路合并为技术路线，在估价测算中加以阐述。

(6) 估价测算过程

估价测算过程就是要详细说明运用某种估价方法的全部测算过程及相关参数的确定。尤其是技术复杂的估价报告，报告的写作都要在准确掌握各种估价方法的基础上，按着估价方法的操作步骤，因果关系明确地、条理清楚地表述每种估价方法的测算过程，对于相关参数的确定既要符合有关数学公式的要求，又要符合逻辑推理。

本章写作案例中，报告写作者按两种估价方法将估价测算过程分为两大部分，以每种估价方法的基本公式为主线，按着每种估价方法的步骤，分步、分项、分点地进行表述，逻辑推理清晰，语言准确简练。不足之处，是某些参数或数据的确定只有最终结果而没有对过程的简单表述，显得过于省略化。

(7) 估价结果确定

估价结果确定就是要说明本次估价的最终结果是多少，并且它是如何确定的。因为我们在估价报告中要采用两种或两种以上的方法进行估价测算。用不同估价方法得出的结论会有一定的差异，为此最终适用何种数学方法确定估价结果或对其进行进一步地调整都需在此说明理由。

任务 8.3　估价报告常见错误

【任务目标】掌握房地产估价程序和操作步骤，能够撰写估价报告，并能发现常见错误。

【能力目标】1. 能撰写房地产估价报告并发现其中错误；
2. 了解估价报告的评审。

8.3.1　估价报告书中的内容不完整

1）缺估价委托方。有时误将房地产所有权人当成委托估价单位而不在估价报告书中加以说明。

2）缺估价受理方。估价报告中无估价机构。

3）缺估价目的。估价报告中没有说明估价目的，或者对估价目的的叙述不准确，如为什么而评估，评估的是什么价格的类型，是什么状态下的评估价格，是生地还是熟地，是现房还是期房。

4）缺估价时点。误将估价日期当作估价时点。

5）估价的主要依据未交代或交代不清。

6）估价对象房地产概况描述不全面、不清楚。例如，估价对象房地产的产权归属（土地使用权、房屋产权及他项权利）未交代或交代不清楚，土地的利用现状或开发利用方式未交代，土地使用权的取得方式（行政划拨或有偿出让、转让）未交代，土地使用权的起止日期模糊不清等。

8.3.2　容易混淆的专业名词

（1）估价作业日期与估价时点

估价作业日期：说明本次估价的起止年、月、日。

估价时点：估价结果对应的日期。

（2）单位地价与楼面地价

单位地价：单位土地面积的土地价格。

楼面地价：又称单位建筑面积地价，是平均到每单位建筑面积的土地价格。

楼面地价＝土地总价/总建筑面积＝土地单价/容积率

（3）基准地价与标定地价

基准地价：政府对各级土地或均质区段及其商业、住宅、工业等土地利用类型分别评估出的土地使用权平均价格。

标定地价(standardized price of land)：根据政府管理需要，评估的某一宗地在正常土地市场条件下，于某一估价期日的土地使用权价格。它是该类土地在该区域的标准指导价格。

（4）建筑密度与容积率

建筑密度：指建筑物的覆盖率，具体指项目用地范围内所有建筑的基底总面积与规划建设用地面积之比（%），它可以反映出一定用地范围内的空地率和建筑密集程度。

容积率：指一个小区的总建筑面积与用地面积的比率。对于发展商来说，容积率决定地价成本在房屋中占的比例，而对于住户来说，容积率直接涉及居住的舒适度。一个良好的居住小区，高层住宅容积率应不超过 5，多层住宅应不超过 2，绿地率应不低于 30%。但由于受土地成本的限制，并不是所有项目都能做得到。

（5）重置价格和重建价格

重置价格：又称重置成本，是采用估价时点时的建筑材料、建筑构配件、建筑设备和建筑技术等，按照估价时点时的价格水平，重新建造与估价对象建筑物具有同等效用的新建筑物的正常价格。

重建价格：又称重建成本，是采用与估价对象建筑物相同的建筑材料、建筑构配件、建筑设备和建筑技术等，按照估价时点时的价格水平，重新建造与估价对象建筑物完全相同的新建筑物的正常价格。这种重新建造方式可形象地称为“复制”。重建价格进一步来说，是在原址，按照原规模和建筑形式，使用与原建筑材料、建筑构配件和建筑设备相同的新的建筑材料、建筑构配件、建筑设备，采用原建筑技术和工艺等，按照估价时点时的价格水平，重新建造与原建筑物完全相同的新建筑物的正常价格。

（6）综合资本化率、土地资本化率、建筑物资本化率

综合资本化率：又称还原利率，它是决定评估价值的最关键的因素，是将土地和附着于其上的建筑物看作一个整体评估所采用的资本化率。适用对象及净收益的范围内涵：评估的是房地产整体的价值，采用的净收益也是房地合一的净收益。

土地资本化率：求取单纯土地价值时采用的资本化率。这时对应的净收益必须是土地所产生的净收益。

建筑物资本化率：采用的净收益是建筑物自身所产生的净收益，把房地产整体收益中的土地净收益排除在外。建筑物资本化率用于评估建筑物的自身价值。

（7）自然寿命和经济寿命

经济寿命：指正常市场和运营状态下，房地产的经营收益大于其运营成本，即净收益大于零的持续时间。

自然寿命：指房地产从地上建筑物建成投入使用开始，直至建筑物由于主要结构构件和设备的自然老化或损坏，不能继续保证安全使用的持续时间。

8.3.3　常见错误

（1）词不达意，语义含糊

表达分寸的词语，如范围、程度、条件等，在房地产估价报告中都会经常使用，要有客观恰当的把握。不能使用“大概”、“可能”等字样，特别是估价结论，不能模棱两可。例如“估价对象房地产每平方米建筑面积的价格大约在 800 元左右。”“大约”、“左右”这样的词出现在估价结论中是不妥当的。

（2）用词不可带有强烈的感情色彩

估价报告中的用词要得当，尽量使用中性的词汇，避免采用过于华丽的词藻。例如，有的估价报告中这样写到“该地区发展潜力与其他地区相比，不可同日而语”，这样过分吹

嘘估价对象而贬低其他的做法是不可取的。

(3) 容易混淆的词语

坐落（不是“座落”） 坐标（不是“座标”）
制定（不是“制订”） 签订（不是“签定”）
图像（不是“图象”） 部分（不是“部份”）
内涵（不是“内含”） 账目（不是“帐目”）
抵消（不是“抵销”）

(4) 基本概念不清或运用错误

1）客观成本与实际成本。实际成本是某个具体的开发商的实际花费，而客观成本是假设开发建造时大多数开发商的正常花费，在估价中要采用客观成本而不是实际成本。

2）客观收益和实际收益的区别。实际收益是在现状下实际取得的收益，一般来说不能用于估价。客观收益是排除了实际收益中属于特殊的、偶然的因素之后所能得到的一般正常收益，它才能作为估价的依据。

3）估价折旧与会计折旧的区别。估价上的折旧注重的是市场价值的真实减损，科学地说不是折旧，而是减价修正。会计上的折旧注重的是原始价值的分摊、补偿或收回。在会计上，C为资产原值，不随时间的变化而变化；在估价上，C为重新购建价格，而且是估价时点的，因此估价时点不同，C的值也不同。

关键与要点

估 价 报 告

1. 估价报告应做到下列几点：

1）全面性：应完整地反映估价所涉及的事实、推理过程和结论，正文内容和附件资料应齐全、配套。

2）公正性和客观性：应站在中立的立场上对影响估价对象价格或价值的因素进行客观的介绍、分析和评论，作出的结论应有充分的依据。

3）准确性：用语应力求准确，避免使用模棱两可或易产生误解的文字，对未经查实的事项不得轻易写入，对难以确定的事项应予以说明，并描述其对估价结果可能产生的影响。

4）概括性：应用简洁的文字对估价中所涉及的内容进行高度概括，对获得的大量资料应在科学鉴别与分析的基础上进行筛选，选择典型、有代表性、能反映事情本质特征的资料来说明情况和表达观点。

2. 估价报告应包括下列部分：

1）封面；

2）目录；

3）致估价委托方函；

4）注册房地产估价师声明；

5）估价假设和限制条件；

6）估价结果报告；

7）估价技术报告；

8）附件。

3. 对于成片多宗房地产的同时估价，且单宗房地产的价值较低时，估价结果报告可采用表格的形式。除此之外的估价结果报告，应采用文字说明的形式。

4. 估价报告应记载下列事项：

1）估价项目名称；

2）估价委托人名称或姓名；

3）房地产估价机构名称和住所；

4）估价目的；

5）估价对象；

6）价值日期；

7）价值类型；

8）估价原则；

9）估价依据；

10）估价技术路线、方法和测算过程；

11）不同估价方法的测算结果以及估价结果及其确定的理由；

12）注册房地产估价师的声明和签名；

13）估价假设和限制条件；

14）实地查勘日期；

15）估价人员；

16）附件，应包括估价委托书，反映估价对象位置、外观和内部状况、周围环境和景观的图片，估价对象的权属证明，实地查勘记录，估价中引用的其他专用文件资料，房地产估价机构的资质证明和注册房地产估价师的资格证明。

5. 估价报告中应充分描述说明估价对象状况，包括估价对象的实物状况、权益状况和区位状况，其中：

1）对土地的描述说明应包括：名称，坐落，面积，形状，四至、周围环境、景观，基础设施完备程度，土地平整程度，地势，地质、水文状况，规划限制条件，利用现状，权属状况。

2）对建筑物的描述说明应包括：名称，坐落，面积，层数，建筑结构，装饰装修，设施设备，平面布置，工程质量，建成年月，维护、保养、使用情况，地基的稳定性，公共配套设施完备程度，利用现状，权属状况。

6. 估价报告中注册房地产估价师声明应包括下列内容，并应经所有参加估价项目的注册房地产估价师签名，非注册房地产估价师和未参加估价项目的注册房地产估价师不得在其上签名：

1）注册房地产估价师在估价报告中陈述的事实是真实和准确的，没有虚假记载、误导性陈述和重大遗漏。

2）估价报告中的分析、意见和结论是注册房地产估价师自己公正的专业分析、意见和结论，但受到估价报告中已说明的估价假设和限制条件的限制。

3）注册房地产估价师与估价对象没有（或有已载明的）利益关系，也与估价委托人等估价利害关系人没有（或有已载明的）个人利害关系或偏见。

4）注册房地产估价师是依照中华人民共和国国家标准《房地产估价规范》和《房地产估价基本术语标准》进行分析，形成意见和结论，撰写估价报告。

5）注册房地产估价师已（或没有）对估价对象进行了实地查勘，并应列出对估价对象进行了实地查勘和没有进行实地查勘的注册房地产估价师的姓名。

6）没有人对估价报告提供了重要专业帮助（若有例外，应说明提供重要专业帮助者的姓名或名称和帮助的内容）。

7）其他需要声明的事项。

7. 估价报告应由注册房地产估价师签名并加盖估价机构公章才正式生效。在估价报告上签名的注册房地产估价师和加盖公章的估价机构对估价报告的内容和结论依法承担责任。

知识链接

房地产估价报告不合格内容

——重要内容缺失、原则性错误与严重质量缺陷

一、估价报告重要内容缺失

结果报告重要内容缺失：包括估价委托人、估价机构、估价对象、估价目的、估价时点、价值类型与定义、估价依据、估价原则、估价方法、估价结果所出现的缺失。

技术报告重要内容缺失：包括实物状况描述与分析、权益状况描述与分析、区位状况描述与分析、市场背景分析、最高最佳使用分析、估价方法适用性分析、估价测算过程、估价结果确定所出现的缺失。

其他重要内容缺失：包括致委托人函、估价师声明、估价假设与限制条件及附件所出现的缺失。

二、估价基本事项出现的原则性错误

1）估价对象用途与产权界定出现错误的。

2）估价时点与法定估价时点或与委托协议中估价时点不一致的。

3）价值类型选择或价值定义出现严重错误的。

4）虚构、编造估价对象与可比实例及其实物状况、区位状况、权益状况的。

5）滥用估价假设的。

三、估价依据与运用中的严重质量缺陷

1）必要的估价法律、法规依据和估价技术标准依据没有选取列明，且在估价报告分析中没有体现的。

2）估价法律、法规依据和估价技术标准依据运用出现严重错误的。

3）拆迁估价报告法律依据中未列明《城市房屋拆迁估价指导意见》建住房［2003］234号，且未按该标准要求估价的，或已列明《城市房屋拆迁估价指导意见》，但实质并未按该标准要求估价的。

4）抵押估价报告法律依据中未列明《房地产抵押估价指导意见》建住房［2006］8号，并未进行优先受偿款分析、变现分析说明的，或已列明《房地产抵押估价指导意见》，但实质并未进行优先受偿款分析、变现分析说明的。

四、估价分析测算过程严重质量缺陷

1）估价技术路线确定与估价方法选择出现错误的。

2）估价结果报告、技术报告中估价方法选用不一致的。

3）估价方法运用出现严重错误，包括价格测算过程、计算公式选用、计算结果出现严重错误的。

4）估价基本数据、估价参数选取错误或明显偏离客观实际的。

五、估价结果表述与披露严重质量缺陷

1）致委托人函、估价结果报告、估价技术报告中估价结果不一致的。

2）估价师声明、估价假设限制条件与估价结果报告、估价技术报告内容自相矛盾的。

3）对估价结果有重大影响且存在一定不确定性的因素，未在估价假设和限制条件中说明或披露，且报告未就该因素对估价结果可能产生影响进行说明的，或虽在估价假设和限制条件中说明或披露，但报告未就该因素对估价结果可能产生影响进行说明的。

4）估价报告应用有效期不符合有关规定的。

六、估价报告中属于估价行业管理负责审查的严重质量缺陷

1）估价机构资质执业等级或期限不符合要求的。

2）估价报告中无专职注册房地产估价师签字，或签字的专职注册估价师不足两名，或签字估价师超出注册有效期，或冒用其他注册房地产估价师签字的。

3）估价人员应该回避而未回避或违反其他职业道德行为出具估价报告的。

4）以个人、分支机构名义和盖分支机构公章或盖公司内设机构、部门印章出具估价报告的。

8.3.4 房地产估价技术报告

房地产估价技术报告参考格式如下：

房地产估价技术报告

估价项目：浙江省××市××区××路×××号商业房地产抵押价值评估

委 托 方：××××××

估价机构：××××××

估价人员：×××

中国注册房地产估价师×××

中国注册房地产估价师

估价作业日期：2010年5月16日～2010年5月20日

报告出具日期：2010年5月20日

估价报告编号：××估［2010］（技）第××××××号

目　录

一、估价对象实物状况的描述与分析

（一）土地状况

根据委托方陪同估价人员现场查看，估价对象东临××路，南面临××路，西面靠××路，北靠××路，形状较规则，对地块利用无不良影响，地势平坦。从总体看，地基地质条件适于建筑。

整个土地使用权面积为41m²，土地使用权人为××××××，用途为商业用地，使用权类型为出让，终止日期为2038年8月27日。至估价时点，该宗地外达到“五通”（通上水、通下水、通电、通路、通信、通气），宗地内达到“五通一平”（通上水、通下水、通电、通路、通信及场地平整）。

（二）建筑物状况

根据房地产估价委托合同，本次估价的委托方为××××××，所有权人为××××××，基于委托方提供的相关产权资料属实的前提下，本次估价对象为浙江省××市××

区××路×××号底层商业房地产。

建成于2009年，基本为全新建筑，外墙面采用面砖及玻璃幕墙装饰，内墙面采用白色涂料刷白，内外墙保养较好。

估价对象为该5层钢混结构的建筑物底层的商业用房，建筑面积为82m²，内部格局为大开间，层高为3.6m，地面铺设抛光砖，天棚为轻钢龙骨矿棉板平吊顶，内墙面为高级墙面漆。估价对象室内通风采光情况较好，水、电、网络等线路设施齐全，房屋总体保养状况较好。

二、估价对象权益状况

根据房地产估价委托合同，同时参考相关的法律、法规和技术性规范，本次估价的具体范围为××××××所属的位于浙江省××市××区××路×××号商业房地产，房屋建筑面积82m²，土地使用权面积合计41m²。

（一）估价对象权属登记状况

根据委托估价方提供的资料，估价对象的房屋权属状况如下：

房屋所有权证编号	×房权证××字第××××××号
房屋所有权人	××××××
房屋坐落	××市××区××路×××号
总层数	5
建筑面积/m²	82
规划用途	非住宅
附　记	总层数包含地下层

根据委托估价方提供的资料，估价对象的土地权利状况如下：

土地证编号	××国用（×××*）第××××××号
坐　落	××市××区××路×××号
土地使用权人	××××××
使用权面积/m²	41
其中独用面积/m²	41
地　号	××××××
地类（用途）	商业用地
使用权类型	出让
终止日期	2038年8月27日

（二）估价对象他项权利状况

根据委托方提供的资料和我们力所能及的了解核查，至估价时点止，估价对象不存在抵押担保权利。

三、估价对象区位状况

坐落：估价对象坐落于××市××区××路与××路交叉口西北角，东临××路，南与××大厦隔路相望，西与××广场相邻，北依××小区，所在宗地的土地系××市Ⅰ级商业用地。

交通：估价对象区域内由×××路、×××路、×××路、×××路等城市主、次干道构成交通路网，区域内有公交××站、公交××站，有××路、××路、××路、××路、××路、××路等多路公交车通行，区域内道路通达度及交通便捷度良好。

环境：估价对象区域内无固定污染源，无明显噪声及粉尘污染，城市规划该区域主要以商业为主，自然环境状况一般，商业环境良好。所处区域属××市政治、经济、商业、文化中心，有着得天独厚的位置优势。

配套设施：估价对象所在区域内路网密集，主干道、次干道、支路纵横交错，供水、供电、供气、排水、通信等基础设施管网齐全。以××广场为中心，300m 为半径，是××市最繁华的商业街区，包含了××市××广场旁三大购物中心：××大厦、××大楼、××百货；××中心、××广场、××会所等众多商务配套设施，××大酒店、××饭店等生活配套设施；浦发银行、建设银行、农业银行等金融行业，区域内各类商业、办公、生活设施完备，市政基础设施完善。

四、市场背景分析

（一）国家宏观经济形势及相关政策简况

据国家统计局网站消息，2009 年全年国内生产总值 335 353 亿元，比上年增长 8.7%。分产业看，第一产业增加值 35 477 亿元，增长 4.2%；第二产业增加值 156 958 亿元，增长 9.5%；第三产业增加值 142 918 亿元，增长 8.9%。第一产业增加值占国内生产总值的比重为 10.6%，比上年下降 0.1 个百分点；第二产业增加值比重为 46.8%，下降 0.7 个百分点；第三产业增加值比重为 42.6%，上升 0.8 个百分点。

居民消费价格比上年下降 0.7%，其中食品价格上涨 0.7%。固定资产投资价格下降 2.4%。工业品出厂价格下降 5.4%，其中生产资料价格下降 6.7%，生活资料价格下降 1.2%。原材料、燃料、动力购进价格下降 7.9%。农产品生产价格下降 2.4%。农业生产资料价格下降 2.5%。70 个大中城市房屋销售价格上涨 1.5%，其中新建住宅价格上涨 1.3%，二手住宅价格上涨 2.4%；房屋租赁价格下降 0.6%。

全年全社会固定资产投资 224 846 亿元，比上年增长 30.1%。分城乡看，城镇投资 194 139亿元，增长 30.5%；农村投资 30 707 亿元，增长 27.5%。分地区看，东部地区投资 95 653 亿元，比上年增长 23.0%；中部地区投资 49 846 亿元，增长 35.8%；西部地区投资 49 662 亿元，增长 38.1%；东北地区投资 23 733 亿元，增长 26.8%。

全年社会消费品零售总额 125 343 亿元，比上年增长 15.5%。分地域看，城市消费品零售额 85 133 亿元，增长 15.5%；县及县以下消费品零售额 40 210 亿元，增长 15.7%。分行业看，批发和零售业零售额 105 413 亿元，增长 15.6%；住宿和餐饮业零售额 17 998 亿元，增长 16.8%；其他行业零售额 1932 亿元，增长 2.5%。

（二）2009 年全国房地产市场运行情况概况

1. 房地产开发完成情况

2009 年，全国完成房地产开发投资 36 232 亿元，比上年增长 16.1%。其中，商品住宅完成投资 25 619 亿元，增长 14.2%，占房地产开发投资的比重为 70.7%。

2009 年，全国房地产开发企业房屋施工面积 31.96 亿 m^2，比上年增长 12.8%；房屋新开工面积11.54亿m^2，增长12.5%；房屋竣工面积7.02亿m^2，增长5.5%。其中，住宅竣工面积5.77亿m^2，增长6.2%。

2009年，全国房地产开发企业完成土地购置面积31 906万m^2，比上年下降18.9%；完成土地开发面积23 006万m^2，下降19.9%。

2. 商品房销售情况

2009年，全国商品房销售面积93 713万m^2，比上年增长42.1%。其中，商品住宅销售面积增长43.9%；办公楼销售面积增长30.8%；商业营业用房销售面积增长24.2%。2009年，商品房销售额43 995亿元，比上年增长75.5%。其中，商品住宅销售额增长80.0%，办公楼和商业营业用房销售额分别增长66.9%和45.5%。

3. 房地产开发企业资金来源情况

2009年，房地产开发企业本年资金来源57 128亿元，比上年增长44.2%。其中，国内贷款11 293亿元，增长48.5%；利用外资470亿元，下降35.5%；企业自筹资金17 906亿元，增长16.9%；其他资金27 459亿元，增长71.9%。在其他资金中，定金及预收款15 914亿元，增长63.1%；个人按揭贷款8403亿元，增长116.2%。

4. 70个大中城市房屋销售价格指数

12月，全国70个大中城市房屋销售价格同比上涨7.8%，涨幅比11月扩大2.1个百分点；环比上涨1.5%，涨幅比11月扩大0.3个百分点。

新建住宅销售价格同比上涨9.1%，涨幅比11月扩大2.9个百分点；环比上涨1.9%，涨幅比11月扩大0.4个百分点。

四季度，全国70个大中城市房屋销售价格同比上涨5.8%，其中新建住宅销售价格上涨6.4%，二手住宅销售价格上涨5.6%；房屋租赁价格与上年同期价格持平；物业管理价格同比上涨0.4%；土地交易价格同比上涨13.8%，其中住宅用地交易价格同比上涨19.4%。

（三）2009年××市商业地产情况

2009年的××市商业地产市场，整体表现上扬曲线，呈良性趋势发展态势。年初受国际金融风暴影响，××市商业地产市场发展跌入低谷，商业项目纷纷搁置，实力不济的商业地产公司被迫解散。商铺销售也创历史最低点。二季度以来，随着国家一系列维稳经济政策的出台，××市整体的经济形势得以复苏。

1. 商业用地市场活跃

根据数据显示，2009年××市共出让土地116宗，出让面积约5422亩(1亩≈666.7m^2)，其中商业金融业用地占到39宗，出让面积约913.7亩。就2009年商业用地的出让情况来看，特别是岁末几次商业专场交易来看，无论是交易价格和竞争场面都是相当火爆的。

2. 实力房企逐渐加码商业地产

××××等商业旗舰落户×××，××产入驻××，无论国企、民企还是海外资本，现在都将视线对准了商业地产。××地产及××、××、××地产等均跻身商业地产抄底大军。百货卖场类，如××百货即将入驻、××商场已经开业、××××开张等。

3. ××××市商业地产的发展格局

随着××市城市的发展和扩大，原本以××商圈为核心，其余区域商业中心为多点的“一心多点”的商业格局正在向“多心多点”的新格局转变。××××的×××商厦、×××的×××广场、××××的×××商厦、×××的×××广场、×××沃尔玛等区域大型商业项目的开工和建成，使得这些区域的商业地位大大提高，对××商圈的核心地位发起了有力的挑战。随着××市周边区域的人气聚集和城市交通系统的快速完善，更多各具规模的区域商业中心将形成对区域内甚至全市的商业辐射力，“多心多点”的商业格局将在不久的将来成为××商业的新格局。

五、最高最佳使用分析

（一）合法性分析

根据估价对象权属登记记载及估价人员实地查勘：估价对象为××××××所属的位于浙江省××市××区××路×××号商业房地产，规划用途为非住宅，实际用途为商铺，适合作为法定用途使用。

（二）估价对象利用前提分析

建筑物的合理利用一般有保持现状、装饰装修改造、转换用途、重新利用。估价对象为浙江省××市××区××路×××号商业房地产。所在区域具有×××、×××、×××等商业，估价对象作为商铺，故采用保持现状法定用途为最佳方案。

六、估价方法适用性分析

依照国家标准《房地产估价规范》，通常的估价方法有市场法、收益法、假设开发法、成本法等。根据委托方提供的资料及评估人员现场勘察、市场调查和向房地产管理部门了解的政策、规划等有关资料，在遵循估价原则的基础上，深入细致地分析了该物业的特点和实际状况，选用合理的估价方法分别进行测算，经综合分析确定本次估价结果。

（一）估价方法适用性分析及估价技术路线

估价对象所在区域类似专业商铺整体转让或者交易案例较多，同时可比性较强，故宜采用市场法进行评估。

估价对象为商铺，具有收益性特点，周边同类铺面出租案例较多，其对应的客观租金收益可以通过比较案例修正、调整取得，按照《房地产估价规范》要求存在收益的房地产可以选用收益法作为其中一种估价方法，所以宜采用收益法进行评估。

估价对象为商铺，目前正在正常经营，属于产品，就目前状态，处于最佳使用，不存在重新开发利用，故不适合采用假设开发法进行估价。

估价对象为商铺，较难根据其对应的客观成本、税费、合理利润确定重置成本，然后扣除建筑物折旧，得出估价对象的价值，故不适合采用成本法进行估价。

故本次评估时，采用市场法、收益法分别进行测算，以上两种估价方法得出的结果经定量和定性分析后，确定估价对象的最终价值。

（二）估价方法定义

1. **市场法**

市场法是将估价对象与在估价时点近期发生交易的类似房地产进行比较，从这些类似房地产的已知价格，推算出估价对象的客观合理价格或者价值的一种估价方法。市场比较法的理论基础为替代原理。

市场比较法的步骤为：①广泛搜集交易实例；②从中选取可比实例；③建立价格可比基础；④进行交易情况修正；⑤进行交易日期修正；⑥进行区域因素修正；⑦进行个别因素修正；⑧综合评估决定估价额。

2. 收益法

收益法是预计估价对象未来的正常净收益，选用适当的报酬率将其折现到估价时点后累加，以此估算估价对象的客观合理价格或价值的方法。根据估价对象的具体情况并结合估价目的，本次评估拟采用如下计算公式：

$$V=\frac{a}{r}\left[1-\frac{1}{(1+r)^n}\right] \text{ 和 } V=\frac{a}{r-g}\left[1-\left(\frac{1+g}{1+r}\right)^n\right]$$

式中，V——房地产价格；

a——房地产的年净收益；

r——房地产的报酬率；

n——房地产的收益年限；

g——净收益递增比例。

七、估价测算过程

（一）市场比较法

市场法是将估价对象与在估价时点近期有过交易的类似房地产进行比较，对这些类似房地产的已知价格作适当的修正，以此估算估价对象的客观合理价格的方法。该方法的基本公式如下：

估价对象价格＝可比实例房地产价格×交易情况修正系数×交易日期修正系数×区域因素修正系数×个别因素修正系数

1. 可比实例选择

通过市场调查和向有关部门查询，收集了与估价对象有关的若干房地产交易实例，根据相关替代性原理，按用途相同、同一供需圈、价格类型相同、估价时点接近、交易情况正常的要求，从中选取如下3宗案例作为可比实例。

项目＼可比实例	可比实例A	可比实例B	可比实例C
项目名称	×××路	×××路	×××路
地址	××号	××号	××号
建筑面积	125	164	128
建筑结构	钢混	钢混	钢混
建成年份	1998年	2002年	2002年
楼层	1F	1F	1F
法定用途	商业	商业	商业
成交价格内涵	公开市场正常成交价	公开市场正常成交价	公开市场正常成交价
成交单价	46261	51893	44398
成交日期	2011年1月	2011年4月	2011年5月
案例来源	估价人员市场调查得到	估价人员市场调查得到	估价人员市场调查得到

2. 因素选择

根据影响房地产价格的主要因素，结合估价对象和可比实例的实际情况，所选择比较因素主要有交易情况、交易日期、区域因素及个别因素等。区域因素主要有距区域中心距离、商服繁华度、交通条件、公共设施条件、基础设施条件；个别因素主要有规划限制条件、建筑结构、建筑面积、用途、临街状况、装修情况、内部格局、楼层、成新状况、层高等。

3. 因素条件描述

估价对象和可比实例的各因素条件说明，详见表 8.1。

表 8.1　因素条件说明

比较项目 \ 可比实例			可比实例 A	可比实例 B	可比实例 C	估价对象
坐落			×××路××号	××路××号	×××路××号	×××路××号
交易价格/（元/m²）			46 261	51 893	44 398	待求
交易情况			正常交易	正常交易	正常交易	正常交易
交易日期			2010 年 2 月	2010 年 4 月	2010 年 4 月	2010 年 5 月
房地产状况修正	区域因素	距区域中心距离	距离×××路商业中心约 800m	距离×××路商业中心约 300m	距离×××路商业中心约 700m	距离×××路商业中心约 800m
		商服繁华度	与估价对象同一区域，繁华度较好	邻近×××路区域，繁华度高	与估价对象同一区域，繁华度较好	市中心繁华区域，繁华度较好
		交通条件	与估价对象一致	与估价对象一致	与估价对象一致	位于××市区，交通便利
	个别因素	基础设施	与估价对象一致	与估价对象一致	与估价对象一致	通路、通电、通上水、通下水、通信、通燃气
		公共服务设施	与估价对象一致	与估价对象一致	与估价对象一致	位于××市区，公共配套设施齐全
房地产状况修正	个别因素	规划限制条件，如容积率等	与估价对象一致	与估价对象一致	与估价对象一致	无特殊规划限制条件
		建筑结构	与估价对象一致	与估价对象一致	与估价对象一致	钢混
		建筑面积	63m²	90m²	105m²	82m²
		用途	商业	商业	商业	商业
		临街状况	一面临街	一面临街	一面临街	二面临街
		装修情况	中档装修	中档装修	中档装修	中档装修
		内部格局	内部格局设计较好	内部格局设计一般	内部格局设计较差	内部格局设计一般
		楼层	底层沿街	底层沿街	底层沿街	底层沿街
		成新度	80%	90%	90%	85%
		层高	约 3.4m	约 3.5m	约 3.5m	约 3.5m

4. 编制比较因素条件指数表

编制的比较因素条件指数表，详见表 8.2。

表 8.2　比较因素条件指数

比较项目＼可比实例			可比实例 A	可比实例 B	可比实例 C	估价对象
坐落			×××路××号	×××路××号	×××路××号	×××路××号
交易价格/(元/m^2)			46 261	51 893	44 398	待求
交易情况修正			100	100	100	100
交易日期修正			100	100	100	100
房地产状况修正	区域因素	距区域中心距离	100	105	100	100
		商服繁华度	100	105	100	100
		交通条件	100	100	100	100
		基础设施	100	100	100	100
		公共服务设施	100	100	100	100
	个别因素	规划限制条件，如容积率等	100	100	100	100
		建筑结构	100	100	100	100
		建筑面积	102	101	98	100
		用途	100	100	100	100
		临街状况	100	100	100	100
		装修情况	98	98	98	100
		内部格局	102	100	98	100
		楼层	100	100	100	100
		成新状况	98	102	102	100
		层高/m	100	100	100	100

有关修正说明如下：

1）通过对××市商业房地产市场的调查和了解，近期内商业房地产市场发展较为平稳，交易价格变动幅度不大，因此无须对交易日期进行修正。

2）距区域中心距离修正：可比实例二的距区域中心距离与估价对象不一致，需进行修正，以估价对象为 100，每相差 500m，修正系数±5，因此根据可比实例的实际情况，可比实例二修正为 105。

3）商服繁华度修正：可比实例二的商服繁华度与估价对象不一致，需进行修正，以估价对象为 100，将商服繁华度分为劣、较劣、一般、较高、高五个等级，每上升或下降一个等级，修正系数±5，则实例二修正为 105。

4）建筑面积修正：可比实例一、二、三与估价对象的建筑面积不一致，需进行修正，以估价对象为 100，每减少 10m^2 修正系数＋1，每增加 10m^2 修正系数－1，则实例一、二、三分别修正为 102、101、98。

5）临街状况修正：可比实例一、二、三的临街状况与估价对象不一致，需进行修正，以估价对象为 100，临街数量增加或减少 1，修正系数±2，则实例一、二、三分别修正为 98、98、98。

6）内部格局修正：可比实例一、三的内部格局与估价对象不一致，需进行修正，以估价对象为100，将内部格局分为差、较差、一般、较好、好五个等级，每上升或下降一个等级，修正系数±2，则实例一、三分别修正为102、98。

7）成新度修正：可比实例一的成新度与估价对象不一致，需进行修正，以估价对象为100，成新度每相差5%修正系数±2，则实例一、二、三分别修正为98、102、102。

8）其他因素与估价对象一致，无须进行修正。

5. 实例修正后的房地产价格分析计算

因素比较修正系数表，详见表8.3。

表8.3 因素比较修正系数表

<table>
<tr><th colspan="3">可比实例
比较项目</th><th>可比实例A</th><th>可比实例B</th><th>可比实例C</th></tr>
<tr><td colspan="3">坐落</td><td>×××路××号</td><td>×××路××号</td><td>×××路××号</td></tr>
<tr><td colspan="3">交易价格/(元/m²)</td><td>46 261</td><td>51 893</td><td>44 398</td></tr>
<tr><td colspan="3">交易情况修正</td><td>100/100</td><td>100/100</td><td>100/100</td></tr>
<tr><td colspan="3">交易日期修正</td><td>100/100</td><td>100/100</td><td>100/100</td></tr>
<tr><td rowspan="5">房地产状况修正</td><td rowspan="5">区域因素</td><td>距区域中心距离</td><td>100/100</td><td>100/105</td><td>100/100</td></tr>
<tr><td>商服繁华度</td><td>100/100</td><td>100/105</td><td>100/100</td></tr>
<tr><td>交通条件</td><td>100/100</td><td>100/100</td><td>100/100</td></tr>
<tr><td>基础设施</td><td>100/100</td><td>100/100</td><td>100/100</td></tr>
<tr><td>公共服务设施</td><td>100/100</td><td>100/100</td><td>100/100</td></tr>
<tr><td rowspan="10">房地产状况修正</td><td rowspan="10">个别因素</td><td>规划限制条件，如容积率等</td><td>100/100</td><td>100/100</td><td>100/100</td></tr>
<tr><td>建筑结构</td><td>100/100</td><td>100/100</td><td>100/100</td></tr>
<tr><td>建筑面积</td><td>100/102</td><td>100/101</td><td>100/98</td></tr>
<tr><td>用途</td><td>100/100</td><td>100/100</td><td>100/100</td></tr>
<tr><td>临街状况</td><td>100/100</td><td>100/100</td><td>100/100</td></tr>
<tr><td>装修情况</td><td>100/98</td><td>100/98</td><td>100/98</td></tr>
<tr><td>内部格局</td><td>100/102</td><td>100/100</td><td>100/98</td></tr>
<tr><td>楼层</td><td>100/100</td><td>100/100</td><td>100/100</td></tr>
<tr><td>成新状况</td><td>100/98</td><td>100/102</td><td>100/102</td></tr>
<tr><td>层高/m</td><td>100/100</td><td>100/100</td><td>100/100</td></tr>
<tr><td colspan="3">比准价格/（元/m²）</td><td>46 298</td><td>46 621</td><td>46 248</td></tr>
</table>

6. 确定估价对象价格

可比实例A、B、C的比准价格分别为46 298元/m²、46 621元/m²、46 248元/m²，3个比准价格比较接近，因此赋予各比准价格各1/3的权重值，则

$$估价对象单价=(46\ 298+46\ 621+46\ 248)\times 1/3=46\ 389(元/m^2)$$

$$估价对象总价=46\ 389\times 82=3\ 803\ 898(元)$$

（二）收益法

收益法是预计估价对象未来的正常净收益，选用适当的报酬率将其折现到估价时点后累加，以此估算估价对象的客观合理价格或价值的方法。

1. 确定估价对象客观租金

估价对象作为服装店经营使用，周边类似商业用房多用于出租，租赁案例及租金交易取得，通过对周边商业用房租赁市场的调查，附近类似商业用房的租金标准如下：

1）×××路××号：位于 1 层，面积为 73m²，租金为 226 元/(平方米·月)，该租金标准不含税，水电费、管理费等，该部分由承租方自行承担。

2）×××路××号：位于 1 层，面积为 69m²，租金为 233 元/(平方米·月)，该租金标准不含税，水电费、管理费等，该部分由承租方自行承担。

3）×××路××号：位于 1 层，面积为 58m²，租金为 257 元/(平方米·月)，该租金标准不含税，水电费、管理费等，该部分由承租方自行承担。

4）×××路××号：位于 1 层，面积为 96m²，租金为 242 元/(平方米·月)，该租金标准不含税，水电费、管理费等，该部分由承租方自行承担。

5）×××路××号：位于 1 层，面积为 88m²，租金为 247 元/(平方米·月)，该租金标准不含税，水电费、管理费等，该部分由承租方自行承担。

本次所选租赁案例与估价对象处于同一供需圈，且租金水平比较接近，因此在本次估价中采用平均租金作为估价对象的客观租金，则

估价对象客观租金＝(226＋233＋257＋242＋247)÷5＝241[元/(平方米·月)]

2. 确定估价对象年总收益

通过对周边类似商业用房租赁市场的调查和了解，该区域属于市中心商业繁华区，沿街商业用房出租率高，空置率一般在 2%～5%，本次估价本着谨慎原则，确定估价对象的客观空置率为 5%，则

估价对象年总收益＝82×241×12×(1－5%)≈225 287(元)

3. 确定估价对象年总费用

估价对象在租赁过程中主要涉及管理费、维修费、保险费、房地产税费等费用，其中根据租赁模式的不同，本次估价对象的客观租金中不含税，水电费、管理费等由承租方自行承担，因此估价对象在租赁过程所产生的费用为维修费和保险费。维修费通常按照房屋重置价格的 1%～2%计，本次估价按 2%计算；保险费通常为房屋现值的 0.2%。

1）维修费：82×2500×2%＝4100(元)

2）保险费：82×2500×80%×0.2%＝328(元)

3）年总费用：4100＋328＝4428(元)

4. 确定年净收益

年净收益＝年总收益－年总费用＝225 287－4428＝220 859(元)

5. 确定收益年限

估价对象建筑物建成于 2000 年，钢混结构建筑物的耐用年限为 60 年，则建筑物剩余使用年限为 50 年，其土地使用权终止日期为 2038 年 8 月 27 日，剩余使用年限为 28.28 年，因土地使用年限短于建筑物使用年限，因此本次估价以土地剩余使用年限作为估价对象的

收益年限，即估价对象收益年限为 28.28 年。

6. **确定资本化率**

资本化率的求取一般有 3 种基本方法，如累加法、市场提取法、投资报酬率排序插入法。本次评估时，采用累加法确定估价对象资本化率。

累加法公式：

资本化率＝无风险报酬率＋投资风险补偿＋管理负担补偿

＋缺乏流动性补偿－投资带来的优惠

无风险报酬率采用一年期定期存款利率 2.25%；投资风险补偿为承担额外风险所要求的补偿，根据估价人员对市场经营相似经营利润的了解，投资风险补偿取 1.75%；管理负担补偿为投资所需要的管理与监管带的补偿，估价对象为底层沿街商铺，所需管理负担较小，本次评估时，取 0.5%；缺乏流动性补偿指对所投入资金由于缺乏流动性需要得到补偿，本估价对象为沿街商铺，地理位置良好，确定缺乏流动性补偿为 1%；投资带来的优惠主要指投资房地产可能获得的某些额外的好处，如易于获得融资等。本次评估时，考虑到房地产类投资易于投资、增值，确定投资带来的优惠为－0.5%，则资本化率确定如下：

资本化率＝2.25%＋1.75%＋0.5%＋1%－0.5%＝5.0%

7. **确定估价对象净收益的增长比例**

通过对周边类似商业用房租赁行情的调查和了解，以及对该商圈内商业用房租金变化趋势的分析，周边类似商业用房的租金一般按照每年 2%～3%的比例递增，本次估价中本着谨慎原则并结合估价对象的实际情况，假设估价对象自估价时点起，10 年内净收益按照 2%的比例递增，之后的剩余使用年限内净收益保持不变。

8. **房地产现值的测算**

本次评估拟采用如下计算公式：

$$V=\frac{a}{r}\left[1-\frac{1}{(1+r)^{n}}\right] \text{和} V=\frac{a}{r-g}\left[1-\left(\frac{1+g}{1+r}\right)^{n}\right]$$

式中，V 为房地产价格；a 为房地产的年净收益；r 为房地产的报酬率；n 为房地产的收益年限；g 为净收益递增比例。

房地产现值：

$$p=\frac{220\ 859}{5\%-2\%}\times\left[1-\frac{(1+2\%)^{10}}{(1+5\%)^{10}}\right]+\frac{220\ 859\times(1+2\%)^{9}}{5\%\times(1+5\%)^{10}}\times\left[1-\frac{1}{(1+5\%)^{(28.28-10)}}\right]$$

$$=3\ 765\ 044\text{元}$$

即估价对象房地产现值为 3 765 044 元。

（三）房地产价格的确定

根据《房地产估价规范》及估价对象的具体情况，本次评估分别采用了成本法和收益法进行测算，收益法测算房地产价值为 3 765 044 元，市场比较法测算的房地产价值为 3 803 898元，两种方法测算的结果差距不大。因此本次评估时，采用两者算术平均数作为估价对象价值。

估价对象总价＝(3 803 898＋3 765 044)÷2＝3 784 471(元)

保留万位取整后为 378 万元。

估价对象单价＝3 784 471÷82≈46 152(元/m^2)

（四）房地产估价师知悉的法定优先受偿款

法定优先受偿款指假定在估价时点实现抵押权时，法律规定优先于本次抵押贷款受偿的款额，包括发包人拖欠承包人的建筑工程价款，已抵押担保的债权数额，以及其他法定优先受偿款，根据估价人员调查，估价对象不存在法定优先受偿款。

（五）估价对象抵押价值

房地产抵押价值等于在估价时点假定未设立法定优先受偿权利下的市场价值减去房地产估价师知悉的法定优先受偿款。

估价对象抵押价值＝未设立法定优先受偿权利下的市场价值－知悉的法定优先受偿款
＝378－0＝378(万元)

8.3.5　房地产抵押估价报告

房地产抵押估价报告参考格式如下：

房地产抵押估价报告

估价项目：浙江省××市××区××路×××号底层商业房地产抵押价值评估

委 托 方：××××××

估价机构：××××××

估价人员：×××　　　　中国注册房地产估价师

×××　　　　中国注册房地产估价师

估价作业日期：2010年5月16日～2010年5月20日

报告出具日期：2010年5月20日

估价报告编号：××估［2010］第××××××号

目　　录

第一部分　致委托方函

受贵方委托，我公司派出注册房地产估价师×××、×××对贵方所属的位于浙江省××市××区××路×××号底层商业房地产（以下简称估价对象）进行评估。

估价对象：位于浙江省××市××区××路×××号底层商业房地产，权属人为×××××××，规划用途为非住宅，实际用途为商铺，产权证记载地上建筑面积82m^2，对应的土地用途为商业用地，出让，土地使用权面积41m^2，终止日期为2038年8月27日。《房屋所有权证》编号为“＊房权证××字第××××××号”；《国有土地使用证》编号为“××国用（××××）第××××××号”。

估价目的：为确定房地产抵押贷款额度提供参考依据而评估房地产抵押价值。

估价时点：二〇一〇年五月十六日。

价值类型：减去房地产估价师知悉的法定优先受偿款的市场价值。

估价方法：市场比较法和收益法。

估价依据：中华人民共和国国家标准GB/T 50291—1999《房地产估价规范》；《中华人民共和国城市房地产管理法》；《中华人民共和国土地管理法》；《中华人民共和国担保法》；《城市房地产抵押管理办法》；建设部、中国人民银行、中国银行监督管理委员会发布的《房地产抵押估价指导意见》；《中华人民共和国物权法》；国务院、建设部、国土资源部及××市人民政府有关部门颁布的其他有关法律、法规和政策文件；委托方提供的资料；我公司所掌握的××市房地产市场的有关资料及估价员实地察看、调查所获取的资料。

估价结果：估价人员根据特定的估价目的，遵循公认的估价原则，按照严谨的估价程序，在对影响估价对象价值因素进行综合分析的基础上，满足估价的假设和限制条件及使用报告说明下，确定估价对象在估价时点二〇一〇年五月十六日的估价结果如下：

公开市场价值估价结果，评估总价：RMB378万元，折合单价为46 152元/m^2。大写：人民币叁佰柒拾捌万元整。需扣减的估价人员知悉的法定优先受偿款，根据委托方提供的资料及勘察掌握的情况，截至估价时点，估价人员知悉估价对象不存在特定的法定优先受偿款。

抵押价值估价结果，评估总价：RMB378万元，大写：人民币叁佰柒拾捌万元整，折合单价为46 152元/m^2。

法定代表人：

二零一零年五月二十日

第二部分　注册房地产估价师声明

我们郑重声明：

1. 我们在本估价报告中陈述的事实是真实的和准确的。

2. 本估价报告中的分析、意见和结论是我们自己公正的专业分析、意见和结论，但受到本估价报告中已说明的假设和限制条件的限制。

3. 我们与本估价报告中的估价对象没有利害关系，也与有关当事人没有个人利害关系或偏见。

4. 我们依照《房地产估价规范》(GB/T 50291—1999) 的规定和《房地产抵押估价指导意见》进行分析，形成意见和结论，撰写本估价报告。

5. 注册房地产估价师×××、×××于二〇一〇年五月十六日对本估价报告中的估价对象进行了现场勘察、拍照和记录，但仅限于估价对象外观、内部状况及维修保养状况，对被遮盖、未暴露及难以接触到的部分，依据委托人提供的资料及当前建筑行业一般标准或相关规范进行评估。我们不承担对估价对象建筑结构质量等进行调查的责任。

6. 本次估价所得出的估价结果，仅供抵押双方参考。抵押贷款数额由抵押双方根据国家信贷政策、市场风险、变现难易及政府规定的相关税费等情况最终确定。

7. 如因委托方提供的资料失实或报告使用方忽视本估价报告揭示的相关事实所引起的相关法律责任，本估价机构及估价人员不承担相应责任。

8. 本估价报告中估价对象的范围、估价目的及估价时点已经委托方确认。

9. 在本估价项目中，没有人对本估价结果报告提供重要的专业帮助。

10. 估价师盖章

中国注册房地产估价师	房地产估价师注册号	签章
×××	××××××	
×××	××××××	

第三部分　估价的假设和限制条件

一、估价报告结论成立的假设前提

1. 本次估价报告所依据的委托方提供的有关资料，包括法律文件，如《国有土地使用证》、《房屋所有权证》等复印件，由委托方对其真实性、合法性和完整性负责。

2. 本报告的估价时点为估价人员完成现场查看之日，2010 年 5 月 16 日。本次估价以估价对象于估价时点的权益状况和实物状况为估价前提。

3. 本次估价是以估价对象能够按法定用途于所在项目整体持续有效使用为假设前提。

4. 估价对象在估价时点的房地产市场为公开、平等、自愿的交易市场。

5. 本估价结果是在公开市场前提下求取的房地产抵押价值，未考虑快速变现等处分方式带来的影响。

6. 本报告以产权人不存在欠缴税费、债权等为假设前提。

7. 本报告以估价对象在估价时点处于完好状态，并达到委托方所提供的使用功能且可持续经营为假设前提。

8. 根据委托人提供的有关承诺书，估价对象于估价时点未设立抵押或原有抵押已经注销、未拖欠建筑工程款等，法定优先受偿款为零。本次估价以此为依据进行，并对此假设前提不承担相应责任。

9. 估价人员未对估价对象做建筑物基础和结构上的测量和实验，本次估价假设估价对象无基础、结构等方面的重大质量问题，并对此假设前提不承担相应责任。

二、估价报告使用的限制条件

1. 估价结论为估价对象满足全部估价假设与限制条件下的价值。

2. 本估价报告仅供委托方确定房地产抵押贷款额度作参考依据，如果委托方未经本估价机构及估价人员同意，擅自将估价报告用于其他估价目的，本估价机构及估价人员不承担相应责任。

3. 本报告涉及的估价对象所采用的有关数据资料及权属证明、法律性文件均由委托方提供，其真实性与可靠性由委托方负责。

4. 本估价报告的有效期限为半年。如超过有效期或报告有效期之内估价对象或国家经济形势、城市规划、房地产税费政策等发生较大变动，对估价结果产生明显影响时，委托方应及时聘请房地产评估机构对估价结果作相应调整或重新估价。

5. 为保障抵押双方的合法权益，在确定贷款额时，估价报告使用者应充分关注“预期可能导致房地产抵押价值下跌因素分析”及“房地产变现能力分析”。

6. 未经估价机构书面同意，本估价报告的全部或部分不允许发表于任何公开媒体上，也不能提供给不相关的第三方。

第四部分　估价结果报告

一、委托人

委 托 方：××××××

住　　所：××市××区××路×××号

法定代表人姓名：×××

联 系 人：×××

联系方式：××××××

二、受理估价方

单位名称：××××××

机构地址：××市××区××大厦×××室

估价机构资质级别：××

法定代表人：×××

资质证书编号：××××××

联 系 人：×××

联系电话：××××××

三、估价对象概况

1. 估价对象评估范围

根据房地产估价委托合同，同时参考相关的法律、法规和技术性规范，本次估价的具体范围为××××××所属的位于浙江省××市××区××路×××号底层商业房地产，房屋建筑面积 82m²，土地使用权面积合计 41m²。

2. 估价对象用途说明

位于浙江省××市××区××路×××号底层商业房地产，规划用途为非住宅，实际用途为商铺。

3. 估价对象权属登记状况

根据委托估价方提供的资料，估价对象的房屋权属状况如下：

房屋所有权证编号	×房权证××字第××××××号
房屋所有权人	××××××
房屋坐落	××市××区××路×××号
总层数	5
建筑面积/m²	82
规划用途	非住宅
附记	总层数包含地下层

根据委托估价方提供的资料，估价对象的土地权利状况如下：

土地证编号	××国用（×××）第××××××号
坐落	××市××区××路×××号
土地使用权人	××××××
使用权面积/m²	41
其中独用面积/m²	41
地号	××××××
地类（用途）	商业用地
使用权类型	出让
终止日期	2038 年 8 月 27 日

4. 土地利用状况

根据委托方陪同估价人员现场查看，估价对象东临××路，南面临××路，西面靠××路，北靠××路，形状较规则，对地块利用无不良影响，地势平坦，从总体看，地基地质条件适于建筑。

整个土地使用权面积为 41m²，土地使用权人为××××××，用途为商业用地，使用权类型为出让，终止日期为 2038 年 8 月 27 日。至估价时点，该宗地外达到“五通”(通上水、通下水、通电、通路、通信、通气)，宗地内达到“五通一平”(通上水、通下水、通电、通路、通信及场地平整)。

5. 建筑物状况

根据房地产估价委托合同，本次估价的委托方为××××××，所有权人为××××××，基于委托方提供的相关产权资料属实的前提下，本次估价对象为浙江省××市××区××路×××号底层商业房地产。

建成于2009年，基本为全新建筑，外墙面采用面砖及玻璃幕墙装饰，内墙面采用白色涂料刷白，内外墙保养较好。

估价对象为该5层钢混结构的建筑物底层的商业用房，建筑面积为82m²，内部格局为大开间，层高为3.6m，地面铺设抛光砖，天棚为轻钢龙骨矿棉板平吊顶，内墙面为高级墙面漆。估价对象室内通风采光情况较好，水、电、网络等线路设施齐全，房屋总体保养状况较好。

6. 区位状况

坐落：估价对象坐落于××市××区××路与××路交叉口西北角，东临××路，南与××大厦隔路相望，西与××广场相邻，北依××小区，所在宗地的土地系××市Ⅰ级商业用地。

交通：估价对象区域内由×××路、×××路、×××路、×××路等城市主、次干道构成交通路网，区域内有公交××站、公交××站，有××路、××路、××路、××路、××路、××路等多路公交车通行，区域内道路通达度及交通便捷度良好。

环境：估价对象区域内无固定污染源，无明显噪声及粉尘污染，城市规划该区域主要以商业为主，自然环境状况一般，商业环境良好。所处区域属××市政治、经济、商业、文化中心，有着得天独厚的位置优势。

配套设施：估价对象所在区域内路网密集，主干道、次干道、支路纵横交错，供水、供电、供气、排水、通信等基础设施管网齐全。以××广场为中心，300m为半径，是××市最繁华的商业街区，包含了××市××广场旁三大购物中心：××大厦、××大楼、××百货；××中心、××广场、××会所等众多商务配套设施，××大酒店、××饭店等生活配套设施；浦发银行、建设银行、农业银行等金融行业，区域内各类商业、办公、生活设施完备，市政基础设施完善。

7. 估价对象他项权利状况

根据委托方提供的资料和我们力所能及的了解核查，至估价时点，估价对象不存在抵押担保等他项权利。

四、估价目的

为确定房地产抵押贷款额度提供参考依据而评估房地产抵押价值。

五、估价时点

注册房地产估价师×××、×××于二〇一〇年五月十六日对本估价报告中的估价对象进行了现场查勘、拍照和记录，根据《房地产抵押估价指导意见》："房地产抵押估价时点，原则上为完成估价对象实地查勘之日"，故本次评估确定估价时点为二〇一〇年五月十六日。

六、价值定义

本次评估的房地产价格为估价对象在估价时点二〇一〇年五月十六日的抵押价值。

房地产抵押价值为抵押房地产在估价时点的市场价值，等于假定未设立法定优先受偿权利下的市场价值减去房地产估价师知悉的法定优先受偿款。

法定优先受偿款是指假定在估价时点实现抵押权时，法律规定优先于本次抵押贷款受偿的款额，包括发包人拖欠承包人的建筑工程价款，已抵押担保的债权数额，以及其他法定优先受偿款。

估价对象的抵押价值＝未设立法定优先受偿权利下的市场价值－知悉的法定优先受偿款

七、估价依据

1）本次估价所依据的有关法律、法规和部门规章：

①《中华人民共和国城市房地产管理法》；

②《中华人民共和国土地管理法》；

③《中华人民共和国担保法》；

④《城市房地产抵押管理办法》。

2）本次估价采用的技术规程：

① 中华人民共和国国家标准GB/T 50291—1999《房地产估价规范》；

② 建设部、中国人民银行、中国银行业监督管理委员会在二〇〇六年初联合发布，于二〇〇六年三月一日起实施的《房地产抵押估价指导意见》。

3）委托方提供的有关资料：

① 房地产估价委托合同；

②《房屋所有权证》、《国有土地使用证》复印；

③ 法定受偿权利情况说明等。

4）估价机构和估价人员所搜集掌握的有关资料。

八、估价原则

本次估价遵守独立、客观、公正的执业原则及合法原则、最高最佳使用原则、替代原则、估价时点原则、谨慎原则等技术性原则。

1. 合法原则

遵循合法原则，即必须以估价对象的合法使用、合法交易或合法处分为前提进行。所谓合法，是指符合国家的法律、法规和当地政府的有关规定。

2. 最高最佳使用原则

应以估价对象的最高最佳使用为前提进行。在合法使用前提下，房地产只有在最高最佳使用状态下才能发挥最大效用。最高最佳使用应是法律上允许、技术上可能、经济上可行，经过充分合理的论证，能使估价对象产生最高价值的使用方式。

3. 估价时点原则

房地产价格由市场上供给与需求决定，影响供给与需求因素不断发生变化，所以房地产价格为变动状态，而评估得出的价格为时点价格，属于静态分析，要求估价结果应是估价对象在估价时点的客观、合理价格。

4. 替代原则

估价结果不得明显偏离类似房地产在同等条件下的正常价格。同一供求范围内，在用途、规模、档次、建筑结构等方面类似的房地产之间具有相互影响作用，其价格会相互牵制而趋于一致。

5. 谨慎原则

在具体评估测算过程中，在存在不确定因素的情况下，估价人员作出估价相关判断时，应当保持必要的谨慎，充分估计抵押房地产在处置时可能受到的限制、未来可能发生的风险和损失，不高估市场价值，不低估知悉的法定优先受偿款，并在估价报告中作出必要的风险提示，同时在未设立法定优先受偿权利下的市场价值的求取中一些评估参数的选取略显保守。

九、估价方法

依照国家标准《房地产估价规范》，通常的估价方法有市场法、收益法、假设开发法、成本法等。根据委托方提供的资料及评估人员现场勘察、市场调查和向房地产管理部门了解的政策、规划等有关资料，在遵循估价原则的基础上，深入细致地分析了该物业的特点和实际状况，选用合理的估价方法分别进行测算，经综合分析确定本次估价结果。

1. 估价方法适用性分析

估价对象所在区域类似专业商铺整体转让或者交易案例较多，同时可比性较强，故宜采用市场法进行评估。

估价对象为商铺，具有收益性特点，周边同类铺面出租案例较多，其对应的客观租金收益可以通过比较案例修正、调整取得，按照《房地产估价规范》要求存在收益的房地产可以选用收益法作为其中一种估价方法，所以宜采用收益法进行评估。

估价对象为商铺，目前正在正常经营，属于产品，就目前状态，处于最佳使用，不存在重新开发利用，故不适合采用假设开发法进行估价。

估价对象为商铺，较难根据其对应的客观成本、税费、合理利润确定重置成本，然后扣除建筑物折旧，得出估价对象的价值，故不适合采用成本法进行估价。

故本次评估时，采用市场法、收益法分别进行测算，以上两种估价方法得出的结果经定量和定性分析后，确定估价对象的最终价值。

2. 估价方法定义

(1) 市场法

市场法是将估价对象与在估价时点近期发生交易的类似房地产进行比较，从这些类似房地产的已知价格，推算出估价对象的客观合理价格或者价值的一种估价方法。市场比较法的理论基础为替代原理。

市场比较法的步骤为，①广泛搜集交易实例；②从中选取可比实例；③建立价格可比基础；④进行交易情况修正；⑤进行交易日期修正；⑥进行区域因素修正；⑦进行个别因素修正；⑧综合评估决定估价额。

(2) 收益法

收益法是预计估价对象未来的正常净收益，选用适当的报酬率将其折现到估价时点后累加，以此估算估价对象的客观合理价格或价值的方法。根据估价对象的具体情况并结合估价目的，本次评估拟采用如下计算公式：

$$V=\frac{a}{r}\left[1-\frac{1}{(1+r)^n}\right]\text{和}V=\frac{a}{r-g}\left[1-\left(\frac{1+g}{1+r}\right)^n\right]$$

式中，V 为房地产价格；a 为房地产的年净收益；r 为房地产的报酬率；n 为房地产的收益年限；g为净收益递增比例。

十、估价结果

估价结果：估价人员根据特定的估价目的，遵循公认的估价原则，按照严谨的估价程序，选用适宜的估价方法，在对影响估价对象价值因素进行综合分析的基础上，满足估价的假设和限制条件及使用报告说明下，确定估价对象在估价时点二〇一〇年五月十六日的估价结果如下。

公开市场价值估价结果。

评估总价：RMB378万元，折合单价为46 152元/m^2。

大写：人民币叁佰柒拾捌万元整。

需扣减的估价人员知悉的法定优先受偿款。

根据委托方提供的关于本次估价所涉及的情况、资料及估价目的，截至估价时点，估价人员知悉估价对象不存在特定的法定优先受偿款。

抵押价值估价结果。

评估总价：RMB378万元，折合单价为46 152元/m^2。

大写：人民币叁佰柒拾捌万元整。

十一、估价人员

中国注册房地产估价师×××房地产估价师注册号×××签章

十二、估价作业日期

2010年5月16日至2010年5月20日

十三、本估价报告有效期

本报告应用的有效期为半年，从估价报告出具之日2010年5月20日至2010年11月19日，超过此期效，本次估价报告及结果自动失效，如委托方再次确定估价对象抵押价值，则须由估价单位重新进行估价并出具新的估价报告。

十四、估价对象变现能力分析

变现能力是指假定在估价时点实现抵押权时，在没有过多损失的条件下，将抵押房地产转换为现金的可能性。

在变现实践中，标的物不同位置、不同类型的房地产，其市场供求状况、市场接受能力都不同，变现能力和变现价值也会不同，按照《房地产抵押估价指导意见》第二十四条主要从三个方面分析，即抵押房地产的通用性、独立使用性或可分割转让性；假定在估价时点拍卖或变卖时最可能实现的价格与评估的市场价值的差异程度；变现的时间长短以及费用、税金的种类、数额和清偿顺序。

1）估价对象为浙江省××市××区××路×××号底层商业房地产，土地性质为商业用地，房屋设计作为非住宅，受所处地理位置，周边商业氛围较好，其依托于整个市场，如果改为其他用途，无法发挥其最大效用，故其通用性一般。

2）估价对象为××区××路×××号商铺，根据2007年3月16日公布的《中华人民共和国物权法》中第六章第七十条“业主对建筑物内的专有部分享有所有权，对专有部分以外的共有部分享有共有和共同管理的权利（建筑物区分所有权）”，从物理功能分析独立使用性良好，但商铺经营中为形成集聚效应，业态分布合理，内部经营项目会有一定的限制，从经营上分析独立使用性一般；根据2008年7月1日起施行的《房屋登记办法》中第十条中“房屋应该按照基本单元进行登记，国有土地范围内成套，以套为基本单元进行登记”，估价对象为单套商铺，不可分割转让。

3）估价对象为商铺，建筑面积适中，在交易过程中受让群体多，变现能力较好。

4）假定在估价时点强制拍卖时，拍卖公告的地域范围、房地产市场环境及投放报纸的知名度对标的物变现有影响，房地产价格涉及的金额大，在正常交易过程中买方通常需要更多的时间对房地产有所了解，因存在短期内强制处分、潜在购买群体受到限制及心理排斥因素影响有别于正常情况下的交易，最可能实现的价格一般比公开市场价格要低，预计为拍卖时点估价对象市场价值的60%～65%。

5）同时拍卖中涉及处分费用和税收，其中包括司法诉讼相关费用（包括诉讼费、执行费和律师费）、司法处置费用（包括评估费和拍卖费）、过户交易时应由出售者缴纳的相关税费（包括营业税及附加、印花税、土地增值税等），下表为本机构提供的处分费用和税收情况，具体税收和费用缴纳标准按当地最新规定。

类型	诉讼费	执行费	律师费	评估拍卖费	营业税及附加	印花税	土地增值税
税费率	5%	1%	0.1%～0.3%	1%～5%	5.6%	0.05%	20%～60%

6）拍卖、变卖变现所得价款的清偿顺序。当事人有特殊约定按约定执行，没有特殊约定的，变现所得价款的清偿顺序：①实现抵押权的费用，包括诉讼费、执行费、律师费、拍卖费、评估费用等；②应缴国家有关税费，包括营业税、城市维护建设税、教育费附加、补缴土地出让金等；③拖欠的建筑工程价款（不含工程垫资费用）；④主债权；⑤利息；⑥违约金；⑦赔偿金；⑧剩余金额交还抵押人。

十五、预期可能导致房地产抵押价值下跌因素分析

（一）房地产市场本身存在的系统性风险

从1993年海南房地产泡沫破灭到现在，房价持续上扬，且国家频繁对房地产宏观调控，房价涨幅却越来越大，繁荣的房地产市场中参与者缺乏理性的思考，在很大程度上无视房价下降的因素，忽视了房地产市场周期的影响，楼市泡沫越来越大，脱离了经济的基础，一些正常的经济理论无法解释房价现象。在建设用地供应、房产开发方面存在严重的垄断下，国际游资、投机及投资者积极参与下，地方政府的某种利益驱动下，预期通胀和国内投资渠道少的背景下，房地产的市场不健康，楼市出现拐点，价格急剧下降的可能性存在。然而抵押的房地产恰为金融机构将其作为第二还款来源的担保物，作为贷款方的金融机构须关注的是当借款人无力偿还债务时，与借款人协议以抵押财产折价或者以拍卖、变卖该抵押财产时的房地产市场决定未来变现或者折价金额，所以银行等金融机构须密切关注全国和××市房地产市场动态。

（二）本次评估中存在的一般性风险

在抵押贷款中抵押合同是从属合同，借款合同为主合同，房地产抵押权为担保物权，权属人依然具有占有、使用、收益、部分处置权，当估价对象实物、权益、区位条件发生变化，对房地产价值产生较大贬损时，会对金融机构的第二还款来源构成影响。

1）××市区其他地区类似规模相同商铺的建立，强劲的竞争者的进入分流部分客商或者取代估价对象所在的××区的地位，商户和客商的大量流失会导致估价对象价值的下降。

2）这类大型商铺的运营和操盘具有难度，招商力度和市场营销管理能力对市场的成熟度具有重要作用，当商铺为权属人完全持有，对其资金实力或者财务融资能力有很高的要求，如果商铺以后分割销售，在市场的管理公司不能达到预期的时候，市场散户要求的报酬率无法兑现，合同纠纷接踵，市场容易瘫痪，这是大型商铺经营的最大的风险。

3）抵押期限内抵押人继续使用房屋，建筑物在使用过程中发生严重损毁或者出现保险范围外的自然灾害或者不可抗力导致建筑物严重损毁。

4）区位发生变化，区位包括自然地理位置和社会经济位置。自然地理位置通常不发生改变，由于城市建设发展和基础设施改善的需要，城市规划发生调整，社会经济位置变差，形成外部经济环境。

5）估价对象在价值评估后抵押登记前这段时间，设定了恶意的租赁或者其他他项权利，这些他项权利严重影响到债权人权利。

十六、风险规避提示

房地产价格由市场上供给与需求决定，影响供给与需求因素不断发生变化，所以银行发放贷款以后房地产抵押价值也处于变动中，为了更好地控制风险，银行应全过程的、动态的、连续性的跟踪和监控，及时发现风险隐患，谨慎地判断房价的走势。

第五部分　附　　件

1. 估价对象位置示意图；
2. 估价对象照片资料；
3. 委托估价方提供的《企业营业执照》复印件；
4. 委托估价方提供的《房屋所有权证》复印件；
5. 委托估价方提供的《国有土地使用证》复印件；
6. 委托估价方提供的法定受偿权利情况说明复印件；
7. 受托估价方估价人员资格证书复印件；
8. 受托估价方企业资质证书复印件；
9. 受托估价方估价机构备案证书复印件。

附件只提供目录，具体内容略。

项目9

综 合 训 练

项目概述 本项目为综合项目训练，以一例完整的估价报告来展示训练内容。要求学生通过训练巩固所学知识，达到理论联系实际，培养动手能力。

本综合训练内容要求与方法见估价报告课程设计。

估价报告课程设计

一、课程设计的目的

通过本课程设计教学所要求达到的目的：

1）要求学生巩固《房地产估价》所学理论知识，熟练掌握房地产估价的基本方法：市场比较法、成本法、收益法、假设开发法，通过对某一宗具体的房地产价格进行评估，达到理论联系实际，加强学生动手能力的培养。

2）通过房地产估价课程设计，使学生系统掌握房地产评估的基本方法和技能，有效地培养学生收集资料、市场调查、与人沟通、与人合作和综合分析解决实际问题的能力，能独立撰写较为规范的房地产评估报告，培养学生独立分析问题、综合运用知识解决问题的能力。

二、课程设计组织形式

采取外业测算与内业整理相结合，教师理论讲述与学生汇报相结合的方式。学生分成小组，指导教师定期检查设计进度，同时要求每位学生汇报自己的具体实践过程，教师对学生提出的问题进行答疑。就学生提交的课程设计成果，对每名学生进行考查。

三、课程设计步骤

1）每名学生参加课程设计动员会议，认真阅读教师下达的设计任务书和指导书，把握设计中的重点、难点和注意的问题。

2）学生通过勘测、调查等各种方法了解估价对象的基本情况，收集可比实例、客观开发成本、利润率、报酬率、租金、运营费用等相关资料。

3）根据估价对象的特点、估价目的、房地产市场状况及所搜集资料确定估价技术路线，选取恰当的估价方法，并补充收集资料。

4）综合评估房地产价格，撰写估价报告。

四、课程设计要点

1）合理确定估价技术路线。

2）在估价中合理收集相关资料及选取参数。

3）估价报告需满足完整、严谨、准确、规范的要求。

五、课程设计进度安排

1）收集待评估房地产的有关资料。 4 课时

2）收集可比实例、客观开发成本、客观收益等资料。 1 课时

3）对资料进行整理归类。 1 课时

4）分别采用比较法、收益法、成本法计算房地产价格。 2 课时

5）补找可比实例及补充收集资料。 2 课时

6）综合评估房地产价格。 2 课时

7）撰写评估报告（含附件、照片等）。 4 课时

六、成绩评定标准

1）设计成绩按优、良、中、及格、不及格五级计分（见表 9.1）。

2）缺席 1 次或请假 2 次或迟到早退 2 次以上者，一律不予评定成绩。

3）设计期间表现、任务完成情况占30%，估价报告完成质量占70%。估价报告应做到完整、严谨、准确、规范。内容应包括封面、目录、致委托方函、估价师声明、估价的假设和限制条件、估价结果报告、估价技术报告及附件。

表9.1　课程设计指导成绩评定标准

项目	分值	优秀（$100 \geqslant x \geqslant 90$）	良好（$90 > x \geqslant 80$）	中等（$80 > x \geqslant 70$）	及格（$70 > x \geqslant 60$）	不及格（$x < 60$）
学习态度	15	学习态度认真，科学作风严谨，严格保证设计时间并按任务书中规定的进度开展各项工作	学习态度比较认真，作风良好，能按期圆满完成任务书规定的任务	学习态度尚好，遵守组织纪律，基本保证设计时间，按期完成各项工作	学习态度尚可，能遵守组织纪律，能按期完成任务	学习马虎，纪律涣散，工作作风不严谨，不能保证设计时间和进度
技术水平与实际能力	25	设计合理、理论分析与计算正确，实验数据准确，有很强的实际动手能力、经济分析能力和计算机应用能力，文献查阅能力强、引用合理、调查调研非常合理、可信	设计合理、理论分析与计算正确，实验数据比较准确，有较强的实际动手能力、经济分析能力和计算机应用能力，文献引用、调查调研比较合理、可信	设计合理，理论分析与计算基本正确，实验数据比较准确，有一定的实际动手能力，主要文献引用、调查调研比较可信	设计基本合理，理论分析与计算无大错，实验数据无大错	设计不合理，理论分析与计算有原则错误，实验数据不可靠，实际动手能力差，文献引用、调查调研有较大的问题
创新	10	有重大改进或独特见解，有一定实用价值	有较大改进或新颖的见解，实用性尚可	有一定改进或新的见解	有一定见解	观念陈旧
撰写质量	50	结构严谨，逻辑性强，层次清晰，语言准确，文字流畅，完全符合规范化要求，书写工整	结构合理，符合逻辑，文章层次分明，语言准确，文字流畅，符合规范化要求，书写工整	结构合理，层次较为分明，文理通顺，基本达到规范化要求，书写比较工整	结构基本合理，逻辑基本清楚，文字尚通顺，勉强达到规范化要求	内容空泛，结构混乱，文字表达不清，错别字较多

七、推荐参考资料

1）中华人民共和国国家标准GB/T 50291—1999《房地产估价规范》.

2）路君平.2007.房地产估价师实务手册.北京：中国建筑工业出版社.

3）卢新海.2006.房地产估价：理论与实务.上海：复旦大学出版社.

4）中国房地产估价师与房地产经纪人学会.2007.房地产估价案例与分析.北京：中国建筑工业出版社.

八、评定标准

1）要积极广泛地进行现场勘察与资料收集，注意收集资料的准确性和客观性。

2）学生要服从指导教师的指导，加强组织纪律性。

3）认真按期完成课程设计任务。

4）学生需独立完成课程设计，不得抄袭和在网站下载。若出现课程设计雷同者，双方均以课程设计成绩不及格计。

九、搜集与估价对象有关的资料

主要利用网络、政府有关部门、中介机构及其他媒体搜集与估价对象有关的资料。例如，一、二手房近期成交价格；杭州市房地产政策、状况及走势等。

十、区域因素分析和市场背景分析

根据搜集的资料，结合估价对象实际情况进行区域因素分析和市场背景分析。

十一、房地产估价原则分析

主要是合法原则、最高最佳原则、替代原则、估价时点原则等分析。注意在合法原则下最高最佳使用，如装修后使用是否会增值等。

十二、估价方法选用

如果估价的用途为普通住宅，一般来说，根据市场调查，近期内与估价对象处于同一供需圈，用途相同的类似房地产交易和租赁活动较为频繁，市场交易和租赁案例较多，适用于市场比较法和收益法进行评估。但如果估价对象的估价目的是抵押贷款，考虑到风险，一般采用成本法评估。本报告采用比较法和成本法分别进行评估较为合适。最终以算术平均法确定估价对象的现状公开市场价值。

十三、对估价对象进行估价计算

1. 比较法

市场比较法的基本公式：

估价对象价格=可比实例房地产价格×交易情况修正系数×交易日期修正系数
×区域因数修正系数×个别因数修正系数

(1) 实例选择

通过市场调查和向有关部门查询，收集了与估价对象有关的若干市场交易实例，根据相关替代性原理，按用途相同、地区相近、价格类型相同、估价时点接近、交易情况正常的要求，选择3个案例作为可比实例。

(2) 因数选择

根据影响房地产价格的主要因数，结合估价对象和可比实例的实际情况，所选的比较因数主要有用途、交易日期、区域因数及个别因数等。区域因数主要有商业服务繁华度、景观、交通条件、区域环境质量、基础设施条件；个别因数主要有结构、房型、装修、成新状况、朝向及层次等。

(3) 因数条件描述

因数条件说明见表9.2。

表9.2 因数条件说明表

估价对象和可比实例的实际情况	A	B	C	估价对象
坐落				
交易日期				
交易情况				
交易价格				

续表

估价对象和可比实例的实际情况		A	B	C	估价对象
区域因数	商业繁华度				
	景观				
	交通条件				
	区域环境				
	基础设施				
个别因数	结构				
	房型				
	建筑装修				
	成新状况				
	朝向				
	层次				

(4) 编制比较因数条件指数表

以估价对象的各因数条件为基础，相应指数为100，将可比实例相应因数条件与估价对象相比较，确定相应指数，详见表9.3。

表9.3 因数条件指数表

估价对象和可比实例的实际情况		A	B	C	估价对象
交易日期					
交易情况					
区域因数	商业繁华度				
	景观				
	交通条件				
	区域环境				
	基础设施				
个别因数	结构				
	房型				
	建筑装修				
	成新状况				
	朝向				
	层次				

注意：要对表中有关修正进行说明。

1) 交易情况修正系数。

2) 区域因数修正。

3) 个别因数修正。

4) 交易日期修正系数。

5）其他因数与估价对象的影响。

（5）实例修正后的房地产价格

实例修正后的房地产价格见表 9.4。

表 9.4　因数比较修正系数表

估价对象和可比实例的实际情况		A	B	C
交易价格				
交易日期				
交易情况				
区域因数	商业繁华度			
	景观			
	交通条件			
	区域环境			
	基础设施			
个别因数	结构			
	房型			
	建筑装修			
	成新状况			
	朝向			
	层次			
修正价格				

取 3 个可比实例的算术平均值为估价对象的比准价格，即

估价对象的比准价格＝(A＋B＋C)÷3＝××××(元/m²)

2. 收益法

收益法公式：

$$公式=\frac{a}{r}\cdot\left[1-\frac{1}{(1+r)^n}\right]$$

十四、估价结果确定

1）综合上述两种估价方法，经分析比较，用市场比较法和成本法，评定房地产价格均比较接近估价时点的市场行情，因此用算术平均法确定估价对象最终价值。

单位价格＝(××××＋××××)/2＝××××(元/m²)

总价格＝______×______＝______元(取整数)

2）估价结果确定。

×××所委托的杭州市下城区体育场路××号×幢×单元××××室的建筑面积×××平方米的房地产，在估价时点××××年×月×日的公开市场价值为

房地产总价：　　人民币×××××元

大　　写：　　人民币×拾×万零×仟×佰×元整

单位面积价格：　　人民币××××元/平方米

大　　写：　　每平方米×仟×元整

十五、估价人员

姓　名　　　　　　　　　　资　　　质

注册房地产估价师

××××估价师事务所

××××年×月×日

十六、撰写估价报告

按下列格式撰写估价报告。

致委托方函

×××：

受贵方委托，我所对杭州市下城区体育场路×××号×幢×单元×××室的房地产（以下简称估价对象）的现时市场价格进行了现场查勘、评估。

估价对象：杭州市下城区体育场路×××号×幢×单元×××室，建筑面积 $67.47\mathrm{m}^2$。

估价目的：为贵方以估价对象作为抵押物向银行进行抵押贷款提供价值参考依据。

估价时点：依据贵方要求，本报告确定估价对象的价格为×××年××月×日的现状公开市场价值。

估价结果：估价人员根据估价目的，遵循客观、公正和公平的估价原则，按照估价工作程序，采用科学、适宜的估价方法，在认真分析现有资料的基础上，通过对影响房地产价格因数的综合分析，经过准确地测算，结合估价经验，确定杭州下城区体育场路×××号×幢×单元×××室，建筑面积 $67.47\ \mathrm{m}^2$ 的房地产抵押参考价值为大写人民币×拾万零×仟×佰×××元整（总价×××××× 元，平均单价 ××××元/平方米）。

此致

×××估价事务所

××××年×月×日

估价师声明

我们郑重声明：

1. 我们在本估价报告中陈述的事实是真实的和准确的。

2. 本估价报告中的分析、意见和结论是我们自己公正的专业分析、意见和结论，但受到本估价报告中已说明的假设和限制条件的限制。

3. 我们与本估价报告中的估价对象没有利害关系，也与当事人没有利害关系或偏见。

4. 我们依照中华人民共和国国家标准《房地产估价规范》进行分析、形成意见和结论，撰写本估价报告。

5. 我们已对本估价报告中的估价对象进行了实地查勘。

6. 没有人对本估价报告提供重要专业帮助。

此致

×××估价事务所

××××年×月×日

估价的假设和限制条件

1. 本次估价是以估价对象能够持续使用为假设前提。

2. 本次估价是以委托方拥有估价对象房屋所有权及分摊的土地使用权不存在抵押为假设前提。

3. 本次估价是以估价对象不存在设定租赁期限的租约为假设前提。

4. 由于本次估价的估价对象为一整体房地产的一部分，故本次估价是以估价对象能合法享用及分摊整体房地产的各项权益及各项服务配套设施为假设前提。

5. 报告中估价结果为估价对象在××××年×月×日的市场价格，即估价时点预期能够成交的价格，但不考虑未来市场变化风险和短期强制处分等因数对抵押价值的影响。

房地产估价结果报告

一、委托方：×××

住所：杭州市下城区体育场路×××号×幢×单元×室

二、估价方：北京杜鸣估价师事务所杭州分所

住所：×××××××××

三、估价对象

1. 估价对象概况

本次估价对象为杭州市下城区体育场路×××号×幢×单元×室。

估价对象南临体育场路，西近中河路，东近建国北路，北近环城北路。

房地产用途：住宅。

临街状况：南面临体育场路。

2. 房地产权利状况

估价对象所有权人×××——持有杭房权证下改字第×××××××××号《房屋所有权证》，建筑面积 67.47m^2；持有杭下房改国用（××××）字第××××号《国有土地使用证》，地号×-×-（××）-×，土地用途为住宅，土地取得方式房改购房，土地等级Ⅱ级，土地分摊面积 11.3m^2。

3. 房地产状况

根据现场勘察实际情况，评估标的系 6 层砖混结构住宅楼中×单元×室的一套标准住宅，建成于 1982 年，外墙采用彩色涂料粉饰。楼层平面布局为一梯二户，主体为南北朝向，内部格局系三室一厅一厨一卫单阳台，内墙、顶棚系乳胶漆饰面，3 个房间地面铺设木地板，厅、厨房和卫生间地面铺设地面砖，厨房和卫生间墙面铺设墙面砖，卫生间配备淋浴房和卫生洁具，塑钢窗，木门和外装防盗门。

4. 市政基础设施条件

估价对象位于杭州市市中心的成熟区域，市政基础设施十分齐全，具备了“七通一平”的条件。

5. 影响价值因数

上城区是杭州市市中心的城区之一，体育场路是杭州市市中心的主要道路之一。估价对象位于杭州市下城区体育场路×号×幢×单元×室，正面（出入口）朝南临街（体育场路），有×路、×路、×路等近×路公交车，西面是中河路和中河高架路，东面是建国北路，交通十分方便。

估价对象周边有杭州市体育馆、体育场、杭州市丝绸市场，距离武林广场商业中心也仅×××米，休闲、购物十分方便。周边还有小学、中学，娱乐场所等，公共配套设施齐全。

四、估价日期

×年×月×日至×年×月×日

五、估价时点

×年×月×日

六、估价目的

为贵方以估价对象作为抵押物向银行进行抵押贷款提供价值依据。

七、价值定义

本次房地产评估价值为估价对象于估价时点的公开市场价值。

八、估价依据

1）国家标准 GB/T 50291—1999《房地产估价规范》。

2）《中华人民共和国城市房地产管理法》及实施细则。

3）《中华人民共和国土地管理法》及实施细则。

4）《城市房地产抵押管理办法》。

5）杭政发（2000）115 号《关于调整杭州市房屋重置价格的批复》。

6）杭州市房地产管理局杭价房（1995）025 号、杭州市人民政府杭政发（2000）12 号《关于调整杭州市区土地等级和基准地价标准问题给市土管局的批复》等相关法律、法规及文件。

7）委托方提供的房地产估价委托书、《房屋所有权证》、《国有土地使用证》等资料。

8）估价人员所了解的类似房地产的市场价格资料。

9）估价人员实地勘察获取的资料。

九、估价原则

本次估价遵循以下原则：

1）客观、公正、独立的原则；

2）反映市场供求的原则；

3）合法的原则；

4）最高最佳使用的原则；

5）估价时点的原则；

6）替代原则。

十、估价方法及过程

本项目的估价技术思路与方法：由于估价的用途为普通住宅，根据市场调查，近期内与估价对象处于同一供需圈、用途相同的类似房地产交易和租赁活动较为频繁，市场交易和租赁案例较多，适用于市场比较法和收益法进行评估。根据估价对象的具体情况和估价目的，经综合分析考虑，本报告采用比较法和收益法分别进行评估，最终以算术平均法确定估价对象的现状公开市场价值。

市场比较法公式：

估价对象价格＝可比案例价格×交易情况因素修正系数×交易日期因素修正系数×区域因素修正系数×个别因素修正系数

收益法公式：

$$V_n=(a/r)\left[1-1/(1+r)^n\right]$$

十一、估价结果

经采用市场比较法估价，本次估价对象在估价时点的参考价格为：大写人民币×元整（总价×元，平均单价×元/平方米）。

十二、说明

1）本报告估价时点为×年×月×日，估价结果有效期为半年，即×年×月×日至×年×月×日止。

2）本报告出的市场价格仅供抵押双方参考，抵押贷款最终数额由抵押双方根据市场风险、兑付难易、政府有关税费缴纳等情况确定。本报告仅为房地产抵押提供参考价值，超过使用范围本评估机构不承担法律责任。

3）抵押房地产一旦发生清偿问题，其处置方法应参照国家有关政策、法规进行，此外抵押房地产清偿的费用较正常的房地产交易高，提请报告使用方注意。

十三、估价人员

姓　名　　　　　　资　　质

注册房地产估价师

××估价事务所

×年×月×日

附　　件

1.《房屋所有权证》复印件。

2.《国有土地使用证》复印件。

3. 契证复印件。

4. 评估机构营业执照复印件。

5. 评估机构估价资格复印件。

6. 评估人员估价资格复印件。

备注：上列复印件本书中略去。

主要参考文献

柴强．1995. 房地产估价理论与实务．北京：中国物价出版社．

黄晔，胡芳珍．2009. 房地产估价．北京：北京大学出版社．

陆克华，龙奋杰．2003. 房地产估价案例与分析．北京：中国建材工业出版社．

王人己，姚玲珍．2002. 房地产估价．上海：上海财经大学出版社．

王志儒．1993. 房地产估价．北京：中国建材工业出版社．

王海玫．2006. 房地产估价．北京：化学工业出版社．

郑健民，吕正辉．2011. 房地产估价．杭州：浙江大学出版社．

中国房地产估价师学会．2002. 房地产估价报告精选 2002. 北京：中国建筑工业出版社．

中国房地产估价师与房地产经纪人学会．2013. 房地产估价相关知识．北京：中国建筑工业出版社．

中国房地产估价与房地产经纪人学会．2013. 房地产估价案例与分析．北京：中国建筑工业出版社．

中国房地产估价师与房地产经纪人学会．2013. 房地产估价理论与方法．北京：中国建筑工业出版社．

褚菁晶．2011. 房地产估价理论与实务．北京：北京大学出版社．

左静．2011. 房地产估价．北京：机械工业出版社．